한국가스안전공사

직업기초능력평가

한국전기안전공사
직업기초능력평가

초판 2쇄 발행	2021년 10월 15일
개정판 발행	2023년 5월 10일

편 저 자	취업적성연구소
발 행 처	㈜서원각
등록번호	1999-1A-107호
주 소	경기도 고양시 일산서구 덕산로 88-45(가좌동)
교재주문	031-923-2051
팩 스	031-923-3815
교재문의	카카오톡 플러스 친구[서원각]
홈페이지	www.goseowon.com

PREFACE

우리나라 기업들은 1960년대 이후 현재까지 비약적인 발전을 이루었다. 이렇게 급속한 성장을 이룰 수 있었던 배경에는 우리나라 국민들의 근면성 및 도전정신이 있었다. 그러나 빠르게 변화하는 세계 경제의 환경에 적응하기 위해서는 근면성과 도전정신 이외에 또 다른 성장 요인이 필요하다.

최근 많은 공사·공단에서는 기존의 직무 관련성에 대한 고려 없이 인·적성, 지식 중심으로 치러지던 필기전형을 탈피하고, 산업현장에서 직무를 수행하기 위해 요구되는 능력을 산업부문별·수준별로 체계화 및 표준화한 NCS를 기반으로 하여 채용공고 단계에서 제시되는 '직무 설명자료'에서 제시되는 직업기초능력과 직무수행능력을 측정하기 위한 직업기초능력평가, 직무수행능력평가 등을 도입하고 있다.

한국전기안전공사에서도 업무에 필요한 역량 및 책임감과 적응력 등을 구비한 인재를 선발하기 위하여 고유의 필기전형을 치르고 있다. 본서는 한국전기안전공사 채용대비를 위한 필독서로 한국전기안전공사 필기전형의 출제경향을 철저히 분석하여 응시자들이 보다 쉽게 시험유형을 파악하고 효율적으로 대비할 수 있도록 구성하였다.

신념을 가지고 도전하는 사람은 반드시 그 꿈을 이룰 수 있습니다. 처음에 품은 신념과 열정이 취업 성공의 그 날까지 빛바래지 않도록 서원각이 수험생 여러분을 응원합니다.

STRUCTURE

NCS 핵심이론

NCS 직업기초능력 핵심이론을 체계적으로 정리하여 단기간에 학습할 수 있도록 하였습니다.

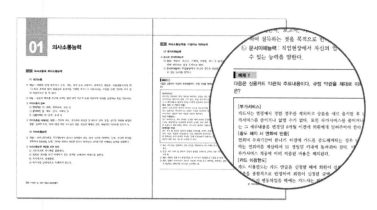

NCS 예상문제

적중률 높은 영역별 출제예상문제를 수록하여 학습효율을 확실하게 높였습니다.

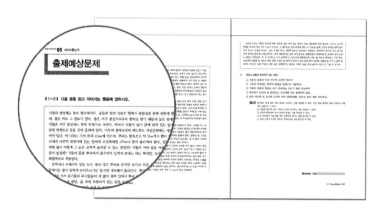

NCS 정답 및 해설

문제의 핵심을 꿰뚫는 명쾌하고 자세한 해설로 수험생들의 이해를 돕습니다.

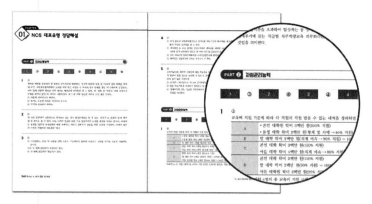

CONTENTS

PART I **NCS 핵심이론**

01 NCS 핵심이론 ··· 14
02 NCS 대표유형 ··· 64

PART II **NCS 예상문제**

01 의사소통능력 ··· 96
02 자원관리능력 ··· 116
03 정보능력 ··· 132
04 문제해결능력 ··· 146
05 조직이해능력 ··· 163
06 수리능력 ··· 178

PART III **NCS 인성검사**

01 인성검사의 개요 ··· 194
02 실전 인성검사 ··· 210

PART IV **NCS 면접**

01 성공적인 면접을 위한 전략 ································· 220
02 현직자가 알려주는 면접기출 ····························· 236

PART V **NCS 정답 및 해설**

01 NCS 대표유형 정답해설 ····································· 240
02 NCS 예상문제 정답해설 ····································· 249

✔ 공사소개

(1) 공사소개

한국전기안전공사는 소중한 국민 여러분의 생명과 재산을 전기재해로부터 지켜드리는 국내유일의 전기안전관리 전문기관이다. 각종 전기설비에 대한 엄정한 검사·점검, 전기안전에 관한 조사·연구·기술개발과 홍보는 물론 재래시장·다중이용시설에 대한 상시점검을 주 임무로 하면서 국가재난관리 책임기관으로서 재난의 예방 및 복구를 위한 임무를 성실히 수행하고 있다.

(2) 비전 2030

미션	전기재해로부터 국민의 생명과 재산을 보호			
비전	에너지 안전을 이끄는 국민의 KESCO			
핵심 가치	**전문성** (Professionality)	**책임감** (Responsibility)	**혁신** (Innovation)	**소통·신뢰** (Comunication·Trust)
	최상의 전기안전 서비스 제공을 위해 전기안전 분야에서 최고가 되겠다는 자세로 역량계발	전기재해로부터 국민의 안전을 책임지는 '전기안전 지킴이'로서 국민이 안심하고 사용할 수 있는 사회안전망 구축	변화를 두려워하지 않는 새로운 도전과 열정으로 가능성을 현실로 이끌어 내는 혁신 지향의 조직 문화 구현	소통, 존중과 포용으로 공유가치를 창출하며 더불어 사는 사회를 함께 만들기 위한 사회적가치 실현
경영 목표	전기화재 인명피해 감축 (인명피해 147명 이하)	신에너지 설비 안전성 확보 (불합격률 5.96% 이하)	안전관리 체계 디지털 전환(디지털점검 100% 달성)	국민신뢰 최우수 기관 도약(청렴도 최고 등급)
전략 방향	**국민이 안심하는**	**국민과 함께하는**	**국민이 체감하는**	**국민이 신뢰하는**
	선제적 안전관리 인프라 구축	에너지 안전 생태계 선도	디지털 기반 안전관리 혁신	ESG로 지속가능경영 구현

전략과제	·검사·점검 강화로 안전사각지대 해소 ·선진화된 재난안전관리 체계 구축 ·선제적 안전관리 정책·기준 선도	·신에너지 전주기 안전 확보 ·안전문화 공유·확산으로 사회안전망 강화 ·민간협력 기반 산업생태계 활성화	·시스템검사 및 원격점검 전환 ·디지털 혁신을 통한 국민서비스 질 제고 ·신기술 기반 미래사업 발굴 및 역량강화	·KESCO형 ESG 경영 실천 ·경영관리 혁신으로 조직역량 강화 ·소통과 협업의 조직문화 구현

(3) 경영방침

안심경영

안전을 넘어 안심까지 KESCO가 대한민국을 안심하게 합니다
안전을 넘어 안심까지

 열정
내가 제일 열정

 성실
내가 항상 성실

 도전
내가 먼저 도전

공정
우리 함께 공정

(4) 주요사업

① 전기설비의 안전확인을 위한 법정검사 · 점검

② 전기안전에 관한 조사 · 연구 · 기술개발, 홍보 및 교육

③ 전기사고의 원인 · 경위 등의 조사

④ 재난의 예방 · 수습 등 국가 재난관리 업무지원

⑤ 안전진단 등 전기안전관리를 위하여 필요한 사업

✔ 채용안내

(1) 인재상

개방적으로 소통하고 열정적으로 도전하여 전기안전을 선도하는 창조적 전문가

和合人　함께하는 인재
동반자 정신에 기반하여 고객을 존중하고 동료를 신뢰하는 소통형 인재

創造人　창조적인 인재
국제적 안목으로 통섭을 지향하는 자기주도적 창의형 인재

專門人　전문가형 인재
전략적으로 사고하고 열정적으로 학습하는 성과지향형 인재

(2) 모집 분야 및 응시자격

① 신입직(경영관리)

　　㉠ **자격요건** : 학력, 연령 제한 없음(단, 만 18세 미만자 및 공사연령 정년인 만 60세 초과자 제외)

　　㉡ **업무내용** : 기획관리, 사업전략, 경영평가, 예산관리, 인사기획, 교육기획, 인사관리, 노무관리, 복지/급여, 교육운영, 총무업무 등

② 신입직(기술)

　　㉠ **자격요건**

- 학력, 연령 제한 없음(단, 만 18세 미만자 및 공사연령 정년인 만 60세 초과자 제외)
- 다음 중 1개 이상의 자격을 갖춘 자
- 전기분야 기능사 이상 자격이 있는 사람
- 고등학교에서 전기 관련 학과를 졸업한 자, 또는 이와 같은 수준 이상의 학력이 있는 자
- 이전지역인재 : 공공기관이 이전한 광역시·도에 소재한 지방대학 또는 고등학교를 최종적으로 졸업하였거나 졸업예정인 사람으로, 우리 공사 응시자는 전라북도에 소재한 지방대학 또는 고등학교를 최종적으로 졸업하였거나, 졸업예정인 사람

　　㉡ **업무내용** : 일반용전기설비 점검업무 및 재난안전 관련 업무

③ 신입직(연구)

　　① **자격요건** : 전기분야 석사학위 이상 소지자(단, 만 18세 미만자 및 공사연령 정년인 만 60세 초과자 제외)

　　② **업무내용** : 신재생설비 ESS, 전기안전기술, 전기화재 예방기술 개발, 설비사고 및 감전사고 원인분석, 고전압연구, 전기설비 수명평가, 데이터 분석기술 개발

(3) 전형절차

서류전형 → 시험전형 → 면접전형 → 최종합격자 결정 → 채용

① 1차 전형 : 서류전형

② 2차 전형 : 시험전형

　㉠ 시험과목 및 시험시간

교시	신입(경영관리, 기술)	신입(연구)	소요시간
1교시	인성검사	인성검사	25분
2교시	직업기초능력평가	직업기초능력평가	60분
3교시	직무수행능력평가		60분

　㉡ 출제범위
- 인성검사 : 동반자 마인드, 통합적 사고, 전문성 추구
- 직업기초능력평가 : NCS 직업기초능력 6개 분야(의사소통, 자원관리, 문제해결, 정보능력, 조직이해, 수리능력) / 50문항
- 직무수행능력평가(전공) / 50문항

경영관리	기술
경영, 경제, 행정, 회계, 법률 등	전기설비기술기준 및 한국전기설비규정(KEC), 전력공학, 전기기기, 전기자기학, 회로이론, 전기응용, 전기관련 법령 등

　㉢ 합격자 결정
- 1차 : 인성검사 70점 이상인 자 선발(70점 미만은 결격 처리)
- 2차
- 경영관리, 기술 : 인성검사 합격자 중 직업기초능력평가(30%)+직무수행능력평가(70%)로 성적순 결정
- 연구 : 인성검사 합격자 중 직업기초능력평가(100%)로 성적순 결정

  ㉣ 시험전형 합격인원

   • 경영관리, 기술 : 최종 채용인원의 2배수 선발

   • 연구 : 3배수 선발

  ㉤ 직업기초능력 및 직무수행능력평가 각 과목 40점 미만 득점자는 결격 처리

③ **3차 전형** : 면접전형(구조화된 면접 실시)

 ※ 면접위원 합산점수가 평균 60점 미만인 자는 결격 처리

④ **최종합격자 결정** : 시험전형(50%)+면접전형(50%)

PART

I

NCS 핵심이론 및 대표유형

01 NCS 핵심이론

02 NCS 대표유형

01 NCS 핵심이론

1 의사소통과 의사소통능력

(1) 의사소통

① 개념 : 사람들 간에 생각이나 감정, 정보, 의견 등을 교환하는 총체적인 행위로, 직장생활에서의 의사소통은 조직과 팀의 효율성과 효과성을 성취할 목적으로 이루어지는 구성원 간의 정보와 지식 전달 과정이라고 할 수 있다.

② 기능 : 공동의 목표를 추구해 나가는 집단 내의 기본적 존재 기반이며 성과를 결정하는 핵심 기능이다.

③ 의사소통의 종류
    ㉠ 언어적인 것 : 대화, 전화통화, 토론 등
    ㉡ 문서적인 것 : 메모, 편지, 기획안 등
    ㉢ 비언어적인 것 : 몸짓, 표정 등

④ 의사소통을 저해하는 요인 : 정보의 과다, 메시지의 복잡성 및 메시지 간의 경쟁, 상이한 직위와 과업지향형, 신뢰의 부족, 의사소통을 위한 구조상의 권한, 잘못된 매체의 선택, 폐쇄적인 의사소통 분위기 등

(2) 의사소통능력

① 개념 : 직장생활에서 문서나 상대방이 하는 말의 의미를 파악하는 능력, 자신의 의사를 정확하게 표현하는 능력, 간단한 외국어 자료를 읽거나 외국인의 의사표시를 이해하는 능력을 포함한다.

② 의사소통능력 개발을 위한 방법
    ㉠ 사후검토와 피드백을 활용한다.
    ㉡ 명확한 의미를 가진 이해하기 쉬운 단어를 선택하여 이해도를 높인다.
    ㉢ 적극적으로 경청한다.
    ㉣ 메시지를 감정적으로 곡해하지 않는다.

2 의사소통능력을 구성하는 하위능력

(1) 문서이해능력

① 문서와 문서이해능력

ㄱ 문서 : 제안서, 보고서, 기획서, 이메일, 팩스 등 문자로 구성된 것으로 상대방에게 의사를 전달하여 설득하는 것을 목적으로 한다.

ㄴ 문서이해능력 : 직업현장에서 자신의 업무와 관련된 문서를 읽고, 내용을 이해하고 요점을 파악할 수 있는 능력을 말한다.

예제 1

다음은 신용카드 약관의 주요내용이다. 규정 약관을 제대로 이해하지 못한 사람은?

[부가서비스]
카드사는 법령에서 정한 경우를 제외하고 상품을 새로 출시한 후 1년 이내에 부가서비스를 줄이거나 없앨 수가 없다. 또한 부가서비스를 줄이거나 없앨 경우에는 그 세부내용을 변경일 6개월 이전에 회원에게 알려주어야 한다.

[중도 해지 시 연회비 반환]
연회비 부과기간이 끝나기 이전에 카드를 중도해지하는 경우 남은 기간에 해당하는 연회비를 계산하여 10 영업일 이내에 돌려줘야 한다. 다만, 카드 발급 및 부가서비스 제공에 이미 지출된 비용은 제외된다.

[카드 이용한도]
카드 이용한도는 카드 발급을 신청할 때에 회원이 신청한 금액과 카드사의 심사기준을 종합적으로 반영하여 회원이 신청한 금액 범위 이내에서 책정되며 회원의 신용도가 변동되었을 때에는 카드사는 회원의 이용한도를 조정할 수 있다.

[부정사용 책임]
카드 위조 및 변조로 인하여 발생된 부정사용 금액에 대해서는 카드사가 책임을 진다. 다만, 회원이 비밀번호를 다른 사람에게 알려주거나 카드를 다른 사람에게 빌려주는 등의 중대한 과실로 인해 부정사용이 발생하는 경우에는 회원이 그 책임의 전부 또는 일부를 부담할 수 있다.

① 혜수 : 카드사는 법령에서 정한 경우를 제외하고는 1년 이내에 부가서비스를 줄일 수 없어
② 신성 : 카드 위조 및 변조로 인하여 발생된 부정사용 금액은 일괄 카드사가 책임을 지게 돼
③ 영훈 : 회원의 신용도가 변경되었을 때 카드사가 이용한도를 조정할 수 있어
④ 영호 : 연회비 부과기간이 끝나기 이전에 카드를 중도해지하는 경우에는 남은 기간에 해당하는 연회비를 카드사는 돌려줘야 해

출제의도

주어진 약관의 내용을 읽고 그에 대한 상세 내용의 정보를 이해하는 능력을 측정하는 문항이다.

해 설

② 부정사용에 대해 고객의 과실이 있으면 회원이 그 책임의 전부 또는 일부를 부담할 수 있다.

답 ②

② 문서의 종류

    ㉠ 공문서 : 정부기관에서 공무를 집행하기 위해 작성하는 문서로, 단체 또는 일반회사에서 정부기관을 상대로 사업을 진행할 때 작성하는 문서도 포함된다. 엄격한 규격과 양식이 특징이다.

    ㉡ 기획서 : 아이디어를 바탕으로 기획한 프로젝트에 대해 상대방에게 전달하여 시행하도록 설득하는 문서이다.

    ㉢ 기안서 : 업무에 대한 협조를 구하거나 의견을 전달할 때 작성하는 사내 공문서이다.

    ㉣ 보고서 : 특정한 업무에 관한 현황이나 진행 상황, 연구 · 검토 결과 등을 보고하고자 할 때 작성하는 문서이다.

    ㉤ 설명서 : 상품의 특성이나 작동 방법 등을 소비자에게 설명하기 위해 작성하는 문서이다.

    ㉥ 보도자료 : 정부기관이나 기업체 등이 언론을 상대로 자신들의 정보를 기사화 되도록 하기 위해 보내는 자료이다.

    ㉦ 자기소개서 : 개인이 자신의 성장과정이나, 입사 동기, 포부 등에 대해 구체적으로 기술하여 자신을 소개하는 문서이다.

    ㉧ 비즈니스 레터(E-mail) : 사업상의 이유로 고객에게 보내는 편지다.

    ㉨ 비즈니스 메모 : 업무상 확인해야 할 일을 메모형식으로 작성하여 전달하는 글이다.

③ 문서이해의 절차 : 문서의 목적 이해→문서 작성 배경 · 주제 파악→정보 확인 및 현안문제 파악→문서 작성자의 의도 파악 및 자신에게 요구되는 행동 분석→목적 달성을 위해 취해야 할 행동 고려→문서 작성자의 의도를 도표나 그림 등으로 요약 · 정리

(2) 문서작성능력

① 작성되는 문서에는 대상과 목적, 시기, 기대효과 등이 포함되어야 한다.

② 문서작성의 구성요소

    ㉠ 짜임새 있는 골격, 이해하기 쉬운 구조

    ㉡ 객관적이고 논리적인 내용

    ㉢ 명료하고 설득력 있는 문장

    ㉣ 세련되고 인상적인 레이아웃

다음은 들은 내용을 구조적으로 정리하는 방법이다. 순서에 맞게 배열하면?

> ㉠ 관련 있는 내용끼리 묶는다.
> ㉡ 묶은 내용에 적절한 이름을 붙인다.
> ㉢ 전체 내용을 이해하기 쉽게 구조화한다.
> ㉣ 중복된 내용이나 덜 중요한 내용을 삭제한다.

① ㉠㉡㉢㉣   ② ㉠㉡㉣㉢
③ ㉡㉠㉢㉣   ④ ㉡㉠㉣㉢

출제의도

음성정보는 문자정보와는 달리 쉽게 잊혀지기 때문에 음성정보를 구조화 시키는 방법을 묻는 문항이다.

해 설

내용을 구조적으로 정리하는 방법은 '㉠ 관련 있는 내용끼리 묶는다. → ㉡ 묶은 내용에 적절한 이름을 붙인다. → ㉣ 중복된 내용이나 덜 중요한 내용을 삭제한다. → ㉢ 전체 내용을 이해하기 쉽게 구조화 한다.'가 적절하다.

답 ②

③ 문서의 종류에 따른 작성방법

　㉠ 공문서
　　• 육하원칙이 드러나도록 써야 한다.
　　• 날짜는 반드시 연도와 월, 일을 함께 언급하며, 날짜 다음에 괄호를 사용할 때는 마침표를 찍지 않는다.
　　• 대외문서이며, 장기간 보관되기 때문에 정확하게 기술해야 한다.
　　• 내용이 복잡할 경우 '-다음-', '-아래-'와 같은 항목을 만들어 구분한다.
　　• 한 장에 담아내는 것을 원칙으로 하며, 마지막엔 반드시 '끝'자로 마무리 한다.

　㉡ 설명서
　　• 정확하고 간결하게 작성한다.
　　• 이해하기 어려운 전문용어의 사용은 삼가고, 복잡한 내용은 도표화 한다.
　　• 명령문보다는 평서문을 사용하고, 동어 반복보다는 다양한 표현을 구사하는 것이 바람직하다.

　㉢ 기획서
　　• 상대를 설득하여 기획서가 채택되는 것이 목적이므로 상대가 요구하는 것이 무엇인지 고려하여 작성하며, 기획의 핵심을 잘 전달하였는지 확인한다.
　　• 분량이 많을 경우 전체 내용을 한눈에 파악할 수 있도록 목차구성을 신중히 한다.
　　• 효과적인 내용 전달을 위한 표나 그래프를 적절히 활용하고 산뜻한 느낌을 줄 수 있도록 한다.
　　• 인용한 자료의 출처 및 내용이 정확해야 하며 제출 전 충분히 검토한다.

　㉣ 보고서
　　• 도출하고자 하는 핵심내용을 구체적이고 간결하게 작성한다.
　　• 내용이 복잡할 경우 도표나 그림을 활용하고, 참고자료는 정확하게 제시한다.
　　• 제출하기 전에 최종점검을 하며 질의를 받을 것에 대비한다.

다음 중 공문서 작성에 대한 설명으로 가장 적절하지 못한 것은?

① 공문서나 유가증권 등에 금액을 표시할 때에는 한글로 기재하고 그 옆에 괄호를 넣어 숫자로 표기한다.

② 날짜는 숫자로 표기하되 년, 월, 일의 글자는 생략하고 그 자리에 온점(.)을 찍어 표시한다.

③ 첨부물이 있는 경우에는 붙임 표시문 끝에 1자 띄우고 "끝."이라고 표시한다.

④ 공문서의 본문이 끝났을 경우에는 1자를 띄우고 "끝."이라고 표시한다.

출제의도

업무를 할 때 필요한 공문서 작성법을 잘 알고 있는지를 측정하는 문항이다.

해 설

공문서 금액 표시

아라비아 숫자로 쓰고, 숫자 다음에 괄호를 하여 한글로 기재한다.

예) 123,456원의 표시 : 금 123,456(금일십이만삼천사백오십육원)

답 ①

④ 문서작성의 원칙

 ㉠ 문장은 짧고 간결하게 작성한다.(간결체 사용)

 ㉡ 상대방이 이해하기 쉽게 쓴다.

 ㉢ 불필요한 한자의 사용을 자제한다.

 ㉣ 문장은 긍정문의 형식을 사용한다.

 ㉤ 간단한 표제를 붙인다.

 ㉥ 문서의 핵심내용을 먼저 쓰도록 한다.(두괄식 구성)

⑤ 문서작성 시 주의사항

 ㉠ 육하원칙에 의해 작성한다.

 ㉡ 문서 작성시기가 중요하다.

 ㉢ 한 사안은 한 장의 용지에 작성한다.

 ㉣ 반드시 필요한 자료만 첨부한다.

 ㉤ 금액, 수량, 일자 등은 기재에 정확성을 기한다.

 ㉥ 경어나 단어사용 등 표현에 신경 쓴다.

 ㉦ 문서작성 후 반드시 최종적으로 검토한다.

⑥ 효과적인 문서작성 요령

    ㉠ 내용이해 : 전달하고자 하는 내용과 핵심을 정확하게 이해해야 한다.

    ㉡ 목표설정 : 전달하고자 하는 목표를 분명하게 설정한다.

    ㉢ 구성 : 내용 전달 및 설득에 효과적인 구성과 형식을 고려한다.

    ㉣ 자료수집 : 목표를 뒷받침할 자료를 수집한다.

    ㉤ 핵심전달 : 단락별 핵심을 하위목차로 요약한다.

    ㉥ 대상파악 : 대상에 대한 이해와 분석을 통해 철저히 파악한다.

    ㉦ 보충설명 : 예상되는 질문을 정리하여 구체적인 답변을 준비한다.

    ㉧ 문서표현의 시각화 : 그래프, 그림, 사진 등을 적절히 사용하여 이해를 돕는다.

(3) 경청능력

① 경청의 중요성 : 경청은 다른 사람의 말을 주의 깊게 들으며 공감하는 능력으로 경청을 통해 상대방을 한 개인으로 존중하고 성실한 마음으로 대하게 되며, 상대방의 입장에 공감하고 이해하게 된다.

② 경청을 방해하는 습관 : 짐작하기, 대답할 말 준비하기, 걸러내기, 판단하기, 다른 생각하기, 조언하기, 언쟁하기, 옳아야만 하기, 슬쩍 넘어가기, 비위 맞추기 등

③ 효과적인 경청방법

    ㉠ 준비하기 : 강연이나 프레젠테이션 이전에 나누어주는 자료를 읽어 미리 주제를 파악하고 등장하는 용어를 익혀둔다.

    ㉡ 주의 집중 : 말하는 사람의 모든 것에 집중해서 적극적으로 듣는다.

    ㉢ 예측하기 : 다음에 무엇을 말할 것인가를 추측하려고 노력한다.

    ㉣ 나와 관련짓기 : 상대방이 전달하고자 하는 메시지를 나의 경험과 관련지어 생각해 본다.

    ㉤ 질문하기 : 질문은 듣는 행위를 적극적으로 하게 만들고 집중력을 높인다.

    ㉥ 요약하기 : 주기적으로 상대방이 전달하려는 내용을 요약한다.

    ㉦ 반응하기 : 피드백을 통해 의사소통을 점검한다.

다음은 면접스터디 중 일어난 대화이다. 민아의 고민을 해소하기 위한 조언으로 가장 적절한 것은?

> 지섭 : 민아씨, 어디 아파요? 표정이 안 좋아 보여요.
>
> 민아 : 제가 원서 넣은 공단이 내일 면접이어서요. 그동안 스터디를 통해서 면접 연습을 많이 했는데도 벌써부터 긴장이 되네요.
>
> 지섭 : 민아씨는 자기 의견도 명확히 피력할 줄 알고 조리 있게 설명을 잘 하시니 걱정 안하셔도 될 것 같아요. 아, 손에 꽉 쥐고 계신 건 뭔가요?
>
> 민아 : 아, 제가 예상 답변을 정리해서 모아둔거에요. 내용은 거의 외웠는데 이렇게 쥐고 있지 않으면 불안해서..
>
> 지섭 : 그 정도로 준비를 철저히 하셨으면 걱정할 이유 없을 것 같아요.
>
> 민아 : 그래도 압박면접이거나 예상치 못한 질문이 들어오면 어떻게 하죠?
>
> 지섭 : _____

① 시선을 적절히 처리하면서 부드러운 어투로 말하는 연습을 해보는 건 어때요?
② 공식적인 자리인 만큼 옷차림을 신경 쓰는 게 좋을 것 같아요.
③ 당황하지 말고 질문자의 의도를 잘 파악해서 침착하게 대답하면 되지 않을까요?
④ 예상 질문에 대한 답변을 좀 더 정확하게 외워보는 건 어떨까요?

(4) 의사표현능력

① 의사표현의 개념과 종류

   ㉠ 개념 : 화자가 자신의 생각과 감정을 청자에게 음성언어나 신체언어로 표현하는 행위이다.

   ㉡ 종류

     • 공식적 말하기 : 사전에 준비된 내용을 대중을 대상으로 말하는 것으로 연설, 토의, 토론 등이 있다.

     • 의례적 말하기 : 사회 · 문화적 행사에서와 같이 절차에 따라 하는 말하기로 식사, 주례, 회의 등이 있다.

     • 친교적 말하기 : 친근한 사람들 사이에서 자연스럽게 주고받는 대화 등을 말한다.

② 의사표현의 방해요인

   ㉠ 연단공포증 : 연단에 섰을 때 가슴이 두근거리거나 땀이 나고 얼굴이 달아오르는 등의 현상으로 충분한 분석과 준비, 더 많은 말하기 기회 등을 통해 극복할 수 있다.

   ㉡ 말 : 말의 장단, 고저, 발음, 속도, 쉼 등을 포함한다.

   ㉢ 음성 : 목소리와 관련된 것으로 음색, 고저, 명료도, 완급 등을 의미한다.

   ㉣ 몸짓 : 비언어적 요소로 화자의 외모, 표정, 동작 등이다.

   ㉤ 유머 : 말하기 상황에 따른 적절한 유머를 구사할 수 있어야 한다.

③ 상황과 대상에 따른 의사표현법

　　㉠ 잘못을 지적할 때 : 모호한 표현을 삼가고 확실하게 지적하며, 당장 꾸짖고 있는 내용에만 한정한다.

　　㉡ 칭찬할 때 : 자칫 아부로 여겨질 수 있으므로 센스 있는 칭찬이 필요하다.

　　㉢ 부탁할 때 : 먼저 상대방의 사정을 듣고 응하기 쉽게 구체적으로 부탁하며 거절을 당해도 싫은 내색을 하지 않는다.

　　㉣ 요구를 거절할 때 : 먼저 사과하고 응해줄 수 없는 이유를 설명한다.

　　㉤ 명령할 때 : 강압적인 말투보다는 'ㅇㅇ을 이렇게 해주는 것이 어떻겠습니까?'와 같은 식으로 부드럽게 표현하는 것이 효과적이다.

　　㉥ 설득할 때 : 일방적으로 강요하기보다는 먼저 양보해서 이익을 공유하겠다는 의지를 보여주는 것이 좋다.

　　㉦ 충고할 때 : 충고는 가장 최후의 방법이다. 반드시 충고가 필요한 상황이라면 예화를 들어 비유적으로 깨우쳐주는 것이 바람직하다.

　　㉧ 질책할 때 : 샌드위치 화법(칭찬의 말 + 질책의 말 + 격려의 말)을 사용하여 청자의 반발을 최소화 한다.

예제 5

당신은 팀장님께 업무 지시내용을 수행하고 결과물을 보고 드렸다. 하지만 팀장님께서는 "최대리 업무를 이렇게 처리하면 어떡하나? 누락된 부분이 있지 않은가."라고 말하였다. 이에 대해 당신이 행할 수 있는 가장 부적절한 대처 자세는?

① "죄송합니다. 제가 잘 모르는 부분이라 이수혁 과장님께 부탁을 했는데 과장님께서 실수를 하신 것 같습니다."

② "주의를 기울이지 못해 죄송합니다. 어느 부분을 수정보완하면 될까요?"

③ "지시하신 내용을 제가 충분히 이해하지 못하였습니다. 내용을 다시 한 번 여쭤봐도 되겠습니까?"

④ "부족한 내용을 보완하는 자료를 취합하기 위해서 하루정도가 더 소요될 것 같습니다. 언제까지 재작성하여 드리면 될까요?"

출제의도

상사가 잘못을 지적하는 상황에서 어떻게 대처해야 하는지를 묻는 문항이다.

해　설

상사가 부탁한 지시사항을 다른 사람에게 부탁하는 것은 옳지 못하며 설사 그렇다고 해도 그 일의 과오에 대해 책임을 전가하는 것은 지양해야 할 자세이다.

답 ①

---

④ 원활한 의사표현을 위한 지침

　　㉠ 올바른 화법을 위해 독서를 하라.

　　㉡ 좋은 청중이 되라.

　　㉢ 칭찬을 아끼지 마라.

　　㉣ 공감하고, 긍정적으로 보이게 하라.

　　㉤ 겸손은 최고의 미덕임을 잊지 마라.

　　㉥ 과감하게 공개하라.

      Ⓢ 뒷말을 숨기지 마라.

      ⓞ 첫마디 말을 준비하라.

      ⓩ 이성과 감성의 조화를 꾀하라.

      ⓒ 대화의 룰을 지켜라.

      ⓚ 문장을 완전하게 말하라.

⑤ 설득력 있는 의사표현을 위한 지침

      ㉠ 'Yes'를 유도하여 미리 설득 분위기를 조성하라.

      ㉡ 대비 효과로 분발심을 불러 일으켜라.

      ㉢ 침묵을 지키는 사람의 참여도를 높여라.

      ㉣ 여운을 남기는 말로 상대방의 감정을 누그러뜨려라.

      ㉤ 하던 말을 갑자기 멈춤으로써 상대방의 주의를 끌어라.

      ㉥ 호칭을 바꿔서 심리적 간격을 좁혀라.

      ㉦ 끄집어 말하여 자존심을 건드려라.

      ㉧ 정보전달 공식을 이용하여 설득하라.

      ㉨ 상대방의 불평이 가져올 결과를 강조하라.

      ㉩ 권위 있는 사람의 말이나 작품을 인용하라.

      ㉪ 약점을 보여 주어 심리적 거리를 좁혀라.

      ㉫ 이상과 현실의 구체적 차이를 확인시켜라.

      ㉬ 자신의 잘못도 솔직하게 인정하라.

      ㉭ 집단의 요구를 거절하려면 개개인의 의견을 물어라.

      ⓐ 동조 심리를 이용하여 설득하라.

      ⓑ 지금까지의 노고를 치하한 뒤 새로운 요구를 하라.

      ⓒ 담당자가 대변자 역할을 하도록 하여 윗사람을 설득하게 하라.

      ⓓ 겉치레 양보로 기선을 제압하라.

      ⓔ 변명의 여지를 만들어 주고 설득하라.

      ⓕ 혼자 말하는 척하면서 상대의 잘못을 지적하라.

(5) 기초외국어능력

① 기초외국어능력의 개념과 필요성

    ㉠ 개념 : 외국어로 된 간단한 자료를 이해하거나, 외국인과의 전화응대와 간단한 대화 등 외국인의 의사표현을 이해하고, 자신의 의사를 기초외국어로 표현할 수 있는 능력이다.

    ㉡ 필요성 : 국제화·세계화 시대에 다른 나라와의 무역을 위해 우리의 언어가 아닌 국제적인 통용어를 사용하거나 그들의 언어로 의사소통을 해야 하는 경우가 생길 수 있다.

② 외국인과의 의사소통에서 피해야 할 행동

    ㉠ 상대를 볼 때 흘겨보거나, 노려보거나, 아예 보지 않는 행동

    ㉡ 팔이나 다리를 꼬는 행동

    ㉢ 표정이 없는 것

    ㉣ 다리를 흔들거나 펜을 돌리는 행동

    ㉤ 맞장구를 치지 않거나 고개를 끄덕이지 않는 행동

    ㉥ 생각 없이 메모하는 행동

    ㉦ 자료만 들여다보는 행동

    ㉧ 바르지 못한 자세로 앉는 행동

    ㉨ 한숨, 하품, 신음소리를 내는 행동

    ㉩ 다른 일을 하며 듣는 행동

    ㉪ 상대방에게 이름이나 호칭을 어떻게 부를지 묻지 않고 마음대로 부르는 행동

③ 기초외국어능력 향상을 위한 공부법

    ㉠ 외국어공부의 목적부터 정하라.

    ㉡ 매일 30분씩 눈과 손과 입에 밸 정도로 반복하라.

    ㉢ 실수를 두려워하지 말고 기회가 있을 때마다 외국어로 말하라.

    ㉣ 외국어 잡지나 원서와 친해져라.

    ㉤ 소홀해지지 않도록 라이벌을 정하고 공부하라.

    ㉥ 업무와 관련된 주요 용어의 외국어는 꼭 알아두자.

    ㉦ 출퇴근 시간에 외국어 방송을 보거나, 듣는 것만으로도 귀가 트인다.

    ㉧ 어린이가 단어를 배우듯 외국어 단어를 암기할 때 그림카드를 사용해 보라.

    ㉨ 가능하면 외국인 친구를 사귀고 대화를 자주 나눠 보라.

1 자원과 자원관리

(1) 자원

① 자원의 종류 : 시간, 돈, 물직자원, 인적사원

② 자원의 낭비요인 : 비계획적 행동, 편리성 추구, 자원에 대한 인식 부재, 노하우 부족

(2) 자원관리 기본 과정

① 필요한 자원의 종류와 양 확인

② 이용 가능한 자원 수집하기

③ 자원 활용 계획 세우기

④ 계획대로 수행하기

예제 1

당신은 A출판사 교육훈련 담당자이다. 조직의 효율성을 높이기 위해 전사적인 시간관리에 대한 교육을 실시하기로 하였지만 바쁜 일정 상 직원들을 집합교육에 동원할 수 있는 시간은 제한적이다. 다음 중 귀하가 최우선의 교육 대상으로 삼아야 하는 것은 어느 부분인가?

구분	긴급한 일	긴급하지 않은 일
중요한 일	제1사분면	제2사분면
중요하지 않은 일	제3사분면	제4사분면

출제의도

주어진 일들을 중요도와 긴급도에 따른 시간관리 매트릭스에서 우선순위를 구분할 수 있는가를 측정하는 문항이다.

① 중요하고 긴급한 일로 위기사항이나 급박한 문제, 기간이 정해진 프로젝트 등이 해당되는 제1사분면
② 긴급하지는 않지만 중요한 일로 인간관계구축이나 새로운 기회의 발굴, 중장기 계획 등이 포함되는 제2사분면
③ 긴급하지만 중요하지 않은 일로 잠깐의 급한 질문, 일부 보고서, 눈 앞의 급박한 사항이 해당되는 제3사분면
④ 중요하지 않고 긴급하지 않은 일로 하찮은 일이나 시간낭비거리, 즐거운 활동 등이 포함되는 제4사분면

2 자원관리능력을 구성하는 하위능력

(1) 시간관리능력

① 시간의 특성
  ㉠ 시간은 매일 주어지는 기적이다.
  ㉡ 시간은 똑같은 속도로 흐른다.
  ㉢ 시간의 흐름은 멈추게 할 수 없다.
  ㉣ 시간은 꾸거나 저축할 수 없다.
  ㉤ 시간은 사용하기에 따라 가치가 달라진다.

② 시간관리의 효과
  ㉠ 생산성 향상
  ㉡ 가격 인상
  ㉢ 위험 감소
  ㉣ 시장 점유율 증가

③ 시간계획

    ㉠ 개념 : 시간 자원을 최대한 활용하기 위하여 가장 많이 반복되는 일에 가장 많은 시간을 분배하고, 최
    단시간에 최선의 목표를 달성하는 것을 의미한다.

    ㉡ 60 : 40의 Rule

계획된 행동 (60%)	계획 외의 행동 (20%)	자발적 행동 (20%)
총 시간		

예제 2

유아용품 홍보팀의 사원 은이씨는 일산 킨텍스에서 열리는 유아용품박람회에
참여하고자 한다. 당일 회의 후 출발해야 하며 회의 종료 시간은 오후 3시이다.

장소	일시
일산 킨텍스 제2전시장	2016. 1. 20(금) PM 15:00~19:00 * 입장가능시간은 종료 2시간 전 까지

오시는 길
지하철 : 4호선 대화역(도보 30분 거리)
버스 : 8109번, 8407번(도보 5분 거리)

• 회사에서 버스정류장 및 지하철역까지 소요시간

출발지	도착지		소요시간
회사	×× 정류장	도보	15분
		택시	5분
	지하철역	도보	30분
		택시	10분

• 일산 킨텍스 가는 길

교통편	출발지	도착지	소요시간
지하철	강남역	대화역	1시간 25분
버스	×× 정류장	일산 킨텍스 정류장	1시간 45분

위의 제시 상황을 보고 은이씨가 선택할 교통편으로 가장 적절한 것은?

① 도보 – 지하철   ② 도보 – 버스
③ 택시 – 지하철   ④ 택시 – 버스

출제의도

주어진 여러 시간정보를 수집하여 실
제 업무 상황에서 시간자원을 어떻게
활용할 것인지 계획하고 할당하는 능
력을 측정하는 문항이다.

해 설

④ 택시로 버스정류장까지 이동해서
버스를 타고 가게 되면 택시(5분),
버스(1시간 45분), 도보(5분)으로 1
시간 55분이 걸린다.

① 도보–지하철 : 도보(30분), 지하철(1
시간 25분), 도보(30분)이므로 총
2시간 25분이 걸린다.

② 도보–버스 : 도보(15분), 버스(1시간
45분), 도보(5분)이므로 총 2시간
5분이 걸린다.

③ 택시–지하철 : 택시(10분), 지하철(1
시간 25분), 도보(30분)이므로 총
2시간 5분이 걸린다.

답 ④

(2) 예산관리능력

① 예산과 예산관리

　㉠ 예산 : 필요한 비용을 미리 헤아려 계산하는 것이나 그 비용을 말한다.

　㉡ 예산관리 : 활동이나 사업에 소요되는 비용을 산정하고, 예산을 편성하는 것뿐만 아니라 예산을 통제하는 것 모두를 포함한다.

② 예산의 구성요소

비용	직접비용	재료비, 원료와 장비, 시설비, 여행(출장) 및 잡비, 인건비 등
	간접비용	보험료, 건물관리비, 광고비, 통신비, 사무비품비, 각종 공과금 등

③ 예산수립 과정 : 필요한 과업 및 활동 구명 → 우선순위 결정 → 예산 배정

예제 3

당신은 가을 체육대회에서 총무를 맡으라는 지시를 받았다. 다음과 같은 계획에 따라 예산을 진행하였으나 확보된 예산이 생각보다 적게 되어 불가피하게 비용항목을 줄여야 한다. 다음 중 귀하가 비용 항목을 없애기에 가장 적절한 것은 무엇인가?

〈○○산업공단 춘계 1차 워크숍〉

1. 해당부서 : 인사관리팀, 영업팀, 재무팀
2. 일　　정 : 2016년 4월 21일~23일(2박 3일)
3. 장　　소 : 강원도 속초 ○○연수원
4. 행사내용 : 바다열차탑승, 체육대회, 친교의 밤 행사, 기타

① 숙박비　　　　　　　　　　② 식비
③ 교통비　　　　　　　　　　④ 기념품비

출제의도

업무에 소요되는 예산 중 꼭 필요한 것과 예산을 감축해야할 때 삭제 또는 감축이 가능한 것을 구분해내는 능력을 묻는 문항이다.

해 설

한정된 예산을 가지고 과업을 수행할 때에는 중요도를 기준으로 예산을 사용한다. 위와 같이 불가피하게 비용항목을 줄여야 한다면 기본적인 항목인 숙박비, 식비, 교통비는 유지되어야 하기에 항목을 없애기 가장 적절한 정답은 ④번이 된다.

답 ④

(3) 물적관리능력

① 물적자원의 종류

    ㉠ 자연자원 : 자연상태 그대로의 자원 ex) 석탄, 석유 등

    ㉡ 인공자원 : 인위적으로 가공한 자원 ex) 시설, 장비 등

② 물적자원관리 : 물적자원을 효과적으로 관리할 경우 경쟁력 향상이 향상되어 과제 및 사업의 성공으로 이어지며, 관리가 부족할 경우 경제적 손실로 인해 과제 및 사업의 실패 가능성이 커진다.

③ 물적자원 활용의 방해요인

    ㉠ 보관 장소의 파악 문제

    ㉡ 훼손

    ㉢ 분실

④ 물적자원관리 과정

과정	내용
사용 물품과 보관 물품의 구분	• 반복 작업 방지 • 물품활용의 편리성
동일 및 유사 물품으로의 분류	• 동일성의 원칙 • 유사성의 원칙
물품 특성에 맞는 보관 장소 선정	• 물품의 형상 • 물품의 소재

S호텔의 외식사업부 소속인 K씨는 예약일정 관리를 담당하고 있다. 아래의 예약일정과 정보를 보고 K씨의 판단으로 옳지 않은 것은?

〈S호텔 일식 뷔페 1월 ROOM 예약 일정〉

* 예약 : ROOM 이름(시작시간)

SUN	MON	TUE	WED	THU	FRI	SAT
					1	2
					백합(16)	장미(11) 백합(15)
3	4	5	6	7	8	9
라일락(15)	백향목(10) 백합(15)	장미(10) 백향목(17)	백합(11) 라일락(18)	백향목(15)	장미(10) 라일락(15)

ROOM 구분	수용가능인원	최소투입인력	연회장 이용시간
백합	20	3	2시간
장미	30	5	3시간
라일락	25	4	2시간
백향목	40	8	3시간

- 오후 9시에 모든 업무를 종료함
- 한 타임 끝난 후 1시간씩 세팅 및 정리
- 동 시간 대 서빙 투입인력은 총 10명을 넘을 수 없음

안녕하세요, 1월 첫째 주 또는 둘째 주에 신년회 행사를 위해 ROOM을 예약하려고 하는데요, 저희 동호회의 총 인원은 27명이고 오후 8시쯤 마무리하려고 합니다. 신정과 주말, 월요일은 피하고 싶습니다. 예약이 가능할까요?

① 인원을 고려했을 때 장미ROOM과 백향목ROOM이 적합하겠군
② 만약 2명이 안 온다면 예약 가능한 ROOM이 늘어나겠구나
③ 조건을 고려했을 때 예약 가능한 ROOM은 5일 장미ROOM뿐이겠구나
④ 오후 5시부터 8시까지 가능한 ROOM을 찾아야해

출제의도

주어진 정보와 일정표를 토대로 이용 가능한 물적자원을 확보하여 이를 정확하게 안내할 수 있는 능력을 측정하는 문항이다. 고객이 제공한 정보를 정확하게 파악하고 그 조건 안에서 가능한 자원을 제공할 수 있어야 한다.

해 설

③ 조건을 고려했을 때 5일 장미 ROOM과 7일 장미ROOM이 예약 가능하다.
① 참석 인원이 27명이므로 30명 수용 가능한 장미ROOM과 40명 수용 가능한 백향목ROOM 두 곳이 적합하다.
② 만약 2명이 안 온다면 총 참석인원 25명이므로 라일락ROOM, 장미 ROOM, 백향목ROOM이 예약 가능하다.
④ 오후 8시에 마무리하려고 계획하고 있으므로 적절하다.

답 ③

(4) 인적자원관리능력

① 인맥 : 가족, 친구, 직장동료 등 자신과 직접적인 관계에 있는 사람들인 핵심인맥과 핵심인맥들로부터 알게 된 파생인맥이 존재한다.

② 인적자원의 특성 : 능동성, 개발가능성, 전략적 자원

③ 인력배치의 원칙

   ㉠ 적재적소주의 : 팀의 효율성을 높이기 위해 팀원의 능력이나 성격 등과 가장 적합한 위치에 배치하여 팀원 개개인의 능력을 최대로 발휘해 줄 것을 기대하는 것

   ㉡ 능력주의 : 개인에게 능력을 발휘할 수 있는 기회와 장소를 부여하고 그 성과를 바르게 평가하며 평가된 능력과 실적에 대해 그에 상응하는 보상을 주는 원칙

   ㉢ 균형주의 : 모든 팀원에 대한 적재적소를 고려

④ 인력배치의 유형

   ㉠ 양적 배치 : 부문의 작업량과 조업도, 여유 또는 부족 인원을 감안하여 소요인원을 결정하여 배치하는 것

   ㉡ 질적 배치 : 적재적소의 배치

   ㉢ 적성 배치 : 팀원의 적성 및 흥미에 따라 배치하는 것

예제 5

최근 조직개편 및 연봉협상 과정에서 직원들의 불만이 높아지고 있다. 온갖 루머가 난무한 가운데 인사팀원인 당신에게 사내 게시판의 직원 불만사항에 대한 진위여부를 파악하고 대안을 세우라는 팀장의 지시를 받았다. 다음 중 당신이 조치를 취해야 하는 직원은 누구인가?

① 사원 A는 팀장으로부터 업무 성과가 탁월하다는 평가를 받았는데도 조직개편으로 인한 부서 통합으로 인해 승진을 못한 것이 불만이다.

② 사원 B는 회사가 예년에 비해 높은 영업 이익을 얻었는데도 불구하고 연봉 인상에 인색한 것이 불만이다.

③ 사원 C는 회사가 급여 정책을 변경해서 고정급 비율을 낮추고 기본급과 인센티브를 지급하는 제도로 바꾼 것이 불만이다.

④ 사원 D는 입사 동기인 동료가 자신보다 업무 실적이 좋지 않고 불성실한 근무태도를 가지고 있는데, 팀장과의 친분으로 인해 자신보다 높은 평가를 받은 것이 불만이다.

출제의도

주어진 직원들의 정보를 통해 시급하게 진위여부를 가리고 조치하여 인력 배치를 해야 하는 사항을 확인하는 문제이다.

해설

사원 A, B, C는 각각 조직 정책에 대한 불만이기에 논의를 통해 조직적으로 대처하는 것이 옳지만, 사원 D는 팀장의 독단적인 전횡에 대한 불만이기 때문에 조사하여 시급히 조치할 필요가 있다. 따라서 가장 적절한 답은 ④번이 된다.

답 ④

① 정보화사회와 정보능력

(1) 정보와 정보화사회

① 자료 · 정보 · 지식

구분	특징
자료(Data)	객관적 실제의 반영이며, 그것을 전달할 수 있도록 기호화한 것
정보(Information)	자료를 특정한 목적과 문제해결에 도움이 되도록 가공한 것
지식(Knowledge)	정보를 집적하고 체계화하여 장래의 일반적인 사항에 대비해 보편성을 갖도록 한 것

② 정보화사회 : 필요로 하는 정보가 사회의 중심이 되는 사회

(2) 업무수행과 정보능력

① 컴퓨터의 활용 분야

　㉠ 기업 경영 분야에서의 활용 : 판매, 회계, 재무, 인사 및 조직관리, 금융 업무 등

　㉡ 행정 분야에서의 활용 : 민원처리, 각종 행정 통계 등

　㉢ 산업 분야에서의 활용 : 공장 자동화, 산업용 로봇, 판매시점관리시스템(POS) 등

　㉣ 기타 분야에서의 활용 : 교육, 연구소, 출판, 가정, 도서관, 예술 분야 등

② 정보처리과정

　㉠ 정보 활용 절차 : 기획 → 수집 → 관리 → 활용

　㉡ 5W2H : 정보 활용의 전략적 기획

　　• WHAT(무엇을?) : 정보의 입수대상을 명확히 한다.

　　• WHERE(어디에서?) : 정보의 소스(정보원)를 파악한다.

　　• WHEN(언제까지) : 정보의 요구(수집)시점을 고려한다.

　　• WHY(왜?) : 정보의 필요목적을 염두에 둔다.

　　• WHO(누가?) : 정보활동의 주체를 확정한다.

　　• HOW(어떻게) : 정보의 수집방법을 검토한다.

　　• HOW MUCH(얼마나?) : 정보수집의 비용성(효용성)을 중시한다.

5W2H는 정보를 전략적으로 수집·활용할 때 주로 사용하는 방법이다. 5W2H에 대한 설명으로 옳지 않은 것은?

① WHAT : 정보의 수집방법을 검토한다.
② WHERE : 정보의 소스(정보원)를 파악한다.
③ WHEN : 정보의 요구(수집)시점을 고려한다.
④ HOW : 정보의 수집방법을 검토한다.

출제의도

방대한 정보들 중 꼭 필요한 정보와 수집 방법 등을 전략적으로 기획하고 정보수집이 이루어질 때 효과적인 정보 수집이 가능해진다. 5W2H는 이러한 전략적 정보 활용 기획의 방법으로 그 개념을 이해하고 있는지를 묻는 질문이다.

해 설

5W2H의 'WHAT'은 정보의 입수대상을 명확히 하는 것이다. 정보의 수집방법을 검토하는 것은 HOW(어떻게)에 해당되는 내용이다.

답 ①

(3) 사이버공간에서 지켜야 할 예절

① 인터넷의 역기능

    ㉠ 불건전 정보의 유통

    ㉡ 개인 정보 유출

    ㉢ 사이버 성폭력

    ㉣ 사이버 언어폭력

    ㉤ 언어 훼손

    ㉥ 인터넷 중독

    ㉦ 불건전한 교제

    ㉧ 저작권 침해

② 네티켓(netiquette) : 네트워크(network) + 에티켓(etiquette)

(4) 정보의 유출에 따른 피해사례

① 개인정보의 종류

- ㉠ 일반 정보 : 이름, 주민등록번호, 운전면허정보, 주소, 전화번호, 생년월일, 출생지, 본적지, 성별, 국적 등
- ㉡ 가족 정보 : 가족의 이름, 직업, 생년월일, 주민등록번호, 출생지 등
- ㉢ 교육 및 훈련 정보 : 최종학력, 성적, 기술자격증/전문면허증, 이수훈련 프로그램, 서클 활동, 상벌사항, 성격/행태보고 등
- ㉣ 병역 정보 : 군번 및 계급, 제대유형, 주특기, 근무부대 등
- ㉤ 부동산 및 동산 정보 : 소유주택 및 토지, 자동차, 저축현황, 현금카드, 주식 및 채권, 수집품, 고가의 예술품 등
- ㉥ 소득 정보 : 연봉, 소득의 원천, 소득세 지불 현황 등
- ㉦ 기타 수익 정보 : 보험가입현황, 수익자, 회사의 판공비 등
- ㉧ 신용 정보 : 대부상황, 저당, 신용카드, 담보설정 여부 등
- ㉨ 고용 정보 : 고용주, 회사주소, 상관의 이름, 직무수행 평가 기록, 훈련기록, 상벌기록 등
- ㉩ 법적 정보 : 전과기록, 구속기록, 이혼기록 등
- ㉪ 의료 정보 : 가족병력기록, 과거 의료기록, 신체장애, 혈액형 등
- ㉫ 조직 정보 : 노조가입, 정당가입, 클럽회원, 종교단체 활동 등
- ㉬ 습관 및 취미 정보 : 흡연/음주량, 여가활동, 도박성향, 비디오 대여기록 등

② 개인정보 유출방지 방법

- ㉠ 회원 가입 시 이용 약관을 읽는다.
- ㉡ 이용 목적에 부합하는 정보를 요구하는지 확인한다.
- ㉢ 비밀번호는 정기적으로 교체한다.
- ㉣ 정체불명의 사이트는 멀리한다.
- ㉤ 가입 해지 시 정보 파기 여부를 확인한다.
- ㉥ 남들이 쉽게 유추할 수 있는 비밀번호는 자제한다.

2 정보능력을 구성하는 하위능력

(1) 컴퓨터활용능력

① 인터넷 서비스 활용

    ㉠ 전자우편(E-mail) 서비스 : 정보 통신망을 이용하여 다른 사용자들과 편지나 여러 정보를 주고받는 통신 방법

    ㉡ 인터넷 디스크/웹 하드 : 웹 서버에 대용량의 저장 기능을 갖추고 사용자가 개인용 컴퓨터의 하드디스크와 같은 기능을 인터넷을 통하여 이용할 수 있게 하는 서비스

    ㉢ 메신저 : 인터넷에서 실시간으로 메시지와 데이터를 주고받을 수 있는 소프트웨어

    ㉣ 전자상거래 : 인터넷을 통해 상품을 사고팔거나 재화나 용역을 거래하는 사이버 비즈니스

② 정보검색 : 여러 곳에 분산되어 있는 수많은 정보 중에서 특정 목적에 적합한 정보만을 신속하고 정확하게 찾아내어 수집, 분류, 축적하는 과정

    ㉠ 검색엔진의 유형

      • 키워드 검색 방식 : 찾고자 하는 정보와 관련된 핵심적인 언어인 키워드를 직접 입력하여 이를 검색 엔진에 보내어 검색 엔진이 키워드와 관련된 정보를 찾는 방식

      • 주제별 검색 방식 : 인터넷상에 존재하는 웹 문서들을 주제별, 계층별로 정리하여 데이터베이스를 구축한 후 이용하는 방식

      • 통합형 검색방식 : 사용자가 입력하는 검색어들이 연계된 다른 검색 엔진에게 보내고 이를 통하여 얻어진 검색 결과를 사용자에게 보여주는 방식

    ㉡ 정보 검색 연산자

기호	연산자	검색조건
*, &	AND	두 단어가 모두 포함된 문서를 검색
|	OR	두 단어가 모두 포함되거나 두 단어 중에서 하나만 포함된 문서를 검색
-, !	NOT	'-' 기호나 '!' 기호 다음에 오는 단어는 포함하지 않는 문서를 검색
~, near	인접검색	앞/뒤의 단어가 가깝게 있는 문서를 검색

③ 소프트웨어의 활용

    ㉠ 워드프로세서

      • 특징 : 문서의 내용을 화면으로 확인하면서 쉽게 수정 가능, 문서 작성 후 인쇄 및 저장 가능, 글이나 그림의 입력 및 편집 가능

      • 기능 : 입력기능, 표시기능, 저장기능, 편집기능, 인쇄기능 등

ⓛ 스프레드시트
- 특징 : 쉽게 계산 수행, 계산 결과를 차트로 표시, 문서를 작성하고 편집 가능
- 기능 : 계산, 수식, 차트, 저장, 편집, 인쇄기능 등

예제 2

귀하는 커피 전문점을 운영하고 있다. 아래와 같이 엑셀 워크시트로 4개 지점의 원두 구매 수량과 단가를 이용하여 금액을 산출하고 있다. 귀하가 다음 중 D3셀에서 사용하고 있는 함수식으로 옳은 것은? (단, 금액 = 수량 × 단가)

	A	B	C	D	E
1	지점	원두	수량(100g)	금액	
2	A	케냐	15	150000	
3	B	콜롬비아	25	175000	
4	C	케냐	30	300000	
5	D	브라질	35	210000	
6					
7		원두	100g당 단가		
8		케냐	10,000		
9		콜롬비아	7,000		
10		브라질	6,000		
11					

① =C3*VLOOKUP(B3, $B$8:$C$10, 1, 1)

② =B3*HLOOKUP(C3, $B$8:$C$10, 2, 0)

③ =C3*VLOOKUP(B3, $B$8:$C$10, 2, 0)

④ =C3*HLOOKUP($B$8:$C$10, 2, B3)

출제의도

본 문항은 엑셀 워크시트 함수의 활용도를 확인하는 문제이다.

해설

"VLOOKUP(B3,$B$8:$C$10, 2, 0)"의 함수를 해설해보면 B3의 값(콜롬비아)을 B8:C10에서 찾은 후 그 영역의 2번째 열(C열, 100g당 단가)에 있는 값을 나타내는 함수이다. 금액은 "수량 × 단가"으로 나타내므로 D3셀에 사용되는 함수식은 "=C3*VLOOKUP(B3, $B$8: $C$10, 2, 0)"이다.

※ HLOOKUP과 VLOOKUP

ⓖ HLOOKUP : 배열의 첫 행에서 값을 검색하여, 지정한 행의 같은 열에서 데이터를 추출

ⓛ VLOOKUP : 배열의 첫 열에서 값을 검색하여, 지정한 열의 같은 행에서 데이터를 추출

답 ③

ⓒ 프레젠테이션
- 특징 : 각종 정보를 사용자 또는 대상자에게 쉽게 전달
- 기능 : 저장, 편집, 인쇄, 슬라이드 쇼 기능 등

ⓔ 유틸리티 프로그램 : 파일 압축 유틸리티, 바이러스 백신 프로그램

④ 데이터베이스의 필요성

ⓖ 데이터의 중복을 줄인다.

ⓛ 데이터의 무결성을 높인다.

ⓒ 검색을 쉽게 해준다.

ⓔ 데이터의 안정성을 높인다.

ⓜ 개발기간을 단축한다.

(2) 정보처리능력

① 정보원 : 1차 자료는 원래의 연구성과가 기록된 자료이며, 2차 자료는 1차 자료를 효과적으로 찾아보기 위한 자료 또는 1차 자료에 포함되어 있는 정보를 압축·정리한 형태로 제공하는 자료이다.

    ㉠ 1차 자료 : 단행본, 학술지와 논문, 학술회의자료, 연구보고서, 학위논문, 특허정보, 표준 및 규격자료, 레터, 출판 전 배포자료, 신문, 잡지, 웹 정보자원 등

    ㉡ 2차 자료 : 사전, 백과사전, 편람, 연감, 서지데이터베이스 등

② 정보분석 및 가공

    ㉠ 정보분석의 절차 : 분석과제의 발생 → 과제(요구)의 분석 → 조사항목의 선정 → 관련정보의 수집(기존 자료 조사/신규자료 조사) → 수집정보의 분류 → 항목별 분석 → 종합·결론 → 활용·정리

    ㉡ 가공 : 서열화 및 구조화

③ 정보관리

    ㉠ 목록을 이용한 정보관리

    ㉡ 색인을 이용한 정보관리

    ㉢ 분류를 이용한 정보관리

예제 3

인사팀에서 근무하는 J씨는 회사가 성장함에 따라 직원 수가 급증하기 시작하면서 직원들의 정보관리 방법을 모색하던 중 다음과 같은 A사의 직원 정보관리 방법을 보게 되었다. J씨는 A사가 하고 있는 이 방법을 회사에도 도입하고자 한다. 이 방법은 무엇인가?

> A사의 인사부서에 근무하는 H씨는 직원들의 개인정보를 관리하는 업무를 담당하고 있다. A사에서 근무하는 직원은 수천 명에 달하기 때문에 H씨는 주요 키워드나 주제어를 가지고 직원들의 정보를 구분하여 관리하여, 찾을 때도 쉽고 내용을 수정할 때도 이전보다 훨씬 간편할 수 있도록 했다.

① 목록을 활용한 정보관리
② 색인을 활용한 정보관리
③ 분류를 활용한 정보관리
④ 1 : 1 매칭을 활용한 정보관리

출제의도

본 문항은 정보관리 방법의 개념을 이해하고 있는가를 묻는 문제이다.

해 설

주어진 자료의 A사에서 사용하는 정보관리는 주요 키워드나 주제어를 가지고 정보를 관리하는 방식인 색인을 활용한 정보관리이다. 디지털 파일에 색인을 저장할 경우 추가, 삭제, 변경 등이 쉽다는 점에서 정보관리에 효율적이다.

답 ②

1 문제와 문제해결

(1) 문제의 정의와 분류

① 정의 : 업무를 수행함에 있어서 답을 요구하는 질문이나 의논하여 해결해야 되는 사항이다.

② 문제의 분류

구분	창의적 문제	분석적 문제
문제제시 방법	현재 문제가 없더라도 보다 나은 방법을 찾기 위한 문제 탐구→문제 자체가 명확하지 않음	현재의 문제점이나 미래의 문제로 예견될 것에 대한 문제 탐구→문제 자체가 명확함
해결방법	창의력에 의한 많은 아이디어의 작성을 통해 해결	분석, 논리, 귀납과 같은 논리적 방법을 통해 해결
해답 수	해답의 수가 많으며, 많은 답 가운데 보다 나은 것을 선택	답의 수가 적으며 한정되어 있음
주요특징	주관적, 직관적, 감각적, 정성적, 개별적, 특수성	객관적, 논리적, 정량적, 이성적, 일반적, 공통성

(2) 업무수행과정에서 발생하는 문제 유형

① 발생형 문제(보이는 문제) : 현재 직면하여 해결하기 위해 고민하는 문제이다. 원인이 내재되어 있기 때문에 원인지향적인 문제라고도 한다.

　㉠ 일탈문제 : 어떤 기준을 일탈함으로써 생기는 문제

　㉡ 미달문제 : 어떤 기준에 미달하여 생기는 문제

② 탐색형 문제(찾는 문제) : 현재의 상황을 개선하거나 효율을 높이기 위한 문제이다. 방치할 경우 큰 손실이 따르거나 해결할 수 없는 문제로 나타나게 된다.

　㉠ 잠재문제 : 문제가 잠재되어 있어 인식하지 못하다가 확대되어 해결이 어려운 문제

　㉡ 예측문제 : 현재로는 문제가 없으나 현 상태의 진행 상황을 예측하여 찾아야 앞으로 일어날 수 있는 문제가 보이는 문제

　㉢ 발견문제 : 현재로서는 담당 업무에 문제가 없으나 선진기업의 업무 방법 등 보다 좋은 제도나 기법을 발견하여 개선시킬 수 있는 문제

③ 설정형 문제(미래 문제) : 장래의 경영전략을 생각하는 것으로 앞으로 어떻게 할 것인가 하는 문제이다. 문제해결에 창조적인 노력이 요구되어 창조적 문제라고도 한다.

D회사 신입사원으로 입사한 귀하는 신입사원 교육에서 업무수행과정에서 발생하는 문제 유형 중 설정형 문제를 하나씩 찾아오라는 지시를 받았다. 이에 대해 귀하는 교육받은 내용을 다시 복습하려고 한다. 설정형 문제에 해당하는 것은?

① 현재 직면하여 해결하기 위해 고민하는 문제
② 현재의 상황을 개선하거나 효율을 높이기 위한 문제
③ 앞으로 어떻게 할 것인가 하는 문제
④ 원인이 내재되어 있는 원인지향적인 문제

출제의도

업무수행 중 문제가 발생하였을 때 문제 유형을 구분하는 능력을 측정하는 문항이다.

해 설

업무수행과정에서 발생하는 문제 유형으로는 발생형 문제, 탐색형 문제, 설정형 문제가 있으며 ①④는 발생형 문제이며 ②는 탐색형 문제, ③이 설정형 문제이다.

답 ③

(3) 문제해결

① 정의 : 목표와 현상을 분석하고 이 결과를 토대로 과제를 도출하여 최적의 해결책을 찾아 실행·평가해 가는 활동이다.

② 문제해결에 필요한 기본적 사고

　㉠ 전략적 사고 : 문제와 해결방안이 상위 시스템과 어떻게 연결되어 있는지를 생각한다.

　㉡ 분석적 사고 : 전체를 각각의 요소로 나누어 그 의미를 도출하고 우선순위를 부여하여 구체적인 문제해결방법을 실행한다.

　㉢ 발상의 전환 : 인식의 틀을 전환하여 새로운 관점으로 바라보는 사고를 지향한다.

　㉣ 내·외부자원의 활용 : 기술, 재료, 사람 등 필요한 자원을 효과적으로 활용한다.

③ 문제해결의 장애요소

　㉠ 문제를 철저하게 분석하지 않는 경우

　㉡ 고정관념에 얽매이는 경우

　㉢ 쉽게 떠오르는 단순한 정보에 의지하는 경우

　㉣ 너무 많은 자료를 수집하려고 노력하는 경우

④ 문제해결방법

　㉠ 소프트 어프로치 : 문제해결을 위해서 직접적인 표현보다는 무언가를 시사하거나 암시를 통하여 의사를 전달하여 문제해결을 도모하고자 한다.

　㉡ 하드 어프로치 : 상이한 문화적 토양을 가지고 있는 구성원을 가정하고, 서로의 생각을 직설적으로 주장하고 논쟁이나 협상을 통해 서로의 의견을 조정해 가는 방법이다.

ⓒ 퍼실리테이션(facilitation) : 촉진을 의미하며 어떤 그룹이나 집단이 의사결정을 잘 하도록 도와주는 일을 의미한다.

2 문제해결능력을 구성하는 하위능력

(1) 사고력

① 창의적 사고 : 개인이 가지고 있는 경험과 지식을 통해 새로운 가치 있는 아이디어를 산출하는 사고능력이다.

　ⓐ 창의적 사고의 특징
　　• 정보와 정보의 조합
　　• 사회나 개인에게 새로운 가치 창출
　　• 창조적인 가능성

예제 2

M사 홍보팀에서 근무하고 있는 귀하는 입사 5년차로 창의적인 기획안을 제출하기로 유명하다. S부장은 이번 신입사원 교육 때 귀하에게 창의적인 사고란 무엇인지 교육을 맡아달라고 부탁하였다. 창의적인 사고에 대한 귀하의 설명으로 옳지 않은 것은?

① 창의적인 사고는 새롭고 유용한 아이디어를 생산해 내는 정신적인 과정이다.
② 창의적인 사고는 특별한 사람들만이 할 수 있는 대단한 능력이다.
③ 창의적인 사고는 기존의 정보들을 특정한 요구조건에 맞거나 유용하도록 새롭게 조합시킨 것이다.
④ 창의적인 사고는 통상적인 것이 아니라 기발하거나, 신기하며 독창적인 것이다.

출제의도

창의적 사고에 대한 개념을 정확히 파악하고 있는지를 묻는 문항이다.

해 설

흔히 사람들은 창의적인 사고에 대해 특별한 사람들만이 할 수 있는 대단한 능력이라고 생각하지만 그리 대단한 능력이 아니며 이미 알고 있는 경험과 지식을 해체하여 다시 새로운 정보로 결합하여 가치 있는 아이디어를 산출하는 사고라고 할 수 있다.

답 ②

　ⓑ 발산적 사고 : 창의적 사고를 위해 필요한 것으로 자유연상법, 강제연상법, 비교발상법 등을 통해 개발할 수 있다.

구분	내용
자유연상법	생각나는 대로 자유롭게 발상 ex) 브레인스토밍
강제연상법	각종 힌트에 강제적으로 연결 지어 발상 ex) 체크리스트
비교발상법	주제의 본질과 닮은 것을 힌트로 발상 ex) NM법, Synectics

POINT 브레인스토밍

    ㉠ 진행방법
- 주제를 구체적이고 명확하게 정한다.
- 구성원의 얼굴을 볼 수 있는 좌석 배치와 큰 용지를 준비한다.
- 구성원들의 다양한 의견을 도출할 수 있는 사람을 리더로 선출한다.
- 구성원은 다양한 분야의 사람들로 5~8명 정도로 구성한다.
- 발언은 누구나 자유롭게 할 수 있도록 하며, 모든 발언 내용을 기록한다.
- 아이디어에 대한 평가는 비판해서는 안 된다.

    ㉡ 4대 원칙
- 비판엄금(Support) : 평가 단계 이전에 결코 비판이나 판단을 해서는 안 되며 평가는 나중까지 유보한다.
- 자유분방(Silly) : 무엇이든 자유롭게 말하고 이런 바보 같은 소리를 해서는 안 된다는 등의 생각은 하지 않아야 한다.
- 질보다 양(Speed) : 질에는 관계없이 가능한 많은 아이디어들을 생성해내도록 격려한다.
- 결합과 개선(Synergy) : 다른 사람의 아이디어에 자극되어 보다 좋은 생각이 떠오르고, 서로 조합하면 재미있는 아이디어가 될 것 같은 생각이 들면 즉시 조합시킨다.

② 논리적 사고 : 사고의 전개에 있어 전후의 관계가 일치하고 있는가를 살피고 아이디어를 평가하는 사고능력이다.

    ㉠ 논리적 사고를 위한 5가지 요소 : 생각하는 습관, 상대 논리의 구조화, 구체적인 생각, 타인에 대한 이해, 설득

    ㉡ 논리적 사고 개발 방법
- 피라미드 구조 : 하위의 사실이나 현상부터 사고하여 상위의 주장을 만들어가는 방법
- so what기법 : '그래서 무엇이지?'하고 자문자답하여 주어진 정보로부터 가치 있는 정보를 이끌어 내는 사고 기법

③ 비판적 사고 : 어떤 주제나 주장에 대해서 적극적으로 분석하고 종합하며 평가하는 능동적인 사고이다.

    ㉠ 비판적 사고 개발 태도 : 비판적 사고를 개발하기 위해서는 지적 호기심, 객관성, 개방성, 융통성, 지적 회의성, 지적 정직성, 체계성, 지속성, 결단성, 다른 관점에 대한 존중과 같은 태도가 요구된다.

    ㉡ 비판적 사고를 위한 태도
- 문제의식 : 비판적인 사고를 위해서 가장 먼저 필요한 것은 바로 문제의식이다. 자신이 지니고 있는 문제와 목적을 확실하고 정확하게 파악하는 것이 비판적인 사고의 시작이다.
- 고정관념 타파 : 지각의 폭을 넓히는 일은 정보에 대한 개방성을 가지고 편견을 갖지 않는 것으로 고정관념을 타파하는 일이 중요하다.

(2) 문제처리능력과 문제해결절차

① 문제처리능력 : 목표와 현상을 분석하고 이를 토대로 문제를 도출하여 최적의 해결책을 찾아 실행·평가하는 능력이다.

② 문제해결절차 : 문제 인식 → 문제 도출 → 원인 분석 → 해결안 개발 → 실행 및 평가

ⓐ 문제 인식 : 문제해결과정 중 'waht'을 결정하는 단계로 환경 분석→주요 과제 도출→과제 선정의 절차를 통해 수행된다.

- 3C 분석 : 환경 분석 방법의 하나로 사업환경을 구성하고 있는 요소인 자사(Company), 경쟁사 (Competitor), 고객(Customer)을 분석하는 것이다.

예제 3

L사에서 주력 상품으로 밀고 있는 TV의 판매 이익이 감소하고 있는 상황에서 귀하는 B부장으로부터 3C분석을 통해 해결방안을 강구해 오라는 지시를 받았다. 다음 중 3C에 해당하지 않는 것은?

① Customer   ② Company
③ Competitor   ④ Content

- SWOT 분석 : 기업내부의 강점과 약점, 외부환경의 기회와 위협요인을 분석ㆍ평가하여 문제해결 방안을 개발하는 방법이다.

		내부환경요인	
		강점(Strengths)	약점(Weaknesses)
외부환경요인	기회 (Opportunities)	SO 내부강점과 외부기회 요인을 극대화	WO 외부기회를 이용하여 내부약점을 강점으로 전환
	위협 (Threat)	ST 외부위협을 최소화하기 위해 내부강점을 극대화	WT 내부약점과 외부위협을 최소화

ⓛ 문제 도출 : 선정된 문제를 분석하여 해결해야 할 것이 무엇인지를 명확히 하는 단계로, 문제 구조 파악 → 핵심 문제 선정 단계를 거쳐 수행된다.

- Logic Tree : 문제의 원인을 파고들거나 해결책을 구체화할 때 제한된 시간 안에서 넓이와 깊이를 추구하는데 도움이 되는 기술로 주요 과제를 나무모양으로 분해 · 정리하는 기술이다.

ⓒ 원인 분석 : 문제 도출 후 파악된 핵심 문제에 대한 분석을 통해 근본 원인을 찾는 단계로 Issue 분석 → Data 분석 → 원인 파악의 절차로 진행된다.

ⓔ 해결안 개발 : 원인이 밝혀지면 이를 효과적으로 해결할 수 있는 다양한 해결안을 개발하고 최선의 해결안을 선택하는 것이 필요하다.

ⓜ 실행 및 평가 : 해결안 개발을 통해 만들어진 실행계획을 실제 상황에 적용하는 활동으로 실행계획 수립 → 실행 → Follow-up의 절차로 진행된다.

예제 4

C사는 최근 국내 매출이 지속적으로 하락하고 있어 사내 분위기가 심상치 않다. 이에 대해 Y부장은 이 문제를 극복하고자 문제처리 팀을 구성하여 해결방안을 모색하도록 지시하였다. 문제처리 팀의 문제해결 절차를 올바른 순서로 나열한 것은?

① 문제 인식 → 원인 분석 → 해결안 개발 → 문제 도출 → 실행 및 평가
② 문제 도출 → 문제 인식 → 해결안 개발 → 원인 분석 → 실행 및 평가
③ 문제 인식 → 원인 분석 → 문제 도출 → 해결안 개발 → 실행 및 평가
④ 문제 인식 → 문제 도출 → 원인 분석 → 해결안 개발 → 실행 및 평가

출제의도

실제 업무 상황에서 문제가 일어났을 때 해결 절차를 알고 있는지를 측정하는 문항이다.

해 설

일반적인 문제해결절차는 '문제 인식 → 문제 도출 → 원인 분석 → 해결안 개발 → 실행 및 평가로 이루어진다.

답 ④

1 조직과 개인

(1) 조직

① 조직과 기업

 ㉠ 조직 : 두 사람 이상이 공동의 목표를 달성하기 위해 의식적으로 구성된 상호작용과 조정을 행하는 행동의 집합체

 ㉡ 기업 : 노동, 자본, 물자, 기술 등을 투입하여 제품이나 서비스를 산출하는 기관

② 조직의 유형

기준	구분	예
공식성	공식조직	조직의 규모, 기능, 규정이 조직화된 조직
	비공식조직	인간관계에 따라 형성된 자발적 조직
영리성	영리조직	사기업
	비영리조직	정부조직, 병원, 대학, 시민단체
조직규모	소규모 조직	가족 소유의 상점
	대규모 조직	대기업

(2) 경영

① 경영의 의미 : 조직의 목적을 달성하기 위한 전략, 관리, 운영활동이다.

② 경영의 구성요소

 ㉠ 경영목적 : 조직의 목적을 달성하기 위한 방법이나 과정

 ㉡ 인적자원 : 조직의 구성원 · 인적자원의 배치와 활용

 ㉢ 자금 : 경영활동에 요구되는 돈 · 경영의 방향과 범위 한정

 ㉣ 경영전략 : 변화하는 환경에 적응하기 위한 경영활동 체계회

③ 경영자의 역할

대인적 역할	정보적 역할	의사결정적 역할
• 조직의 대표자 • 조직의 리더 • 상징자, 지도자	• 외부환경 모니터 • 변화전달 • 정보전달자	• 문제 조정 • 대외적 협상 주도 • 분쟁조정자, 자원배분자, 협상가

(3) 조직체제 구성요소

① 조직목표 : 전체 조직의 성과, 자원, 시장, 인력개발, 혁신과 변화, 생산성에 대한 목표

② 조직구조 : 조직 내의 부문 사이에 형성된 관계

③ 조직문화 : 조직구성원들 간에 공유하는 생활양식이나 가치

④ 규칙 및 규정 : 조직의 목표나 전략에 따라 수립되어 조직구성원들이 활동범위를 제약하고 일관성을 부여하는 기능

예제 1

주어진 글의 빈칸에 들어갈 말로 가장 적절한 것은?

> 조직이 지속되게 되면 조직구성원들 간 생활양식이나 가치를 공유하게 되는데 이를 조직의 (㉠)라고 한다. 이는 조직구성원들의 사고와 행동에 영향을 미치며 일체감과 정체성을 부여하고 조직이 (㉡)으로 유지되게 한다. 최근 이에 대한 중요성이 부각되면서 긍정적인 방향으로 조성하기 위한 경영층의 노력이 이루어지고 있다.

① ㉠ : 목표, ㉡ : 혁신적   ② ㉠ : 구조, ㉡ : 단계적
③ ㉠ : 문화, ㉡ : 안정적   ④ ㉠ : 규칙, ㉡ : 체계적

출제의도

본 문항은 조직체계의 구성요소들의 개념을 묻는 문제이다.

해 설

조직문화란 조직구성원들 간에 공유하게 되는 생활양식이나 가치를 말한다. 이는 조직구성원들의 사고와 행동에 영향을 미치며 일체감과 정체성을 부여하고 조직이 안정적으로 유지되게 한다.

답 ③

---

(4) 조직변화의 과정

환경변화 인지 → 조직변화 방향 수립 → 조직변화 실행 → 변화결과 평가

(5) 조직과 개인

개인	지식, 기술, 경험 →	조직
	← 연봉, 성과급, 인정, 칭찬, 만족감	

2 조직이해능력을 구성하는 하위능력

(1) 경영이해능력

① 경영 : 조직의 목적을 달성하기 위한 전략, 관리, 운영활동이다.

    ㉠ 경영의 구성요소 : 경영목적, 인적자원, 자금, 전략

    ㉡ 경영의 과정

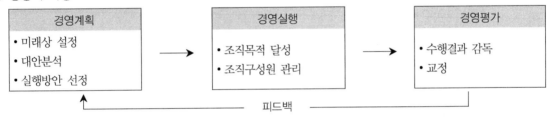

    ㉢ 경영활동 유형
- 외부경영활동 : 조직외부에서 조직의 효과성을 높이기 위해 이루어지는 활동이다.
- 내부경영활동 : 조직내부에서 인적, 물적 자원 및 생산기술을 관리하는 것이다.

② 의사결정과정

    ㉠ 의사결정의 과정
- 확인 단계 : 의사결정이 필요한 문제를 인식한다.
- 개발 단계 : 확인된 문제에 대하여 해결방안을 모색하는 단계이다.
- 선택 단계 : 해결방안을 마련하며 실행가능한 해결안을 선택한다.

    ㉡ 집단의사결정의 특징
- 지식과 정보가 더 많아 효과적인 결정을 할 수 있다.
- 다양한 견해를 가지고 접근할 수 있다.
- 결정된 사항에 대하여 의사결정에 참여한 사람들이 해결책을 수월하게 수용하고, 의사소통의 기회도 향상된다.

- 의견이 불일치하는 경우 의사결정을 내리는데 시간이 많이 소요된다.
- 특정 구성원에 의해 의사결정이 독점될 가능성이 있다.

③ 경영전략

㉠ 경영전략 추진과정

전략목표설정	→	환경분석	→	경영전략 도출	→	경영전략 실행	→	평가 및 피드백
• 비전 설정 • 미션 설정		• 내부환경 분석 • 외부환경 분석 (SWOT 등)		• 조직전략 • 사업전략 • 부문전략		• 경영목적 달성		• 경영전략 결과 평가 • 전략목표 및 경영전략 재조명

㉡ 마이클 포터의 본원적 경쟁전략

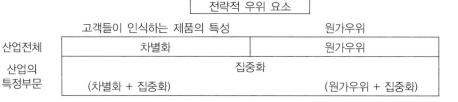

전략적 목표		전략적 우위 요소	
		고객들이 인식하는 제품의 특성	원가우위
	산업전체	차별화	원가우위
	산업의 특정부문	집중화	
		(차별화 + 집중화)	(원가우위 + 집중화)

다음은 경영전략을 세우는 방법 중 하나인 SWOT에 따른 어느 기업의 분석결과이다. 다음 중 주어진 기업 분석 결과에 대응하는 전략은?

강점(Strength)	• 차별화된 맛과 메뉴 • 폭넓은 네트워크
약점(Weakness)	• 매출의 계절적 변동폭이 큼 • 딱딱한 기업 이미지
기회(Opportunity)	• 소비자의 수요 트랜드 변화 • 가계의 외식 횟수 증가 • 경기회복 가능성
위협(Threat)	• 새로운 경쟁자의 진입 가능성 • 과도한 가계부채

내부환경 외부환경	강점(Strength)	약점(Weakness)
기회 (Opportunity)	① 계절 메뉴 개발을 통한 분기 매출 확보	② 고객의 소비패턴을 반영한 광고를 통한 이미지 쇄신
위협 (Threat)	③ 소비 트렌드 변화를 반영한 시장 세분화 정책	④ 고급화 전략을 통한 매출 확대

본 문항은 조직이해능력의 하위능력인 경영관리능력을 측정하는 문제이다. 기업에서 경영전략을 세우는데 많이 사용되는 SWOT분석에 대해 이해하고 주어진 분석표를 통해 가장 적절한 경영전략을 도출할 수 있는지를 확인할 수 있다.

② 딱딱한 이미지를 현재 소비자의 수요 트렌드라는 환경 변화에 대응하여 바꿀 수 있다.

답 ②

④ 경영참가제도

　ᄀ 목적

　　• 경영의 민주성을 제고할 수 있다.

　　• 공동으로 문제를 해결하고 노사 간의 세력 균형을 이룰 수 있다.

　　• 경영의 효율성을 제고할 수 있다.

　　• 노사 간 상호 신뢰를 증진시킬 수 있다.

　ᄂ 유형

　　• 경영참가 : 경영자의 권한인 의사결정과정에 근로자 또는 노동조합이 참여하는 것

　　• 이윤참가 : 조직의 경영성과에 대하여 근로자에게 배분하는 것

　　• 자본참가 : 근로자가 조직 재산의 소유에 참여하는 것

예제 3

다음은 중국의 H사에서 시행하는 경영참가제도에 대한 기사이다. 밑줄 친 이 제도는 무엇인가?

> H사는 '사람' 중심의 수평적 기업문화가 발달했다. H사는 이 제도의 시행을 통해 직원들이 경영에 간접적으로 참여할 수 있게 하였는데 이에 따라 자연스레 기업에 대한 직원들의 책임 의식도 강화됐다. 참여주주는 8만2471명이다. 모두 H사의 임직원이며, 이 중 창립자인 CEO R은 개인 주주로 총 주식의 1.18%의 지분과 퇴직연금으로 주식총액의 0.21%만을 보유하고 있다.

① 노사협의회제도 　　　　② 이윤분배제도
③ 종업원지주제도 　　　　④ 노동주제도

출제의도

경영참가제도는 조직원이 자신이 속한 조직에서 주인의식을 갖고 조직의 의사결정과정에 참여할 수 있도록 하는 제도이다. 본 문항은 경영참가제도의 유형을 구분해낼 수 있는가를 묻는 질문이다.

해　설

종업원지주제도 … 기업이 자사 종업원에게 특별한 조건과 방법으로 자사 주식을 분양·소유하게 하는 제도이다. 이 제도의 목적은 종업원에 대한 근검저축의 장려, 공로에 대한 보수, 자사에의 귀속의식 고취, 자사에의 일체감 조성 등이 있다.

답 ③

(2) 체제이해능력

① 조직목표 : 조직이 달성하려는 장래의 상태

　㉠ 조직목표의 기능
- 조직이 존재하는 정당성과 합법성 제공
- 조직이 나아갈 방향 제시
- 조직구성원 의사결정의 기준
- 조직구성원 행동수행의 동기유발
- 수행평가 기준
- 조직설계의 기준

　㉡ 조직목표의 특징
- 공식적 목표와 실제적 목표가 다를 수 있음
- 다수의 조직목표 추구 가능
- 조직목표 간 위계적 상호관계가 있음
- 가변적 속성
- 조직의 구성요소와 상호관계를 가짐

② 조직구조

　㉠ 조직구조의 결정요인 : 전략, 규모, 기술, 환경

　㉡ 조직구조의 유형과 특징

유형	특징
기계적 조직	• 구성원들의 업무가 분명하게 규정 • 엄격한 상하 간 위계질서 • 다수의 규칙과 규정 존재
유기적 조직	• 비공식적인 상호의사소통 • 급변하는 환경에 적합한 조직

③ 조직문화

　㉠ 조직문화 기능
- 조직구성원들에게 일체감, 정체성 부여
- 조직몰입 향상
- 조직구성원들의 행동지침 : 사회화 및 일탈행동 통제
- 조직의 안정성 유지

　㉡ 조직문화 구성요소(7S) : 공유가치(Shared Value), 리더십 스타일(Style), 구성원(Staff), 제도・절차(System), 구조(Structure), 전략(Strategy), 스킬(Skill)

④ 조직 내 집단

    ㉠ 공식적 집단 : 조직에서 의식적으로 만든 집단으로 집단의 목표, 임무가 명확하게 규정되어 있다.

       예 임시위원회, 작업팀 등

    ㉡ 비공식적 집단 : 조직구성원들의 요구에 따라 자발적으로 형성된 집단이다.

       예 스터디모임, 봉사활동 동아리, 각종 친목회 등

(3) 업무이해능력

① 업무 : 상품이나 서비스를 창출하기 위한 생산적인 활동이다.

    ㉠ 업무의 종류

부서	업무(예)
총무부	주주총회 및 이사회개최 관련 업무, 의전 및 비서업무, 집기비품 및 소모품의 구입과 관리, 사무실 임차 및 관리, 차량 및 통신시설의 운영, 국내외 출장 업무 협조, 복리후생 업무, 법률자문과 소송관리, 사내외 홍보 광고업무 등
인사부	조직기구의 개편 및 조정, 업무분장 및 조정, 인력수급계획 및 관리, 직무 및 정원의 조정 종합, 노사관리, 평가관리, 상벌관리, 인사발령, 교육체계 수립 및 관리, 임금제도, 복리후생제도 및 지원업무, 복무관리, 퇴직관리 등
기획부	경영계획 및 전략 수립, 전사기획업무 종합 및 조정, 중장기 사업계획의 종합 및 조정, 경영정보조사 및 기획보고, 경영진단업무, 종합예산수립 및 실적관리, 단기사업계획 종합 및 조정, 사업계획, 손익추정, 실적관리 및 분석 등
회계부	회계제도의 유지 및 관리, 재무상태 및 경영실적 보고, 결산 관련 업무, 재무제표분석 및 보고, 법인세, 부가가치세, 국세 지방세 업무자문 및 지원, 보험가입 및 보상업무, 고정자산 관련 업무 등
영업부	판매 계획, 판매예산의 편성, 시장조사, 광고 선전, 견적 및 계약, 제조지시서의 발행, 외상매출금의 청구 및 회수, 제품의 재고 조절, 거래처로부터의 불만처리, 제품의 애프터서비스, 판매원가 및 판매가격의 조사 검토 등

다음은 I기업의 조직도와 팀장님의 지시사항이다. H씨가 팀장님의 심부름을 수행하기 위해 연락해야 할 부서로 옳은 것은?

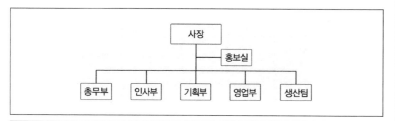

H씨! 내가 지금 너무 바빠서 그러는데 부탁 좀 들어줄래요? 다음 주 중에 사장님 모시고 클라이언트와 만나야 할 일이 있으니까 사장님 일정을 확인해주시구요. 이번 달에 신입사원 교육·훈련계획이 있었던 것 같은데 정확한 시간이랑 날짜를 확인해주세요.

① 총무부, 인사부
② 총무부, 홍보실
③ 기획부, 총무부
④ 영업부, 기획부

ⓒ 업무의 특성
  • 공통된 조직의 목적 지향
  • 요구되는 지식, 기술, 도구의 다양성
  • 다른 업무와의 관계, 독립성
  • 업무수행의 자율성, 재량권

② 업무수행 계획
  ㉠ 업무지침 확인 : 조직의 업무지침과 나의 업무지침을 확인한다.
  ㉡ 활용 자원 확인 : 시간, 예산, 기술, 인간관계
  ㉢ 업무수행 시트 작성
    • 간트 차트 : 단계별로 업무의 시작과 끝 시간을 바 형식으로 표현
    • 워크 플로 시트 : 일의 흐름을 동적으로 보여줌
    • 체크리스트 : 수행수준 달성을 자가점검

POINT 간트 차트와 플로 차트

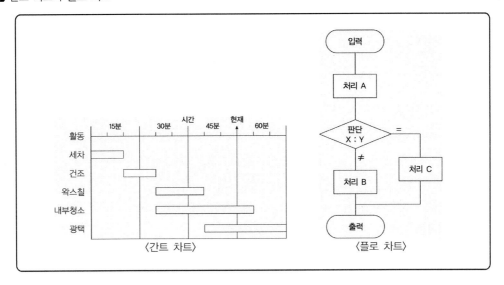

〈간트 차트〉   〈플로 차트〉

예제 5

다음 중 업무수행 시 단계별로 업무를 시작해서 끝나는 데까지 걸리는 시간을 바 형식으로 표시하여 전체 일정 및 단계별로 소요되는 시간과 각 업무활동 사이의 관계를 볼 수 있는 업무수행 시트는?

① 간트 차트
② 워크 플로 차트
③ 체크리스트
④ 퍼트 차트

③ 업무 방해요소

 ㉠ 다른 사람의 방문, 인터넷, 전화, 메신저 등

 ㉡ 갈등관리

 ㉢ 스트레스

(4) 국제감각

① 세계화와 국제경영

 ㉠ 세계화 : 3Bs(국경 ; Border, 경계 ; Boundary, 장벽 ; Barrier)가 완화되면서 활동범위가 세계로 확대되는 현상이다.

 ㉡ 국제경영 : 다국적 내지 초국적 기업이 등장하여 범지구적 시스템과 네트워크 안에서 기업 활동이 이루어지는 것이다.

② 이문화 커뮤니케이션 : 서로 상이한 문화 간 커뮤니케이션으로 직업인이 자신의 일을 수행하는 가운데 문화배경을 달리하는 사람과 커뮤니케이션을 하는 것이 이에 해당한다. 이문화 커뮤니케이션은 언어적 커뮤니케이션과 비언어적 커뮤니케이션으로 구분된다.

③ 국제 동향 파악 방법

 ㉠ 관련 분야 해외사이트를 방문해 최신 이슈를 확인한다.

 ㉡ 매일 신문의 국제면을 읽는다.

 ㉢ 업무와 관련된 국제잡지를 정기구독 한다.

 ㉣ 고용노동부, 한국산업인력공단, 산업통상자원부, 중소벤처기업부, 대한상공회의소, 산업별인적자원개발협의체 등의 사이트를 방문해 국제동향을 확인한다.

 ㉤ 국제학술대회에 참석한다.

 ㉥ 업무와 관련된 주요 용어의 외국어를 알아둔다.

 ㉦ 해외서점 사이트를 방문해 최신 서적 목록과 주요 내용을 파악한다.

 ㉧ 외국인 친구를 사귀고 대화를 자주 나눈다.

④ 대표적인 국제매너

 ㉠ 미국인과 인사할 때에는 눈이나 얼굴을 보는 것이 좋으며 오른손으로 상대방의 오른손을 힘주어 잡았다가 놓아야 한다.

 ㉡ 러시아와 라틴아메리카 사람들은 인사할 때에 포옹을 하는 경우가 있는데 이는 친밀함의 표현이므로 자연스럽게 받아주는 것이 좋다.

 ㉢ 명함은 받으면 꾸기거나 계속 만지지 않고 한 번 보고나서 탁자 위에 보이는 채로 대화하거나 명함집에 넣는다.

ⓔ 미국인들은 시간 엄수를 중요하게 생각하므로 약속시간에 늦지 않도록 주의한다.

ⓜ 스프를 먹을 때에는 몸쪽에서 바깥쪽으로 숟가락을 사용한다.

ⓑ 생선요리는 뒤집어 먹지 않는다.

ⓢ 빵은 스프를 먹고 난 후부터 디저트를 먹을 때까지 먹는다.

① 직장생활과 수리능력

(1) 기초직업능력으로서의 수리능력

① 개념 : 직장생활에서 요구되는 사칙연산과 기초적인 통계를 이해하고 도표의 의미를 파악하거나 도표를 이용해서 결과를 효과적으로 제시하는 능력을 말한다.

② 수리능력은 크게 기초연산능력, 기초통계능력, 도표분석능력, 도표작성능력으로 구성된다.

    ⊙ 기초연산능력 : 직장생활에서 필요한 기초적인 사칙연산과 계산방법을 이해하고 활용할 수 있는 능력

    ⓒ 기초통계능력 : 평균, 합계, 빈도 등 직장생활에서 자주 사용되는 기초적인 통계기법을 활용하여 자료의 특성과 경향성을 파악하는 능력

    ⓒ 도표분석능력 : 그래프, 그림 등 도표의 의미를 파악하고 필요한 정보를 해석하는 능력

    ⓔ 도표작성능력 : 도표를 이용하여 결과를 효과적으로 제시하는 능력

(2) 업무수행에서 수리능력이 활용되는 경우

① 업무상 계산을 수행하고 결과를 정리하는 경우

② 업무비용을 측정하는 경우

③ 고객과 소비자의 정보를 조사하고 결과를 종합하는 경우

④ 조직의 예산안을 작성하는 경우

⑤ 업무수행 경비를 제시해야 하는 경우

⑥ 다른 상품과 가격비교를 하는 경우

⑦ 연간 상품 판매실적을 제시하는 경우

⑧ 업무비용을 다른 조직과 비교해야 하는 경우

⑨ 상품판매를 위한 지역조사를 실시해야 하는 경우

⑩ 업무수행과정에서 도표로 주어진 자료를 해석하는 경우

⑪ 도표로 제시된 업무비용을 측정하는 경우

다음 자료를 보고 주어진 상황에 대한 물음에 답하시오.

〈근로소득에 대한 간이 세액표〉

월 급여액(천 원) [비과세 및 학자금 제외]		공제대상 가족 수				
이상	미만	1	2	3	4	5
2,500	2,520	38,960	29,280	16,940	13,570	10,190
2,520	2,540	40,670	29,960	17,360	13,990	10,610
2,540	2,560	42,380	30,640	17,790	14,410	11,040
2,560	2,580	44,090	31,330	18,210	14,840	11,460
2,580	2,600	45,800	32,680	18,640	15,260	11,890
2,600	2,620	47,520	34,390	19,240	15,680	12,310
2,620	2,640	49,230	36,100	19,900	16,110	12,730
2,640	2,660	50,940	37,810	20,560	16,530	13,160
2,660	2,680	52,650	39,530	21,220	16,960	13,580
2,680	2,700	54,360	41,240	21,880	17,380	14,010
2,700	2,720	56,070	42,950	22,540	17,800	14,430
2,720	2,740	57,780	44,660	23,200	18,230	14,850
2,740	2,760	59,500	46,370	23,860	18,650	15,280

※ 갑근세는 제시되어 있는 간이 세액표에 따름
※ 주민세=갑근세의 10%
※ 국민연금=급여액의 4.50%
※ 고용보험=국민연금의 10%
※ 건강보험=급여액의 2.90%
※ 교육지원금=분기별 100,000원(매 분기별 첫 달에 지급)

박○○ 사원의 5월 급여내역이 다음과 같고 전월과 동일하게 근무하였으나, 특별수당은 없고 차량지원금으로 100,000원을 받게 된다면, 6월에 받게 되는 급여는 얼마인가? (단, 원 단위 절삭)

(주) 서원플랜테크 5월 급여내역			
성명	박○○	지급일	5월 12일
기본급여	2,240,000	갑근세	39,530
직무수당	400,000	주민세	3,950
명절 상여금		고용보험	11,970
특별수당	20,000	국민연금	119,700
차량지원금		건강보험	77,140
교육지원		기타	
급여계	2,660,000	공제합계	252,290
		지급총액	2,407,710

① 2,443,910
② 2,453,910
③ 2,463,910
④ 2,473,910

업무상 계산을 수행하거나 결과를 정리하고 업무비용을 측정하는 능력을 평가하기 위한 문제로서, 주어진 자료에서 문제를 해결하는 데에 필요한 부분을 빠르고 정확하게 찾아내는 것이 중요하다.

기본급여	2,240,000	갑근세	46,370
직무수당	400,000	주민세	4,630
명절상여금		고용보험	12,330
특별수당		국민연금	123,300
차량지원금	100,000	건강보험	79,460
교육지원		기타	
급여계	2,740,000	공제합계	266,090
		지급총액	2,473,910

답 ④

(3) 수리능력의 중요성

① 수학적 사고를 통한 문제해결

② 직업세계의 변화에의 적응

③ 실용적 가치의 구현

(4) 단위환산표

구분	단위환산
길이	1cm = 10mm, 1m = 100cm, 1km = 1,000m
넓이	$1\text{cm}^2 = 100\text{mm}^2$, $1\text{m}^2 = 10,000\text{cm}^2$, $1\text{km}^2 = 1,000,000\text{m}^2$
부피	$1\text{cm}^3 = 1,000\text{mm}^3$, $1\text{m}^3 = 1,000,000\text{cm}^3$, $1\text{km}^3 = 1,000,000,000\text{m}^3$
들이	$1\text{m}\ell = 1\text{cm}^3$, $1\text{d}\ell = 100\text{cm}^3$, $1\text{L} = 1,000\text{cm}^3 = 10\text{d}\ell$
무게	1kg = 1,000g, 1t = 1,000kg = 1,000,000g
시간	1분 = 60초, 1시간 = 60분 = 3,600초
할푼리	1푼 = 0.1할, 1리 = 0.01할, 1모 = 0.001할

예제 2

둘레의 길이가 4.4km인 정사각형 모양의 공원이 있다. 이 공원의 넓이는 몇 a 인가?

① 12,100a

② 1,210a

③ 121a

④ 12.1a

출제의도

길이, 넓이, 부피, 들이, 무게, 시간, 속도 등 단위에 대한 기본적인 환산 능력을 평가하는 문제로서, 소수점 계산이 필요하며, 자릿수를 읽고 구분할 줄 알아야 한다.

해 설

공원의 한 변의 길이는

$4.4 \div 4 = 1.1(\text{km})$ 이고

$1\text{km}^2 = 10000\text{a}$ 이므로

공원의 넓이는

$1.1\text{km} \times 1.1\text{km} = 1.21\text{km}^2 = 12100\text{a}$

답 ①

❷ 수리능력을 구성하는 하위능력

(1) 기초연산능력

① 사칙연산 : 수에 관한 덧셈, 뺄셈, 곱셈, 나눗셈의 네 종류의 계산법으로 업무를 원활하게 수행하기 위해서는 기본적인 사칙연산뿐만 아니라 다단계의 복잡한 사칙연산까지도 수행할 수 있어야 한다.

② 검산 : 연산의 결과를 확인하는 과정으로 대표적인 검산방법으로 역연산과 구거법이 있다.

　　㉠ 역연산 : 덧셈은 뺄셈으로, 뺄셈은 덧셈으로, 곱셈은 나눗셈으로, 나눗셈은 곱셈으로 확인하는 방법이다.

　　㉡ 구거법 : 원래의 수와 각 자리 수의 합이 9로 나눈 나머지가 같다는 원리를 이용한 것으로 9를 버리고 남은 수로 계산하는 것이다.

예제 3

다음 식을 바르게 계산한 것은?

$$1 + \frac{2}{3} + \frac{1}{2} - \frac{3}{4}$$

① $\frac{13}{12}$　　　　　　　② $\frac{15}{12}$

③ $\frac{17}{12}$　　　　　　　④ $\frac{19}{12}$

출제의도

직장생활에서 필요한 기초적인 사칙연산과 계산방법을 이해하고 활용할 수 있는 능력을 평가하는 문제로서, 분수의 계산과 통분에 대한 기본적인 이해가 필요하다.

해 설

$$\frac{12}{12} + \frac{8}{12} + \frac{6}{12} - \frac{9}{12} = \frac{17}{12}$$

답 ③

---

(2) 기초통계능력

① 업무수행과 통계

　　㉠ 통계의 의미 : 통계란 집단현상에 대한 구체적인 양적 기술을 반영하는 숫자이다.

　　㉡ 업무수행에 통계를 활용함으로써 얻을 수 있는 이점

　　　• 많은 수량적 자료를 처리가능하고 쉽게 이해할 수 있는 형태로 축소

　　　• 표본을 통해 연구대상 집단의 특성을 유추

　　　• 의사결정의 보조수단

　　　• 관찰 가능한 자료를 통해 논리적으로 결론을 추줄·검증

ⓒ 기본적인 통계치

- 빈도와 빈도분포 : 빈도란 어떤 사건이 일어나거나 증상이 나타나는 정도를 의미하며, 빈도분포란 빈도를 표나 그래프로 종합적으로 표시하는 것이다.
- 평균 : 모든 사례의 수치를 합한 후 총 사례 수로 나눈 값이다.
- 백분율 : 전체의 수량을 100으로 하여 생각하는 수량이 그중 몇이 되는가를 퍼센트로 나타낸 것이다.

② 통계기법

ⓐ 범위와 평균

- 범위 : 분포의 흩어진 정도를 가장 간단히 알아보는 방법으로 최곳값에서 최젓값을 뺀 값을 의미한다.
- 평균 : 집단의 특성을 요약하기 위해 가장 자주 활용하는 값으로 모든 사례의 수치를 합한 후 총 사례 수로 나눈 값이다.
- 관찰값이 1, 3, 5, 7, 9일 경우 범위는 $9 - 1 = 8$이 되고, 평균은 $\dfrac{1 + 3 + 5 + 7 + 9}{5} = 5$가 된다.

ⓑ 분산과 표준편차

- 분산 : 관찰값의 흩어진 정도로, 각 관찰값과 평균값의 차의 제곱의 평균이다.
- 표준편차 : 평균으로부터 얼마나 떨어져 있는가를 나타내는 개념으로 분산값의 제곱근 값이다.
- 관찰값이 1, 2, 3이고 평균이 2인 집단의 분산은 $\dfrac{(1-2)^2 + (2-2)^2 + (3-2)^2}{3} = \dfrac{2}{3}$이고 표준편차는 분산값의 제곱근 값인 $\sqrt{\dfrac{2}{3}}$이다.

③ 통계자료의 해석

ⓐ 다섯숫자요약

- 최솟값 : 원자료 중 값의 크기가 가장 작은 값
- 최댓값 : 원자료 중 값의 크기가 가장 큰 값
- 중앙값 : 최솟값부터 최댓값까지 크기에 의하여 배열했을 때 중앙에 위치하는 사례의 값
- 하위 25%값 · 상위 25%값 : 원자료를 크기 순으로 배열하여 4등분한 값

ⓑ 평균값과 중앙값 : 평균값과 중앙값은 그 개념이 다르기 때문에 명확하게 제시해야 한다.

인터넷 쇼핑몰에서 회원가입을 하고 디지털캠코더를 구매하려고 한다. 다음은 구입하고자 하는 모델에 대하여 인터넷 쇼핑몰 세 곳의 가격과 조건을 제시한 표이다. 표에 있는 모든 혜택을 적용하였을 때 디지털캠코더의 배송비를 포함한 실제 구매가격을 바르게 비교한 것은?

구분	A 쇼핑몰	B 쇼핑몰	C 쇼핑몰
정상가격	129,000원	131,000원	130,000원
회원혜택	7,000원 할인	3,500원 할인	7% 할인
할인쿠폰	5% 쿠폰	3% 쿠폰	5,000원
중복할인여부	불가	가능	불가
배송비	2,000원	무료	2,500원

① A<B<C   ② B<C<A

③ C<A<B   ④ C<B<A

출제의도

직장생활에서 자주 사용되는 기초적인 통계기법을 활용하여 자료의 특성과 경향성을 파악하는 능력이 요구되는 문제이다.

해 설

㉠ A 쇼핑몰
- 회원혜택을 선택한 경우 : $129,000 - 7,000 + 2,000 = 124,000(원)$
- 5% 할인쿠폰을 선택한 경우 : $129,000 \times 0.95 + 2,000 = 124,550$

㉡ B 쇼핑몰 : $131,000 \times 0.97 - 3,500 = 123,570$

㉢ C 쇼핑몰
- 회원혜택을 선택한 경우 : $130,000 \times 0.93 + 2,500 = 123,400$
- 5,000원 할인쿠폰을 선택한 경우 : $130,000 - 5,000 + 2,500 = 127,500$

∴ C<B<A

답 ④

(3) 도표분석능력

① 도표의 종류

㉠ 목적별 : 관리(계획 및 통제), 해설(분석), 보고

㉡ 용도별 : 경과 그래프, 내역 그래프, 비교 그래프, 분포 그래프, 상관 그래프, 계산 그래프

㉢ 형상별 : 선 그래프, 막대 그래프, 원 그래프, 점 그래프, 층별 그래프, 레이더 차트

② 도표의 활용

　㉠ 선 그래프

　　• 주로 시간의 경과에 따라 수량에 의한 변화 상황(시계열 변화)을 절선의 기울기로 나타내는 그래프이다.

　　• 경과, 비교, 분포를 비롯하여 상관관계 등을 나타낼 때 쓰인다.

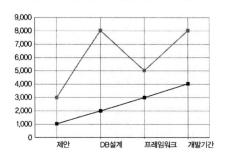

　㉡ 막대 그래프

　　• 비교하고자 하는 수량을 막대 길이로 표시하고 그 길이를 통해 수량 간의 대소관계를 나타내는 그래프이다.

　　• 내역, 비교, 경과, 도수 등을 표시하는 용도로 쓰인다.

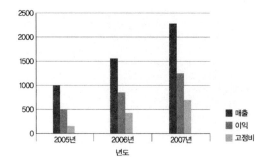

　㉢ 원 그래프

　　• 내역이나 내용의 구성비를 원을 분할하여 나타낸 그래프이다.

　　• 전체에 대해 부분이 차지하는 비율을 표시하는 용도로 쓰인다.

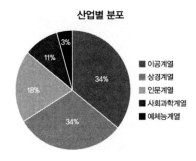

ⓔ 점 그래프
- 종축과 횡축에 2요소를 두고 보고자 하는 것이 어떤 위치에 있는가를 나타내는 그래프이다.
- 지역분포를 비롯하여 도시, 기방, 기업, 상품 등의 평가나 위치·성격을 표시하는데 쓰인다.

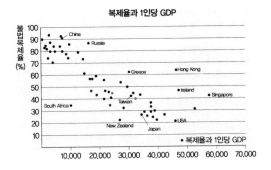

ⓜ 층별 그래프
- 선 그래프의 변형으로 연속내역 봉 그래프라고 할 수 있다. 선과 선 사이의 크기로 데이터 변화를 나타낸다.
- 합계와 부분의 크기를 백분율로 나타내고 시간적 변화를 보고자 할 때나 합계와 각 부분의 크기를 실수로 나타내고 시간적 변화를 보고자 할 때 쓰인다.

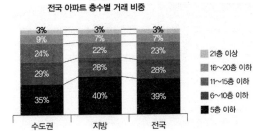

ⓗ 레이더 차트(거미줄 그래프)
- 원 그래프의 일종으로 비교하는 수량을 직경, 또는 반경으로 나누어 원의 중심에서의 거리에 따라 각 수량의 관계를 나타내는 그래프이다.
- 비교하거나 경과를 나타내는 용도로 쓰인다.

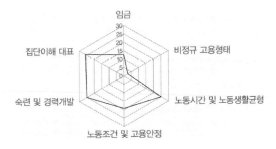

③ 도표 해석상의 유의사항

    ㉠ 요구되는 지식의 수준을 넓힌다.

    ㉡ 도표에 제시된 자료의 의미를 정확히 숙지한다.

    ㉢ 도표로부터 알 수 있는 것과 없는 것을 구별한다.

    ㉣ 총량의 증가와 비율의 증가를 구분한다.

    ㉤ 백분위수와 사분위수를 정확히 이해하고 있어야 한다.

예제 5

다음 표는 2009 ~ 2010년 지역별 직장인들의 자기개발에 관해 조사한 내용을 정리한 것이다. 이에 대한 분석으로 옳은 것은?

(단위 : %)

연도 / 구분 / 지역	2009				2010			
	자기개발 하고 있음	자기개발 비용 부담 주체			자기개발 하고 있음	자기개발 비용 부담 주체		
		직장 100%	본인 100%	직장50% + 본인50%		직장 100%	본인 100%	직장50% + 본인50%
충청도	36.8	8.5	88.5	3.1	45.9	9.0	65.5	24.5
제주도	57.4	8.3	89.1	2.9	68.5	7.9	68.3	23.8
경기도	58.2	12	86.3	2.6	71.0	7.5	74.0	18.5
서울시	60.6	13.4	84.2	2.4	72.7	11.0	73.7	15.3
경상도	40.5	10.7	86.1	3.2	51.0	13.6	74.9	11.6

① 2009년과 2010년 모두 자기개발 비용을 본인이 100% 부담하는 사람의 수는 응답자의 절반 이상이다.

② 자기개발을 하고 있다고 응답한 사람의 수는 2009년과 2010년 모두 서울시가 가장 많다.

③ 자기개발 비용을 직장과 본인이 각각 절반씩 부담하는 사람의 비율은 2009년과 2010년 모두 서울시가 가장 높다.

④ 2009년과 2010년 모두 자기개발을 하고 있다고 응답한 비율이 가장 높은 지역에서 자기개발비용을 직장이 100% 부담한다고 응답한 사람의 비율이 가장 높다.

(4) 도표작성능력

① 도표작성 절차

   ㉠ 어떠한 도표로 작성할 것인지를 결정

   ㉡ 가로축과 세로축에 나타낼 것을 결정

   ㉢ 한 눈금의 크기를 결정

   ㉣ 자료의 내용을 가로축과 세로축이 만나는 곳에 표현

   ㉤ 표현한 점들을 선분으로 연결

   ㉥ 도표의 제목을 표기

② 도표작성 시 유의사항

   ㉠ 선 그래프 작성 시 유의점

- 세로축에 수량, 가로축에 명칭구분을 제시한다.
- 선의 높이에 따라 수치를 파악하는 경우가 많으므로 세로축의 눈금을 가로축보다 크게 하는 것이 효과적이다.
- 선이 두 종류 이상일 경우 반드시 그 명칭을 기입한다.

   ㉡ 막대 그래프 작성 시 유의점

- 막대 수가 많을 경우에는 눈금선을 기입하는 것이 알아보기 쉽다.
- 막대의 폭은 모두 같게 하여야 한다.

   ㉢ 원 그래프 작성 시 유의점

- 정각 12시의 선을 기점으로 오른쪽으로 그리는 것이 보통이다.
- 분할선은 구성비율이 큰 순서로 그린다.

   ㉣ 층별 그래프 작성 시 유의점

- 눈금은 선 그래프나 막대 그래프보다 적게 하고 눈금선은 넣지 않는다.
- 층별로 색이나 모양이 완전히 다른 것이어야 한다.
- 같은 항목은 옆에 있는 층과 선으로 연결하여 보기 쉽도록 한다.

NCS 대표유형

의사소통능력 대표유형

의사소통은 직장생활에서 조직과 팀의 효율성과 효과성을 성취할 목적으로 이루어지는 구성원 간의 정보와 지식 전달 과정으로, 의사소통능력은 업무능력의 기본이 된다. 크게 어휘, 어법, 독해 유형으로 구분되며 공문, 보도자료, 상품설명서, 약관 등의 실용문과 함께 정치 · 경제 · 사회 · 과학 · 문화 · 예술 등 다양한 분야의 지문이 출제된다.

1

다음의 밑줄 친 단어의 의미와 동일하게 쓰인 것은?

기획재정부는 26일 OO센터에서 '2017년 지방재정협의회'를 열고 내년도 예산안 편성 방향과 지역 현안 사업을 논의했다. 이 자리에는 17개 광역자치단체 부단체장과 기재부 예산실장 등 500여 명이 참석해 2018년 예산안 편성 방향과 약 530건의 지역 현안 사업에 대한 협의를 진행했다.

기재부 예산실장은 "내년에 정부는 일자리 창출, 4차 산업 혁명 대응, 저출산 극복, 양극화 완화 등 4대 핵심 분야에 예산을 집중적으로 투자할 계획이라며 이를 위해 신규 사업 관리 강화 등 10대 재정 운용 전략을 활용, 재정 투자의 효율성을 높여갈 것"이라고 밝혔다. 이어 각 지방자치단체에서도 정부의 예산 편성 방향에 부합하도록 사업을 신청해 달라고 요청했다.

기재부는 이날 논의한 지역 현안 사업이 각 부처의 검토를 <u>거쳐</u> 다음달 26일까지 기재부에 신청되면, 관계 기관의 협의를 거쳐 내년도 예산안에 반영한다.

① 학생들은 초등학교부터 중학교, 고등학교를 <u>거쳐</u> 대학에 입학하게 된다.

② 가장 어려운 문제를 해결했으니 이제 특별히 <u>거칠</u> 문제는 없다.

③ 이번 출장 때는 독일 베를린을 <u>거쳐</u> 오스트리아 빈을 다녀올 예정이다.

④ 오랜만에 뒷산에 올라 보니, 무성하게 자란 칡덩굴이 발에 <u>거친다</u>.

2

다음 단락을 논리적 흐름에 맞게 바르게 배열한 것은?

> (가) 자본주의 사회에서 상대적으로 부유한 집단, 지역, 국가는 환경적 피해를 약자에게 전가하거나 기술적으로 회피
> 할 수 있는 가능성을 가진다.
> (나) 오늘날 환경문제는 특정한 개별 지역이나 국가의 문제에서 나아가 전 지구적 문제로 확대되었지만, 이로 인한 피
> 해는 사회·공간적으로 취약한 특정 계층이나 지역에 집중적으로 나타나는 환경적 불평등을 야기하고 있다.
> (다) 인간사회와 자연환경 간의 긴장관계 속에서 발생하고 있는 오늘날 환경위기의 해결 가능성은 논리적으로 뿐만 아
> 니라 역사적으로 과학기술과 생산조직의 발전을 규정하는 사회적 생산관계의 전환을 통해서만 실현될 수 있다.
> (라) 부유한 국가나 지역은 마치 환경문제를 스스로 해결한 것처럼 보이기도 하며, 나아가 자본주의 경제체제 자체가
> 환경문제를 해결(또는 최소한 지연)할 수 있는 능력을 갖춘 것처럼 홍보되기도 한다.

① (가) — (나) — (라) — (다)

② (나) — (가) — (다) — (라)

③ (나) — (가) — (라) — (다)

④ (나) — (라) — (가) — (다)

3

다음 글에서 언급한 스마트 팩토리의 특징으로 옳지 않은 것은?

> 최근 스포츠 브랜드인 아디다스에서 소비자가 원하는 디자인, 깔창, 굽 모양 등의 옵션을 적용하여 다품종 소량생산 할 수 있는 스피드 팩토리를 선보였고, 그밖에도 제조업을 비롯해 다양한 산업에서 스마트 팩토리를 도입하면서 미래형 제조 시스템인 스마트 팩토리에 대한 관심이 커지고 있다. 과연 스마트 팩토리 무엇이며 어떤 기술로 구현되고 이점은 무엇일까?
>
> 스마트 팩토리란 ICT기술을 기반으로 제품의 기획, 설계, 생산, 유통, 판매의 전 과정을 자동화, 지능화하여 최소 비용과 최소 시간으로 다품종 대량생산이 가능한 미래형 공장을 의미한다. 스마트 팩토리가 구현되기 위해서는 다양한 기술이 적용되는데, 먼저 클라우드 기술은 인터넷에 연결되어 축적된 데이터를 저장하고 IoT 기술은 각종 사물에 컴퓨터 칩과 통신 기능을 내장해 인터넷에 연결한다. 또한 데이터를 분석하는 빅데이터 기술, AI를 기반으로 스스로 학습하고 의사결정을 할 수 있는 차세대 로봇기술과 기계가 자가 학습하는 인공지능 기술을 비롯해 수많은 첨단 기술을 필요로 한다.
>
> 스마트 팩토리의 핵심 구현 요소는 디지털화, 연결화, 스마트화이다. 디지털화는 공장 내 사물들 간에 소통이 가능하도록 물리적 아날로그 신호를 디지털 신호로 변환하는 것으로 디지털화를 하면 무한대로 데이터를 복사할 수 있어 데이터 편집이 쉬워지고 데이터 통신이 자유롭게 이루어진다. 연결화는 사람을 포함한 모든 사물, 즉 공장 안에 존재하는 부품, 완제품, 설비, 공장, 건물, 기기를 연결하는 것으로, 이더넷이나 유무선 통신으로 설비를 연결해 생산 현황과 이상 유무를 관리한다. 작업자가 제조 라인에 서면 공정은 작업자의 역량, 경험 같은 것을 참고하여 합당한 공정을 수행하도록 지도해 주는 것이 연결화의 예라고 할 수 있다. 스마트화는 사물이 사람과 같이 스스로 판단하고 행동하는 것을 말하는 것으로 지능화, 자율화와 같은 의미이다. 수집된 데이터를 분석하여 스스로 판단하는 스마트화는 스마트 팩토리의 필수 전제조건이다.
>
> 스마트 팩토리의 이점은 제조 단계별로 구분해 볼 수 있다. 먼저 기획 · 설계 단계에서는 제품 성능 시뮬레이션을 통해 제작기간을 단축시키고, 맞춤형 제품을 개발할 수 있다는 이점이 있다. 다음으로 생산 단계에서는 설비 - 자재 - 시스템 간 통신으로 다품종 대량생산, 에너지와 설비 효율 제고의 효과가 있다. 그리고 유통 · 판매 단계에서는 모기업과 협력사 간 실시간 연동을 통해 재고 비용을 감소시키고 품질, 물류 등 많은 분야를 협력할 수 있다.

① 스마트 팩토리는 최소 비용과 최소 시간으로 다품종 대량생산을 추구한다.

② 스마트 팩토리가 구현되기 위해서는 클라우드 기술, IoT기술, 인공지능 기술 등이 요구된다.

③ 디지털화는 공장 내 사물들 간에 소통이 가능하도록 디지털 신호를 물리적 아날로그 신호로 변환하는 것이다.

④ 스마트화는 사물이 사람과 같이 스스로 판단하고 행동하는 것으로 스마트 팩토리의 필수 전제조건이다.

4

다음은 N사의 단독주택용지 수의계약 공고문 중 일부이다. 공고문의 내용을 바르게 이해한 것은?

[○○ 블록형 단독주택용지(1필지) 수의계약 공고]

1. 공급대상토지

면적 (㎡)	세대수 (호)	평균규모 (㎡)	용적률 (%)	공급가격 (천원)	계약보증금 (원)	사용가능 시기
25,479	63	400	100% 이하	36,944,550	3,694,455,000	즉시

2. 공급일정 및 장소

일정	2019년 1월 11일 오전 10시부터 선착순 수의계약 (토 · 일요일 및 공휴일, 업무시간 외는 제외)
장소	N사 ○○지역본부 1층

3. 신청자격

아래 두 조건을 모두 충족한 자

- 실수요자 : 공고일 현재 주택법에 의한 주택건설사업자로 등록한 자
- 3년 분할납부(무이자) 조건의 토지매입 신청자

　※ 납부 조건 : 계약체결 시 계약금 10%, 중도금 및 잔금 90%(6개월 단위 6회 납부)

4. 계약체결 시 구비서류

- 법인등기부등본 및 사업자등록증 사본 각 1부
- 법인인감증명서 1부 및 법인인감도장(사용인감계 및 사용인감)
- 대표자 신분증 사본 1부(위임 시 위임장 1부 및 대리인 신분증 제출)
- 주택건설사업자등록증 1부
- 계약금 납입영수증

① 계약이 체결되면 즉시 해당 토지에 단독주택을 건설할 수 있다.

② 계약체결 후 첫 번째 내야 할 중도금은 5,250,095,000원이다.

③ 규모 400㎡의 단독주택용지를 일반 수요자에게 분양하는 공고이다.

④ 계약에 대한 보증금이 공급가격보다 더 높아 실수요자에게 부담을 줄 우려가 있다.

5

다음 회의록의 내용을 보고 올바른 판단을 내리지 못한 것을 고르면?

인사팀 4월 회의록			
회의일시	2019년 4월 30일 14:00~15:30	회의장소	대회의실(예약)
참석자	팀장, 남 과장, 허 대리, 김 대리, 이 사원, 명 사원		
회의안건	• 직원 교육훈련 시스템 점검 및 성과 평가 • 차기 교육 프로그램 운영 방향 논의		
진행결과 및 협조 요청	〈총평〉 • 1사분기에는 지난해보다 학습목표시간을 상향조정(직급별 10~20시간)하였음에도 평균 학습시간을 초과하여 달성하는 등 상시학습문화가 정착됨 　- 1인당 평균 학습시간: 지난해 4사분기 22시간 → 올해 1사분기 35시간 • 다만, 고직급자와 계약직은 학습 실적이 목표에 미달하였는바, 앞으로 학습 진도에 대하여 사전 통보하는 등 학습목표 달성을 적극 지원할 필요가 있음 　- 고직급자: 목표 30시간, 실적 25시간, 계약직: 목표 40시간, 실적 34시간 〈운영방향〉 • 전 직원 일체감 형성을 위한 비전공유와 '매출 증대, 비용 절감' 구현을 위한 핵심과제 등 주요사업 시책교육 추진 • 직원이 가치창출의 원천이라는 인식하에 생애주기에 맞는 직급별 직무역량교육 의무화를 통해 인적자본 육성 강화 • 자기주도적 상시학습문화 정착에 기여한 학습관리시스템을 현실에 맞게 개선하고, 조직 간 인사교류를 확대		

① 올 1사분기에는 지난해보다 1인당 평균 학습시간이 50% 이상 증가하였다.

② 전체적으로 1사분기의 교육시간 이수 등의 성과는 우수하였다.

③ 2사분기에는 일부 직원들에 대한 교육시간이 1사분기보다 더 증가할 전망이다.

④ 2사분기에는 각 직급에 보다 적합한 교육이 시행될 것이다.

자원관리능력 대표유형

자원에는 시간, 돈, 물적자원, 인적자원 등이 포함된다. 자원관리란 이러한 자원을 적재적소에 활용하는 것으로 필요한 자원의 종류와 양을 확인하고 이용 가능한 자원을 수집하며, 수집한 자원을 계획적으로 활용하는 전 과정을 말한다. 따라서 자원관리능력에서는 업무 수행을 위한 시간 및 예산관리, 물적·인적자원의 배분 및 활용에 관한 상황을 전제로 한 문제가 주로 출제된다.

1

제시된 자료는 ○○기관 직원의 교육비 지원에 대한 내용이다. 다음 중 A~D 직원 4명의 총 교육비 지원 금액은 얼마인가?

교육비 지원 기준
• 임직원 본인의 대학 및 대학원 학비 : 100% 지원 • 임직원 가족의 대학 및 대학원 학비 – 임직원의 직계 존·비속 : 90% 지원 – 임직원의 형제 및 자매 : 80% 지원(단, 직계 존·비속 지원이 우선되며, 해당 신청이 없을 경우에 한하여 지급함) – 교육비 지원 신청은 본인을 포함 최대 3인에 한한다.

교육비 신청 내역	
A 직원	본인 대학원 학비 3백만 원, 동생 대학 학비 2백만 원
B 직원	딸 대학 학비 2백만 원
C 직원	본인 대학 학비 3백만 원, 아들 대학 학비 4백만 원
D 직원	본인 대학 학비 2백만 원, 딸 대학 학비 2백만 원, 아들 대학원 학비 2백만 원

① 15,200,000원　　　　　② 17,000,000원

③ 18,600,000원　　　　　④ 26,200,000원

2

다음은 K공사의 신입사원 채용에 관한 안내문의 일부 내용이다. 다음 내용을 근거로 할 때, K공사가 안내문의 내용에 부합되게 취할 수 있는 행동이라고 볼 수 없는 것은?

□ 기타 유의사항
- 모든 응시자는 1인 1개 분야만 지원할 수 있습니다.
- 응시 희망자는 지역제한 등 응시자격을 미리 확인하고 응시원서를 접수하여야 하며, 응시원서의 기재사항 누락, 공인어학능력시험 점수 및 자격증·장애인·취업지원대상자 가산점수·가산비율 기재 착오, 연락불능 등으로 발생되는 불이익은 일체 응시자의 책임으로 합니다.
- 입사지원서 작성내용은 추후 증빙서류 제출 및 관계기관에 조회할 예정이며 내용을 허위로 입력한 경우에는 합격이 취소됩니다.
- 응시자는 시험장소 공고문, 답안지 등에서 안내하는 응시자 주의사항에 유의하여야 하며, 이를 준수하지 않을 경우에 본인에게 불이익이 될 수 있습니다.
- 원서접수결과 지원자가 채용예정인원 수와 같거나 미달하더라도 적격자가 없는 경우 선발하지 않을 수 있습니다.
- 시험일정은 사정에 의하여 변경될 수 있으며 변경내용은 7일 전까지 공사 채용홈페이지를 통해 공고할 계획입니다.
- 제출된 서류는 본 채용목적 이외에는 사용하지 않으며, 채용절차의 공정화에 관한 법령에 따라 최종합격자 발표일 이후 180일 이내에 반환청구를 할 수 있습니다.
- 최종합격자 중에서 신규임용후보자 등록을 하지 않거나 관계법령에 의한 신체검사에 불합격한 자 또는 공사 인사규정 제21조에 의한 응시자격 미달자는 신규임용후보자 자격을 상실하고 차순위자를 추가합격자로 선발할 수 있습니다.
- 임용은 교육성적을 포함한 채용시험 성적순으로 순차적으로 임용하되, 장애인 또는 경력자의 경우 성적순위에도 불구하고 우선 임용될 수 있습니다.
※ 공사 인사규정 제22조 제2항에 의거 신규임용후보자의 자격은 임용후보자 등록일로부터 1년으로 하며, 필요에 따라 1년의 범위 안에서 연장될 수 있습니다.

---

① 동일한 응시자가 사무직과 운영직에 중복 응시한 사실이 발견되어 임의로 운영직 응시 관련 사항 일체를 무효처리하였다.

② 대학 졸업예정자로 채용된 A씨는 마지막 학기 학점이 부족하여 졸업이 미뤄지는 바람에 채용이 취소되었다.

③ 50명 선발이 계획되어 있었고, 45명이 지원을 하였으나 42명만 선발하였다.

④ 최종합격자 중 신규임용후보자 자격을 상실한 자가 있어 불합격자 중 임의의 인원을 추가 선발하였다.

3

전기안전관리 대행업체의 인사팀 직원 K는 다음의 기준에 의거하여 직원들의 자격증 취득 전후 경력을 산정하려고 한다. 다음 중 K가 산정한 경력 중 옳은 것을 모두 고르면?

<전기안전관리자 경력 조건 인정 범위>

조건	인정 범위
1. 자격 취득 후 경력 기간 100% 인정	• 전력시설물의 설계 · 공사 · 감리 · 유지보수 · 관리 · 진단 · 점검 · 검사에 관한 기술업무 • 전력기술 관련 단체 · 업체 등에서 근무한 자의 전력기술에 관한 업무
2. 자격 취득 후 경력 기간 80% 인정	• 「전기용품안전관리법」에 따른 전기용품의 설계 · 제조 · 검사 등의 기술업무 • 「산업안전보건법」에 따른 전기분야 산업안전 기술업무 • 건설관련법에 의한 전기 관련 기술업무 • 전자 · 통신관계법에 의한 전기 · 전자통신기술에 관한 업무
3. 자격 취득 전 경력 기간 50% 인정	1.의 각목 규정에 의한 경력
사원 甲	• 2001.1.1~2005.12.31 전기 안전기술 업무 • 2015.10.31 전기산업기사 자격 취득
사원 乙	• 2010.1.1~2012.6.30 전기부품제조 업무 • 2009.10.31 전기기사 자격 취득
사원 丙	• 2011.5.1~2012.7.31 전자통신기술 업무 • 2011.3.31 전기기능장 자격 취득
사원 丁	• 2013.1.1~2014.12.31 전기검사 업무 • 2015.7.31 전기기사 자격 취득

㉠ 甲 : 전기산업기사로서 경력 5년	㉡ 乙 : 전기기사로서 경력 1년
㉢ 丙 : 전기기능장으로서 경력 1년	㉣ 丁 : 전기기사로서 경력 1년

① ㉠, ㉡

② ㉠, ㉢

③ ㉡, ㉣

④ ㉢, ㉣

4

다음은 차량 A, B, C의 연료 및 경제속도 연비, 연료별 리터당 가격에 대한 자료이다. 제시된 〈조건〉을 적용하였을 때, 두 번째로 높은 연료비가 소요되는 차량과 해당 차량의 연료비를 바르게 나열한 것은?

〈A, B, C 차량의 연료 및 경제속도 연비〉

구분 차량	연료	경제속도 연비(km/L)
A	LPG	10
B	휘발유	16
C	경유	20

※ 차량 경제속도는 60km/h 이상 90km/h 미만임

〈연료별 리터당 가격〉

연료	LPG	휘발유	경유
리터당 가격(원/L)	1,000	2,000	1,600

〈조건〉

1. A, B, C 차량은 모두 아래와 같이 각 구간을 한 번씩 주행하고, 각 구간별 주행속도 범위 내에서만 주행한다.

구간	1구간	2구간	3구간
주행거리(km)	100	40	60
주행속도(km/h)	30 이상 60 미만	60 이상 90 미만	90 이상 120 미만

2. A, B, C 차량의 주행속도별 연비적용률은 다음과 같다.

차량	주행속도(km/h)	연비적용률(%)
A	30 이상 60 미만	50.0
	60 이상 90 미만	100.0
	90 이상 120 미만	80.0
B	30 이상 60 미만	62.5
	60 이상 90 미만	100.0
	90 이상 120 미만	75.0
C	30 이상 60 미만	50.0
	60 이상 90 미만	100.0
	90 이상 120 미만	75.0

※ 연비적용률이란 경제속도 연비 대비 주행속도 연비를 백분율로 나타낸 것임

① A, 31,500원

② B, 24,500원

③ B, 35,000원

④ C, 25,600원

5

K공사는 사내 냉방 효율을 위하여 층별 에어컨 수와 종류를 조정하려고 한다. 사내 냉방 효율 조정 방안을 충족하되 버리는 구형 에어컨과 구입하는 신형 에어컨을 최소화하고자 할 때, K공사는 신형 에어컨을 몇 대 구입해야 하는가?

사내 냉방 효율 조정 방안		
적용순서	조건	미충족 시 조정 방안
1	층별 월 전기료 60만 원 이하	구형 에어컨을 버려 조건 충족
2	구형 에어컨 대비 신형 에어컨 비율 1/2 이상 유지	신형 에어컨을 구입해 조건 충족

※ 구형 에어컨 1대의 월 전기료는 4만원이고, 신형 에어컨 1대의 월 전기료는 3만원이다.

사내 냉방시설 현황						
	1층	2층	3층	4층	5층	6층
구형	9	15	12	8	13	10
신형	5	7	6	3	4	5

① 1대

② 2대

③ 3대

④ 4대

정보능력 대표유형

정보(Information)란 자료를 특정한 목적과 문제해결에 도움이 되도록 가공한 것으로, 지식정보사회에서 정보는 기업 생존에 중요한 요소로 자리하고 있다. 정보능력에서 빈출되는 대표유형으로는 컴퓨터활용능력 측정을 위한 소프트웨어 활용, 자료(Data)의 규칙을 찾아 정보 파악하기, 간단한 코딩 시스템의 이해 등이 있다.

1

S정보통신에 입사한 당신은 시스템 모니터링 업무를 담당하게 되었다. 다음의 시스템 매뉴얼을 확인한 후 제시된 상황에서 적절한 입력코드를 고르면?

〈S정보통신 시스템 매뉴얼〉

❑ 항목 및 세부사항

항목	세부사항
Index@@ of Folder@@	• 오류 문자 : Index 뒤에 나타나는 문자 • 오류 발생 위치 : Folder 뒤에 나타나는 문자
Error Value	• 오류 문자와 오류 발생 위치를 의미하는 문자에 사용된 알파벳을 비교하여 오류 문자 중 오류 발생 위치의 문자와 일치하지 않는 알파벳의 개수 확인
Final Code	• Error Value를 통하여 시스템 상태 판단

❑ 판단 기준 및 처리코드(Final Code)

판단 기준	처리코드
일치하지 않는 알파벳의 개수 = 0	Qfgkdn
0 < 일치하지 않는 알파벳의 개수 ≤ 3	Wxmt
3 < 일치하지 않는 알파벳의 개수 ≤ 5	Atnih
5 < 일치하지 않는 알파벳의 개수 ≤ 7	Olyuz
7 < 일치하지 않는 알파벳의 개수 ≤ 10	Cenghk

<table>
<tr><td colspan="2" align="center">〈상황〉</td></tr>
<tr><td colspan="2">System is processing requests...
System Code is X.
Run...

Error Found!
Index GHWDYC of Folder APPCOMPAT

Final Code? _____</td></tr>
</table>

① Qfgkdn

② Wxmt

③ Atnih

④ Olyuz

2

다음의 시트에서 수식 '=DSUM(A1:D7, 4, B1:B2)'를 실행하였을 때 결과 값은?

	A	B	C	D
1	성명	부서	3/4분기	4/4분기
2	김하나	영업부	20	15
3	유진영	총무부	30	35
4	고금순	영업부	15	20
5	이영훈	총무부	10	15
6	김영대	총무부	20	10
7	채수빈	영업부	15	20

① 45

② 50

③ 55

④ 60

▌3~4▐ 다음 물류 창고 책임자와 각 창고 내 재고상품의 코드 목록을 보고 이어지는 질문에 답하시오.

책임자	재고상품 코드번호	책임자	재고상품 코드번호
정보연	2008011F033321754	심현지	2001052G099918513
이규리	2011054L066610351	김준후	2002121D011120789
김원희	2006128T055511682	유연석	2013016Q044412578
이동성	2009060B022220123	강희철	2012064L100010351
신병임	2015039V100029785	송지혜	2016087S088824567

[재고상품 코드번호 예시]

2016년 11월에 4,586번째로 입고된 경기도 戊출판사에서 발행한 「소형선박조종사 자격증 한 번에 따기」 도서 코드
2016111E055524586

201611	1E	05552	4586
입고연월	지역코드 + 고유번호	분류코드 + 고유번호	입고순서

입고연월	발행 출판사				도서 종류			
	지역코드		고유번호		분류코드		고유번호	
	0	서울	A	甲출판사	01	가정 · 살림	111	임신/출산
			B	乙출판사			112	육아
	1	경기도	C	丙출판사	02	건강 · 취미	221	다이어트
			D	丁출판사			222	스포츠
			E	戊출판사	03	경제 · 경영	331	마케팅
			F	己출판사			332	재테크
	2	강원도	G	庚출판사			333	CEO
			H	辛출판사	04	대학 교재	441	경상계열
• 200611	3	충청 남도	I	壬출판사			442	공학계열
−2006년 11월			J	癸출판사	05	수험 · 자격	551	공무원
• 201007	4	충청 북도	K	子출판사			552	자격증
−2010년 7월			L	丑출판사	06	어린이	661	예비 초등
• 201403	5	경상 남도	M	寅출판사			662	초등
−2014년 3월			N	卯출판사	07	자연 과학	771	나노과학
			O	辰출판사			772	생명과학
	6	경상 북도	P	巳출판사			773	뇌과학
			Q	午출판사	08	예술	881	미술
	7	전라 남도	R	未출판사			882	음악
			S	申출판사	09	여행	991	국내여행
	8	전라 북도	T	酉출판사			991	해외여행
			U	戌출판사	10	IT · 모바일	001	게임
	9	제주도	V	亥출판사			002	웹사이트

3

재고상품 중 2010년도에 8,491번째로 입고된 충청남도 쫓출판사에서 발행한 「뇌과학 첫걸음」 도서의 코드로 알맞은 것은 무엇인가?

① 2010113J077718491

② 2010093J077738491

③ 2010083I077738491

④ 2011123J077738491

4

다음 중 발행 출판사와 입고순서가 동일한 도서를 담당하는 책임자들로 짝지어진 것은?

① 정보연 - 김준후

② 이규리 - 강희철

③ 이동성 - 송지혜

④ 심현지 - 유연석

5
다음의 알고리즘에서 인쇄되는 S는?

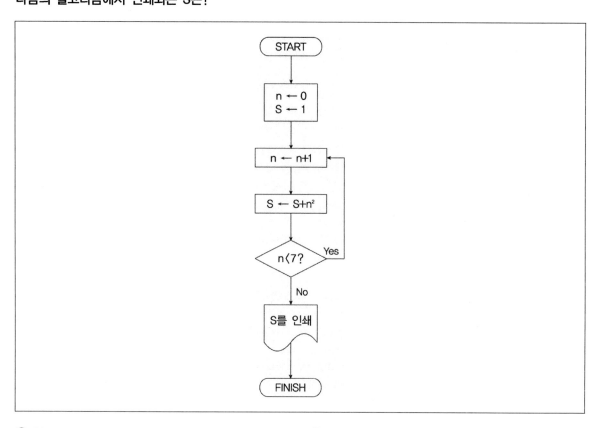

① 137

② 139

③ 141

④ 143

문제해결능력 대표유형

문제란 업무를 수행함에 있어 답을 요구하는 질문이나 의논하여 해결해야 하는 사항으로, 문제해결을 위해서는 전략적이고 분석적인 사고는 물론 발상의 전환과 효율적인 자원활용 등 다양한 능력이 요구된다. 따라서 명제나 추론 같은 일반적인 논리추론 유형과 함께 수리, 자원관리 등이 융합된 문제해결 유형이나 실무이해를 바탕으로 하는 유형의 문제도 다수 출제된다.

1

다음 조건을 바탕으로 할 때 정 대리가 이번 달 중국 출장 출발일로 정하기에 가장 적절한 날은 언제인가? (전체 일정은 모두 이번 달 안에 속해 있다.)

- 이번 달은 1일이 월요일인 달이다.
- 3박 4일 일정이며 출발일과 도착일이 모두 휴일이 아니어야 한다.
- 현지에서 복귀하는 비행편은 매주 화, 목요일에만 있다.
- 이번 달 셋째 주 화요일에 있을 부서의 중요한 회의에 반드시 참석해야 하며, 회의 후에 출장을 가려 한다.

---

① 12일   ② 15일
③ 17일   ④ 22일

2

다음은 유진이가 학교에 가는 요일에 대한 설명이다. 이들 명제가 모두 참이라고 가정할 때, 유진이가 학교에 가는 요일은?

ㄱ 목요일에 학교에 가지 않으면 월요일에 학교에 간다.
ㄴ 금요일에 학교에 가지 않으면 수요일에 학교에 가지 않는다.
ㄷ 수요일에 학교에 가지 않으면 화요일에 학교에 간다.
ㄹ 월요일에 학교에 가면 금요일에 학교에 가지 않는다.
ㅁ 유진이는 화요일에 학교에 가지 않는다.

---

① 월, 수   ② 월, 수, 금
③ 수, 목, 금   ④ 수, 금

3

다음은 L공사의 국민임대주택 예비입주자 통합 정례모집 관련 신청자격에 대한 사전 안내이다. 甲~戊 중 국민임대주택 예비입주자로 신청할 수 있는 사람은? (단, 함께 살고 있는 사람은 모두 세대별 주민등록표상에 함께 등재되어 있고, 제시되지 않은 사항은 모두 조건을 충족한다고 가정한다)

□ 2019년 5월 정례모집 개요

구분	모집공고일	대상지역
2019년 5월	2019. 5. 7(화)	수도권
	2019. 5. 15(수)	수도권 제외한 나머지 지역

□ 신청자격

입주자모집공고일 현재 무주택세대구성원으로서 아래의 소득 및 자산보유 기준을 충족하는 자

※ 무주택세대구성원이란?

다음의 세대구성원에 해당하는 사람 전원이 주택(분양권 등 포함)을 소유하고 있지 않은 세대의 구성원을 말합니다.

세대구성원(자격검증대상)	비고
• 신청자	
• 신청자의 배우자	신청자와 세대 분리되어 있는 배우자도 세대구성원에 포함
• 신청자의 직계존속 • 신청자의 배우자의 직계존속	신청자 또는 신청자의 배우자와 세대별 주민등록표상에 함께 등재되어 있는 사람에 한함
• 신청자의 직계비속 • 신청자의 직계비속의 배우자	
• 신청자의 배우자의 직계비속	신청자와 세대별 주민등록표상에 함께 등재되어 있는 사람에 한함

※ 소득 및 자산보유 기준

구분	소득 및 자산보유 기준		
	가구원수	월평균소득기준	참고사항
소득	3인 이하 가구	3,781,270원 이하	• 가구원수는 세대구성원 전원을 말함(외국인 배우자와 임신 중인 경우 태아 포함) • 월평균소득액은 세전금액으로서 세대구성원 전원의 월평균소득액을 모두 합산한 금액임
	4인 가구	4,315,641원 이하	
	5인 가구	4,689,906원 이하	
	6인 가구	5,144,224원 이하	
	7인 가구	5,598,542원 이하	
	8인 가구	6,052,860원 이하	
자산	• 총자산가액 : 세대구성원 전원이 보유하고 있는 총자산가액 합산기준 28,000만 원 이하		
	• 자동차 : 세대구성원 전원이 보유하고 있는 전체 자동차가액 2,499만 원 이하		

① 甲의 아내는 주택을 소유하고 있지만, 甲과 세대 분리가 되어 있다.

② 아내의 부모님을 모시고 살고 있는 乙 가족의 월평균소득은 500만 원이 넘는다.

③ 丙은 재혼으로 만난 아내의 아들과 함께 살고 있는데, 아들은 전 남편으로부터 물려받은 아파트 분양권을 소유하고 있다.

④ 어머니를 모시고 사는 丁은 아내가 셋째 아이를 출산하면서 丁 가족의 월평균소득으로는 1인당 80만 원도 돌아가지 않게 되었다.

4

서원 그룹의 K부서에서는 자기 부서의 정책을 홍보하기 위해 책자를 제작해 배포하는 프로젝트를 진행하였다. 프로젝트 진행 과정이 다음과 같을 때, 프로젝트 결과에 대한 평가로 항상 옳은 것을 모두 고르면?

이번에 K부서에서는 자기 부서의 정책을 홍보하기 위해 책자를 제작해 배포하였다. 이 홍보 사업에 참여한 K부서의 팀은 A와 B 두 팀이다. 두 팀은 각각 500권의 정책홍보 책자를 제작하였다. 그러나 책자를 어떤 방식으로 배포할 것인지에 대해 두 팀 간에 차이가 있었다. A팀은 자신들이 제작한 K부서의 모든 정책홍보책자를 서울이나 부산에 배포한다는 지침에 따라 배포하였다. 한편, B팀은 자신들이 제작한 K부서 정책홍보책자를 서울에 모두 배포하거나 부산에 모두 배포한다는 지침에 따라 배포하였다. 사업이 진행된 이후 배포된 결과를 살펴보기 위해서 서울과 부산을 조사하였다. 조사를 담당한 한 직원은 A팀이 제작·배포한 K부서 정책홍보책자 중 일부를 서울에서 발견하였다.

한편, 또 다른 직원은 B팀이 제작·배포한 K부서 정책홍보책자 중 일부를 부산에서 발견하였다. 그리고 배포 과정을 검토해 본 결과, 이번에 A팀과 B팀이 제작한 K부서 정책 홍보책자는 모두 배포되었다는 것과, 책자가 배포된 곳과 발견된 곳이 일치한다는 것이 확인되었다.

ⓐ 부산에는 500권이 넘는 K부서 정책홍보책자가 배포되었다.
ⓑ 서울에 배포된 K부서 정책홍보책자의 수는 부산에 배포된 K부서 정책홍보책자의 수보다 적다.
ⓒ A팀이 제작한 K부서 정책홍보책자가 부산에서 발견되었다면, 부산에 배포된 K부서 정책홍보책자의 수가 서울에 배포된 수보다 많다.

① ㉠

② ㉢

③ ㉠, ㉡

④ ㉡, ㉢

5

다음은 ○○항공사의 항공이용에 관한 조사 설계의 일부분이다. 본 설문조사의 목적으로 가장 적합하지 않은 것은?

---

1. 조사 목적

```
┌────────────────────────────────────────────────────────────────────┐
│                                                                    │
└────────────────────────────────────────────────────────────────────┘
```

2. 과업 범위
- 조사 대상 : 서울과 수도권에 거주하고 있으며 최근 3년 이내 여행 및 출장 목적의 해외방문 경험이 있고 향후 1년 이내 해외로 여행 및 출장 의향이 있는 만 20~60세 이상의 성인 남녀
- 조사 방법 : 구조화된 질문지를 이용한 온라인 설문조사
- 표본 규모 : 총 1,000명

3. 조사 내용
- 시장 환경 파악 : 여행 출장 시장 동향 (출국 목적, 체류기간 등)
- 과거 해외 근거리 당일 왕복항공 이용 실적 파악 : 이용 빈도, 출국 목적, 목적지 등
- 향후 해외 근거리 당일 왕복항공 잠재 수요 파악 : 이용의향 빈도, 출국 목적 등
- 해외 근거리 당일 왕복항공 이용을 위한 개선 사항 파악 : 해외 근거리 당일 왕복항공을 위한 개선사항 적용 시 해외 당일 여행 계획 또는 의향
- 배경정보 파악 : 인구사회학적 특성 (성별, 연령, 거주 지역 등)

4. 결론 및 기대효과

---

① 단기 해외 여행의 수요 증가 현황과 관련 항공 시장 파악
② 해외 당일치기 여객의 수요에 부응할 수 있는 노선 구축 근거 마련
③ 해외 근거리 당일 왕복항공을 이용한 실적 및 행태 파악
④ 근거리 국가로 여행 또는 출장을 위해 당일 왕복항공을 이용할 의향과 수용도 파악

조직이해능력 대표유형

조직은 공동의 목표를 달성하기 위해 구성된 집합체이다. 조직이해능력은 조직경영, 조직구조, 조직업무 등 조직과 관련된 전 분야에 걸쳐 작용한다. 대표유형으로는 조직구조(조직도)의 이해, 경영전략, 조직문화 등 거시적 관점의 문제와 결재규정, 사내복지제도, 업무처리 등 미시적 관점의 문제가 고루 출제된다.

1

다음과 같은 팀장의 지시 사항을 수행하기 위하여 업무협조를 구해야 할 조직의 명칭이 순서대로 바르게 나열된 것은?

다들 사장님 보고 자료 때문에 정신이 없는 모양인데 이건 자네가 좀 처리해줘야겠군. 다음 주에 있을 기자단 간담회 자료가 필요한데 옆 부서 박 부장한테 말해 두었으니 오전 중에 좀 가져다주게나. 그리고 내일 사장님께서 보고 직전에 외부에서 오신다던데 어디서 오시는 건지 일정 좀 확인해서 알려주고, 이틀 전 퇴사한 엄 차장 퇴직금 처리가 언제 마무리 될 지도 알아봐 주게나. 아, 그리고 말이야, 자네는 아직 사원증이 발급되지 않았나? 확인해 보고 얼른 요청해서 걸고 다니게.

① 기획실, 경영관리실, 총무부, 비서실
② 영업2팀, 홍보실, 회계팀, 물류팀
③ 총무부, 구매부, 비서실, 인사부
④ 홍보실, 비서실, 인사부, 총무부

2

다음 조직도 (A), (B)와 같은 형태를 지닌 조직의 특징을 바르게 비교하지 못한 것은?

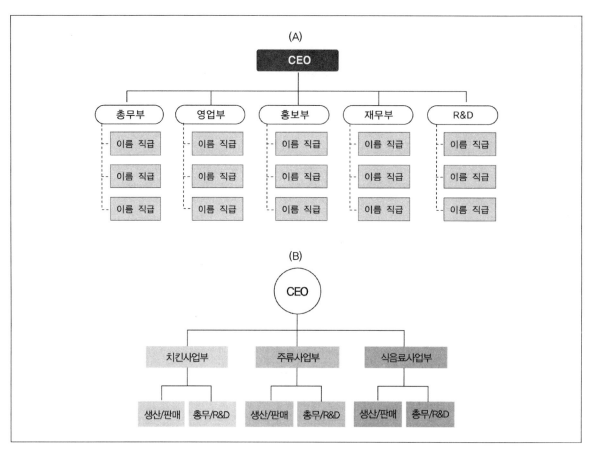

① (A)는 업무 구분이 명확하고, 엄격한 위계질서가 있다.

② (B)와 같은 조직은 대체적으로 의사결정 권한이 집중화되는 경향을 보인다.

③ (A)는 신속한 의사결정을 위해 더 적절한 조직구조이다.

④ (B)는 중간관리자에게 많은 역할이 주어지게 된다.

3

다음 〈보기〉에 제시되고 있는 활동들은 기업 경영에 필요한 전략을 설명하고 있다. 설명된 전략들에 해당하는 것은?

〈보기〉
- 모든 고객을 만족시킬 수는 없다는 것과 회사가 모든 역량을 가질 수는 없다는 것을 전제로 선택할 수 있는 전략이다.
- 기업이 고유의 독특한 내부 역량을 보유하고 있는 경우에 더욱 효과적인 전략이다.
- 사업 목표와 타당한 틈새시장을 찾아야 한다.
- 다양한 분류의 방법을 동원하여 고객을 세분화한다.

① 차별화 전략
② 집중화 전략
③ 비교우위 전략
④ 원가우위 전략

4

'SWOT 분석'에 대한 〈보기〉 설명을 읽고 휴대폰 제조업체가 실시한 아래 환경분석 결과에 대응하는 전략을 적절하게 분석한 것은?

〈보기〉

SWOT이란, 강점(Strength), 약점(Weakness), 기회(Opportunity), 위험(Threat)의 머리말을 모아 만든 단어로 경영전략을 수립하기 위한 분석도구이다. SWOT분석을 통해 도출된 조직의 외부/내부 환경을 분석 결과를 통해 각각에 대응하는 도출하게 된다.

SO 전략이란 기회를 활용하면서 강점을 더욱 강화하는 공격적인 전략이고, WO 전략이란 외부환경의 기회를 활용하면서 자신의 약점을 보완하는 전략으로 이를 통해 기업이 처한 국면의 전환을 가능하게 할 수 있다. ST전략은 외부환경의 위험요소를 회피하면서 강점을 활용하는 전략이며, WT 전략이란 외부환경의 위협요인을 회피하고 자사의 약점을 보완하는 전략으로 방어적 성격을 갖는다.

내/외부환경 구분	강점(Strength)	약점(Weakness)
기회(Opportunity)	① SO 전략(강점/기회전략)	② WO 전략(약점/기회전략)
위협(Threat)	③ ST 전략(강점/위협전략)	④ WT 전략(약점/위협전략)

〈휴대폰 제조업체의 환경분석 결과〉

강점(Strength)	• 다양한 부가기능 탑재를 통한 성능 우위 • 기타 디지털기기 기능의 흡수를 통한 영역확대
약점(Weakness)	• 제품의 수익성 악화 • 제품 간 성능, 디자인의 평준화 • 국산 제품의 가격경쟁력 악화
기회(Opportunity)	• 신흥시장의 잠재적 수요 • 개인 휴대용기기의 대중화
위협(Threat)	• 전자제품의 사용기간 단축 • MP3폰 등 기타 디지털기기와의 경쟁 심화

내/외부환경 구분	강점(Strength)	약점(Weakness)
기회(Opportunity)	① 기능의 다양화로 잠재 시장의 수요 창출	② 휴대기기의 대중화에 힘입어 MP3폰의 성능 강화
위협(Threat)	③ 다양한 기능을 추가한 판매 신장으로 이익 확대	④ 휴대용 기기 보급 확대에 따라 디지털기기와 차별화된 제품 개발

5

다음의 위임전결규정을 보고 잘못 이해한 것은?

[위임전결규정]

- 결재를 받으려는 업무에 대해서는 최고결재권자(대표이사)를 포함한 이하 직책자의 결재를 받아야 한다.
- '전결'이라 함은 회사의 경영활동이나 관리활동을 수행함에 있어 의사 결정이나 판단을 요하는 일에 대하여 최고결재권자의 결재를 생략하고, 자신의 책임 하에 최종적으로 의사 결정이나 판단을 하는 행위를 말한다.
- 전결사항에 대해서도 위임 받은 자를 포함한 이하 직책자의 결재를 받아야 한다.
- 표시내용 : 결재를 올리는 자는 최고결재권자로부터 전결 사항을 위임 받은 자가 있는 경우 결재란에 전결이라고 표시하고 최종 결재권자란에 위임 받은 자를 표시한다. 다만, 결재가 불필요한 직책자의 결재란은 상향대각선으로 표시한다.
- 최고결재권자의 결재사항 및 최고결재권자로부터 위임된 전결사항은 아래의 표에 따른다.
- 본 규정에서 정한 전결권자가 유고 또는 공석 시 그 직급의 직무 권한은 직상급직책자가 수행함을 원칙으로 하며, 각 직급은 긴급을 요하는 업무처리에 있어서 상위 전결권자의 결재를 득할 수 없을 경우 차상위자의 전결로 처리하며, 사후 결재권자의 결재를 득해야 한다.

업무내용		결재권자			
		사장	부사장	본부장	팀장
주간업무보고					O
팀장급 인수인계			O		
일반 예산 집행	잔업수당	O			
	회식비			O	
	업무활동비			O	
	교육비		O		
	해외연수비	O			
	시내교통비			O	
	출장비	O			
	도서인쇄비				O
	법인카드사용		O		
	소모품비				O
	접대비(식대)			O	
	접대비(기타)				O
이사회 위원 위촉		O			
임직원 해외 출장		O(임원)		O(직원)	
임직원 휴가		O(임원)		O(직원)	
노조관련 협의사항			O		

※ 100만 원 이상의 일반예산 집행과 관련한 내역은 사전 사장 품의를 득해야 하며, 품의서에 경비 집행 내역을 포함하여 준비한다.
출장계획서는 품의서를 대체한다.

※ 위의 업무내용에 필요한 결재서류는 다음과 같다.
- 품의서, 주간업무보고서, 인수인계서, 예산집행내역서, 위촉장, 출장보고서(계획서), 휴가신청서, 노조협의사항 보고서

① 전결권자 공석 시의 최종결재자는 차상위자가 된다.

② 전결권자 업무 복귀 시, 부재 중 결재 사항에 대하여 반드시 사후 결재를 받아두어야 한다.

③ 팀장이 새로 부임하면 부사장 전결의 인수인계서를 작성하게 된다.

④ 전결권자가 해외 출장으로 자리를 비웠을 경우에는 차상위자가 직무 권한을 위임받는다.

> **수리능력 대표유형**
>
> 수리능력은 직장생활에서 요구되는 기본적인 사칙연산과 기초적인 통계를 이해하고 도표의 의미를 파악하거나 도 표를 이용해서 결과를 효과적으로 제시하는 능력을 말한다. 따라서 기본적은 계산능력을 파악하는 유형과 함께 자 료해석, 도표분석 능력 등을 요구하는 유형의 문제가 주로 출제된다.

1

A와 B가 다음과 같은 규칙으로 게임을 하였다. 규칙을 참고할 때, 두 사람 중 점수가 낮은 사람은 몇 점 인가?

- 이긴 사람은 4점, 진 사람은 2점의 점수를 얻는다.
- 두 사람의 게임은 모두 20회 진행되었다.
- 20회의 게임 후 두 사람의 점수 차이는 12점이었다.

---

① 50점

② 52점

③ 54점

④ 56점

2

다음은 국민연금 보험료를 산정하기 위한 소득월액 산정 방법에 대한 설명이다. 다음 설명을 참고할 때, 김갑동 씨의 신고 소득월액은 얼마인가?

소득월액은 입사(복직) 시점에 따른 근로자간 신고 소득월액 차등이 발생하지 않도록 입사(복직) 당시 약정되어 있는 급여 항목에 대한 1년치 소득총액에 대하여 30일로 환산하여 결정하며, 다음과 같은 계산 방식을 적용한다.

소득월액 = 입사(복직) 당시 지급이 약정된 각 급여 항목에 대한 1년간 소득총액 ÷ 365 × 30

〈김갑동 씨의 급여 내역〉
- 기본급 : 1,000,000원
- 교통비 : 월 100,000원
- 고정 시간외 수당 : 월 200,000원
- 분기별 상여금(1, 4, 7, 10월 지급) : 기본급의 100%
- 하계휴가비(매년 7월 지급) : 500,000원

① 1,645,660원

② 1,652,055원

③ 1,668,900원

④ 1,727,050원

3

다음은 2018년 한국인 사망 원인 '5대 암'과 관련된 자료이다. 2018년 총 인구를 5,100만 명이라고 할 때, 치명률을 구하는 공식으로 옳은 것을 고르면?

종류	환자수	완치자수	후유장애자수	사망자수	치명률
폐암	101,600명	3,270명	4,408명	2,190명	2.16%
간암	120,860명	1,196명	3,802명	1,845명	1.53%
대장암	157,200명	3,180명	2,417명	1,624명	1.03%
위암	184,520명	2,492명	3,557명	1,950명	1.06%
췌장암	162,050명	3,178명	2,549명	2,765명	1.71%

※ 환자수란 현재 해당 암을 앓고 있는 사람 수를 말한다.
※ 완치자수란 과거에 해당 암을 앓았던 사람으로 일상생활에 문제가 되는 장애가 남지 않고 5년 이내 재발이 없는 경우를 말한다.
※ 후유장애자수란 과거에 해당 암을 앓았던 사람으로 암으로 인하여 일상생활에 문제가 되는 영구적인 장애가 남은 경우를 말한다.
※ 사망자수란 해당 암으로 사망한 사람 수를 말한다.

① $치명률 = \dfrac{완치자수}{환자수} \times 100$

② $치명률 = \dfrac{후유장애자수}{환자수} \times 100$

③ $치명률 = \dfrac{사망자수}{환자수} \times 100$

④ $치명률 = \dfrac{사망자수 + 후유장애자수}{인구수} \times 100$

4

제시된 자료를 참조하여, 2013년부터 2015년의 건강수명 비교에 대한 설명으로 옳은 것은?

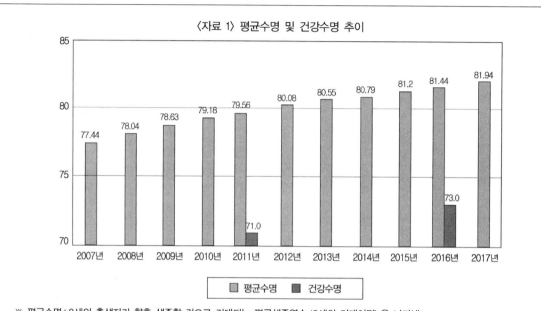

〈자료 1〉 평균수명 및 건강수명 추이

※ 평균수명 : 0세의 출생자가 향후 생존할 것으로 기대되는 평균생존연수 '0세의 기대여명' 을 나타냄

※ 건강수명 : 평균수명에서 질병이나 부상으로 인하여 활동하지 못한 기간을 뺀 기간을 나타냄

※ 2017년은 예상 수치임

〈자료 2〉 건강수명 예상치 추정 정보

· 건강수명 예상치의 범위는 평균수명의 90%에서 ±1% 수준이다.

· 건강수명 예상치는 환경 개선 정도에 영향을 받는다고 가정한다.

연도	2012년	2013년	2014년	2015년
환경 개선	보통	양호	불량	불량

- 해당 연도 환경 개선 정도가 '양호'이면 최대치(+1%)로 계산된다.

- 해당 연도 환경 개선 정도가 '보통'이면 중간치(±0%)로 계산된다.

- 해당 연도 환경 개선 정도가 '불량'이면 최소치(-1%)로 계산된다.

① 2013년 건강수명이 2014년 건강수명보다 짧다.

② 2014년 건강수명이 2015년 건강수명보다 짧다.

③ 2013년 건강수명이 2015년 건강수명 보다 짧다.

④ 2014년 환경 개선 정도가 보통일 경우 2013년 건강수명이 2014년 건강수명보다 짧다.

5

다음은 건설업과 관련된 주요 지표이다. 이에 대한 설명으로 옳은 것은?

〈건설업 주요 지표〉

(단위 : 개, 천 명, 조 원, %)

구분	2016년	2017년	전년대비	
			증감	증감률
기업체수	69,508	72,376	2,868	4.1
종사자수	1,573	1,670	97	6.1
건설공사 매출액	356.6	392.0	35.4	9.9
국내 매출액	313.1	354.0	40.9	13.1
해외 매출액	43.5	38.0	−5.5	−12.6
건설비용	343.2	374.3	31.1	9.1
건설 부가가치	13.4	17.7	4.3	32.1

〈연도별 건설업체수 및 매출 증감률〉

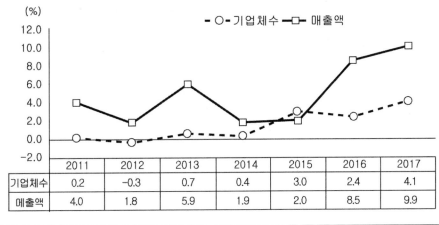

	2011	2012	2013	2014	2015	2016	2017
기업체수	0.2	−0.3	0.7	0.4	3.0	2.4	4.1
매출액	4.0	1.8	5.9	1.9	2.0	8.5	9.9

① 2012년의 기업체 수는 65,000개 이하이다.

② 건설공사 매출액 중 국내 매출액의 비중은 2017년보다 2016년이 더 크다.

③ 해외 매출액의 증감은 건설 부가가치의 증감에 영향을 미친다.

④ 건설업 주요 지표별 증감 추이는 모든 항목이 동일하다.

PART

II

NCS 예상문제

01 의사소통능력

02 자원관리능력

03 정보능력

04 문제해결능력

05 조직이해능력

06 수리능력

1 다음 보기 중 어법에 맞는 문장은?

① 시간 내에 역에 도착하려면 <u>가능한</u> 빨리 달려야 합니다.
② 우리 회사는 사원 여러분의 뜻을 <u>좇아</u> 이번 안건의 방향을 결정했습니다.
③ 그는 <u>그들에</u> 뒤지지 않기 위해 끊임없는 노력을 계속하였다.
④ 부서원 대부분은 주말 근무 시간을 <u>늘리는</u> 것에 매우 부정적입니다.

2 다음 글의 밑줄 친 ㉠~㉣ 중 의미상 사용에 문제점이 없는 것은 어느 것인가?

> 저소득층을 비롯한 취약가구에 대한 에너지 지원사업은 크게 소득지원, 가격할인, 효율개선 등의 세 가지 ㉠<u>범위</u>로 구분할 수 있으며, 현재 다양한 사업들이 시행되고 있다. 에너지 지원사업의 규모도 지속적으로 확대되어 왔는데, 최근 에너지 바우처 도입으로 현재 총 지원규모는 연간 5천억 원을 넘는 것으로 ㉡<u>추정</u>된다. 이처럼 막대한 지원규모에도 불구하고 에너지 지원사업의 성과를 종합적으로 평가할 수 있는 지표는 부재한 실정이다. 그동안 에너지복지와 관련된 연구의 대부분은 기존 지원사업의 문제점을 검토하고 개선방안을 ㉢<u>표출</u>하거나, 필요한 새로운 사업을 개발하고 설계하는 데 중점을 두고 시행되어 왔다. 에너지 지원사업의 효과와 효율성을 제고하기 위해서는 에너지복지의 상태는 어떠한지 그리고 지원사업을 통해 어떤 성과가 있었는지를 체계적이고 합리적으로 평가할 수 있는 다양한 지표의 개발이 필요함에도 불구하고, 이러한 분야에 대한 연구는 상대적으로 ㉣<u>미비</u>하였던 것이 사실이다.

① ㉠   ② ㉡
③ ㉢   ④ ㉣

3 빈칸에 공통으로 들어갈 단어로 가장 적절한 것은?

> K공사 '2019년 경영성과 및 2020년 경영계획 설명회'를 아래와 같이 개최합니다.
> • 개최일시 : 2019. 12. 27. 16:00 / 90분 정도 진행
> • 개최장소 : K공사 본사 강당
> • 주요내용 : 2019 경영성과 및 2020 경영계획 설명, 질의응답 및 건의사항 청취
> • 참여방법 : 아래 '(   )하기'에서 (   )서 작성 제출
> • (   )기간 : 2019. 12. 4. 10:00 ~ 12. 20. 24:00 / (   )인원 초과 시 조기 마감
> • 인   원 : (   ) 순서대로 300명 선정 (선정결과 개별 통지)

① 참여　　　　　　　　　　　　② 참석
③ 신청　　　　　　　　　　　　④ 청구

4 중의적 표현에 대한 다음 설명을 참고할 때, 구조적 중의성의 사례가 아닌 것은 어느 것인가?

> 　중의적 표현(중의성)이란 하나의 표현이 두 가지 이상의 의미로 해석되는 표현을 일컫는다. 그 특징은 해학이나 풍자 등에 활용되며, 의미의 다양성으로 문학 작품의 예술성을 높이는 데 기여한다. 하지만, 의미 해석의 혼동으로 인해 원활한 의사소통에 방해를 줄 수도 있다.
> 　이러한 중의성은 크게 어휘적 중의성과 구조적 중의성으로 구분할 수 있다. 어휘적 중의성은 다시 세 가지 부류로 나뉘는데 첫째, 다의어에 의한 중의성이 있다. 다의어는 의미를 복합적으로 가지고 있는데, 기본의미를 가지고 있는 동시에 파생적 의미도 가지고 있어서 그 어휘의 기본적 의미가 내포되어 있는 상태에서 다른 의미로도 쓸 수 있다. 둘째, 어휘적 중의성으로 동음어에 의한 중의적 표현이 있다. 동음어에 의한 중의적 표현은 순수한 동음어에 의한 중의적 표현과 연음으로 인한 동음이의어 현상이 있다. 셋째, 동사의 상적 속성에 의한 중의성이 있다.
> 　구조적 중의성은 문장의 구조 특성으로 인해 중의성이 일어나는 것을 말하는데, 이러한 중의성은 수식 관계, 주어의 범위, 서술어와 호응하는 논항의 범위, 수량사의 지배범위, 부정문의 지배범주 등에 의해 일어난다.

① 나이 많은 길동이와 을순이는 결혼을 하게 되었다.
② 그 녀석은 나보다 아버지를 더 좋아한다.
③ 영희는 친구들을 기다리며 장갑을 끼고 있었다.
④ 그녀가 보고 싶은 친구들이 참 많다.

5 H공사에 다니는 乙 대리는 우리나라 근로자의 근로 시간에 관한 다음의 보고서를 작성하였는데 이 보고서를 검토한 甲 국장이 〈보기〉와 같은 추가사항을 요청하였다. 乙 대리가 추가로 작성해야 할 자료로 적절한 것은?

우리나라의 법정근로시간은 1953년 제정된 근로기준법에서는 주당 48시간이었지만, 이후 1989년 44시간으로, 그리고 2003년에는 40시간으로 단축되었다. 주당 40시간의 법정근로시간은 산업 및 근로자 규모별로 경과규정을 두어 연차적으로 실시하였지만, 2011년 7월 1일 이후는 모든 산업의 5인 이상 근로자에게로 확대되었다. 실제 근로시간은 법정근로시간에 주당 12시간까지 가능한 초과근로시간을 더한 시간을 의미한다.

2000년 이후 우리나라 근로자의 근로시간은 지속적으로 감소되어 2016년 5인 이상 임금근로자의 주당 근로시간이 40.6시간으로 감소했다. 이 기간 동안 2004년, 2009년, 2015년 비교적 큰 폭으로 증가했으나 전체적으로는 뚜렷한 감소세를 보인다. 사업체규모별·근로시간별로 살펴보면, 정규직인 경우 5~29인, 300인 이상 사업장의 근로시간이 42.0시간으로 가장 짧고, 비정규직의 경우 시간제 근로자의 비중의 영향으로 5인 미만 사업장의 근로시간이 24.8시간으로 가장 짧다. 산업별로는 광업, 제조업, 부동산업 및 임대업의 순으로 근로시간이 길고, 건설업과 교육서비스업의 근로시간이 가장 짧다.

국제비교에 따르면 널리 알려진 바와 같이 한국의 연간 근로시간은 2,113시간으로 멕시코의 2,246시간 다음으로 길다. 이는 OECD 평균의 1.2배, 근로시간이 가장 짧은 독일의 1.54배에 달한다.

〈보기〉

"乙 대리, 보고서가 너무 개괄적이군. 이번 안내 자료 작성을 위해서는 2016년 사업장 규모에 따른 정규직과 비정규직 근로자의 주당 근로시간을 비교할 수 있는 자료가 필요한데, 쉽게 알아볼 수 있는 별도 자료를 도표로 좀 작성해 주겠나?"

① (단위 : 시간)

구분	근로형태(2016년)			
	정규직	비정규직	재택	파견
주당 근로시간	42.5	29.8	26.5	42.7

② (단위 : 시간)

구분	2012	2013	2014	2015	2016
주당 근로시간	42.0	40.6	40.5	42.4	40.6

③ (단위 : 시간)

구분	신업별 근로시간(2016년)			
	광업	제조업	부동산업	운수업
주당 근로시간	43.8	43.6	43.4	41.8

④ (단위 : 시간)

구분		사업장 규모(2016년)			
		5인 미만	5~29인	30~299인	300인 이상
주당 근로시간	정규직	42.8	42.0	43.2	42.0
	비정규직	24.8	30.2	34.7	35.8

6 다음은 산유국과 세계 주요 원유 소비국들을 둘러싼 국제석유시장의 전망을 제시하고 있는 글이다. 다음 글에서 전망하는 국제석유시장의 동향을 가장 적절하게 요약한 것은 어느 것인가?

> 2018년에도 세계석유 수요의 증가세 둔화가 계속될 전망이다. 완만한 세계경제 성장세가 지속됨에도 불구하고 높아진 유가와 각국의 석유 수요 대체 노력이 석유 수요 확대를 제약할 것으로 보이기 때문이다.
>
> 세계경제는 미국의 경기 회복세 지속과 자원가격 상승에 따른 신흥국의 회복 등에 힘입어 2018년에도 3% 중후반의 성장률을 유지할 것으로 예상되고 있다. 미국은 완만한 긴축에도 불구하고 고용시장 호조와 이로 인한 민간소비 확대가 경기 회복세를 계속 견인할 것으로 예상된다. 중국은 공급측면의 구조조정이 계속되고 안정적 성장을 위한 내수주도 성장으로의 전환이 이어지면서 완만한 성장 둔화가 계속될 것이다. 2016년 말 화폐개혁과 2017년 7월 단일부가가치세 도입으로 실물경제가 위축되었던 인도는 2018년에 점차 안정적 회복흐름이 재개될 것으로 기대되고 있다. 브라질과 러시아 등 원자재 가격에 크게 영향을 받는 신흥국들은 원유와 비철금속 가격 상승에 힘입어 경기회복이 나타날 것이다.
>
> 다만, 세계경제 회복에도 불구하고 세계석유 수요 증가세가 높아지기는 힘들 것으로 보인다. 세계 각국에서 전개되고 있는 탈석유와 유가 상승이 세계석유 수요 확대를 제약할 것이기 때문이다. 저유가 국면이 이어지고 있지만, 미국 등 선진국과 중국 등 개도국에서는 연비규제가 지속적으로 강화되고 있고 전기차 등 내연기관을 대체하는 자동차 보급도 계속 확대되고 있다. 전기차는 이미 1회 충전 당 300km가 넘는 2세대가 시판되고 있으며 일부 유럽 선진국들은 2025년 전후로 내연기관 자동차 판매를 중단할 계획인 가운데 중국도 최근 내연기관 자동차 판매 중단을 검토하고 있다. 이러한 수송부문을 중심으로 한 석유대체 노력의 결과, 세계경제 성장에 필요한 석유소비량은 지속적으로 줄어들고 있다. 2000년 0.83배럴을 기록한 석유 원 단위(세계 GDP 1천 달러 창출을 위한 석유 투입량)가 2018년에는 0.43배럴로 줄어들 전망이다. 또한 2017년에 높아진 유가도 석유수입국의 상대적 구매력을 저하시키면서 석유수요 확대를 제약할 것이다. 두바이유 가격은 최근(11월 23일) 배럴당 61.1달러로 전년 대비 32.6%(15$/bbl)로 높게 상승했다.

① 유가 상승에 따른 구매력 약화로 석유 수요가 하락세를 이어갈 것이다.
② 미국의 경기 회복과 고용시장 호조로 인해 국제석유시장의 높은 성장세가 지속될 것이다.
③ 전기차 등장, 연비규제 등으로 인해 인도, 브라질 등 신흥국의 경기회복이 더딜 것이다.
④ 세계경제 회복에도 불구, 탈석유 움직임에 따라 석유 수요의 증가세가 둔화될 것이다.

7 다음은 K공사의 회의실 사용에 대한 안내문이다. 안내문의 내용을 올바르게 이해한 설명은 어느 것인가?

■ 이용안내

임대시간	기본 2시간, 1시간 단위로 연장
요금결제	이용일 7일 전까지 결제(7일 이내 예약 시에는 예약 당일 결제)
취소 수수료	• 결제완료 후 계약을 취소 시 취소수수료 발생 • 이용일 기준 7일 이전: 전액 환불 • 이용일 기준 6일~3일 이전: 납부금액의 10% 수수료 발생 • 이용일 기준 2일~1일 이전: 납부금액의 50% 수수료 발생 • 이용일 당일: 환불 없음
회의실/일자 변경	• 사용가능한 회의실이 있는 경우, 사용일 1일 전까지 가능 (해당 담당자 전화 신청 필수) • 단, 회의실 임대일 변경, 사용시간 단축은 취소수수료 기준 동일 적용
세금계산서	• 세금계산서 발행을 원하실 경우 반드시 법인 명의로 예약하여 사업자등록번호 입력 • 현금영수증 발행 후에는 세금계산서로 변경 발행 불가

■ 회의실 이용 시 준수사항
  – 회의실 사용자는 공사의 승인 없이 다음 행위를 할 수 없습니다.
  1. 공중에 대하여 불쾌감을 주거나 또는 통로, 기타 공용시설에 간판, 광고물의 설치, 게시, 부착 또는 각종기기의 설치 행위
  2. 폭발물, 위험성 있는 물체 또는 인체에 유해하고 불쾌감을 줄 우려가 있는 물품 반입 및 보관행위
  3. 공사의 동의 없이 시설물의 이동, 변경 배치행위
  4. 공사의 동의 없이 장비, 중량물을 반입하는 등 제반 금지행위
  5. 공공질서 및 미풍양식을 위해하는 행위
  6. 알콜성 음료의 판매 및 식음행위
  7. 흡연행위 및 음식물 등 반입행위
  8. 임대의 위임 또는 재임대

① 임대일 4일 전에 예약이 되었을 경우 이용요금 결제는 회의실 사용 당일에 해야 한다.
② 회의실 임대 예약 날짜를 변경할 경우, 3일 전 변경을 신청하면 10%의 수수료가 발생한다.
③ 이용 당일 회의실 임대를 취소하고자 하면 이용 요금 50%를 추가 지불해야 한다.
④ 팀장 개인 명의로 예약하여 결제해도 세금계산서를 발급받을 수 있다.

8 다음은 '공공 데이터를 활용한 앱 개발'에 대한 보고서 작성 개요와 이에 따라 작성한 보고서 초안이다. 개요에 따라 작성한 보고서 초안의 결론 부분에 들어갈 내용으로 가장 적절한 것은?

■ 보고서 작성 개요
• 서론
– 앱을 개발하려는 사람들의 특성 서술
– 앱 개발 시 부딪히는 난점 언급
• 본론
– 공공 데이터의 개념 정의
– 공공 데이터의 제공 현황 제시
– 앱 개발 분야에서 공공 데이터가 갖는 장점 진술
– 공공 데이터를 활용한 앱 개발 사례 제시
• 결론
– 공공 데이터 활용의 장점을 요약적으로 진술
– 공공 데이터가 앱 개발에 미칠 영향 언급

■ 보고서 초고
　　앱을 개발하려는 사람들은 아이디어가 넘친다. 사람들이 여행 준비를 위해 많은 시간을 허비하는 것을 보면 한 번에 여행 코스를 짜 주는 앱을 만들어 보고 싶어 한다. 도심에서 주차장을 못 찾아 헤매는 사람들을 보면 주차장을 쉽게 찾아 주는 앱을 만들어 보고 싶어 한다. 그러나 막상 앱을 개발하려 할 때 부딪히는 여러 난관이 있다. 여행지나 주차장에 대한 정보를 모으는 것도 문제이고, 정보를 지속적으로 갱신하는 것도 문제이다. 이런 문제 때문에 결국 아이디어를 포기하는 경우가 많다.
　　그러나 이제는 아이디어를 포기하지 않아도 된다. 바로 공공 데이터가 있기 때문이다. 공공 데이터는 공공 기관에서 생성, 취득하여 관리하고 있는 정보 중, 전자적 방식으로 처리되어 누구나 이용할 수 있도록 국민들에게 제공된 것을 말한다. 현재 정부에서는 공공 데이터 포털 사이트를 개설하여 국민들이 쉽게 이용할 수 있도록 하고 있다. 공공 데이터 포털 사이트에서는 800여 개 공공 기관에서 생성한 15,000여 건의 공공 데이터를 제공하고 있으며, 제공하는 공공 데이터의 양을 꾸준히 늘리고 있다.

공공 데이터가 가진 앱 개발 분야에서의 장점은 크게 두 가지를 들 수 있다. 먼저 공공 데이터는 공공 기관이 국민들에게 편의를 제공하기 위해 시행한 정책의 산출물이기 때문에 실생활과 밀접하게 관련된 정보가 많다는 점이다. 앱 개발자들의 아이디어는 대개 앞에서 언급한 것처럼 사람들의 실생활에 편의를 제공하기 위한 것들이다. 그래서 만약 여행 앱을 만들고자 한다면 한국관광공사의 여행 정보에서, 주차장 앱을 만들고자 한다면 지방 자치 단체의 주차장 정보에서 필요한 정보를 얻을 수 있다. 두 번째로 공공 데이터를 이용하는 데에는 비용이 거의 들지 않기 때문에, 정보를 수집하고 갱신할 때 소요되는 비용을 줄일 수 있다는 점이다. 그래서 개인들도 비용에 대한 부담 없이 쉽게 앱을 만들 수 있다.

〈결론〉

① 공공 데이터는 앱 개발을 할 때 부딪히는 자료 수집의 문제와 시간 부족 문제를 해결하여 쉽게 앱을 만들 수 있게 해 준다. 이런 장점에도 불구하고 국민들의 공공 데이터 이용에 대한 인식이 낮은 것은 문제라고 할 수 있다.

② 공공 데이터는 앱 개발에 필요한 실생활 관련 정보를 담고 있으며 앱 개발 비용의 부담을 줄여 준다. 그러므로 앱 개발 시 공공 데이터 이용이 활성화되면 실생활에 편의를 제공하는 다양한 앱이 개발될 것이다.

③ 공공 데이터를 이용하여 앱 개발을 하는 사람들은 시간과 비용의 문제를 극복하고 경제적 가치를 창출하는 사람들이다. 앞으로 공공 데이터의 양이 증가하면 그들이 만들어 내는 앱도 더 다양해질 것이다.

④ 공공 데이터는 자본과 아이디어가 부족해 앱을 개발하지 못 하는 사람들이 유용하게 이용할 수 있다. 앱 개발을 통한 창업이 활성화되면 우리 경제에도 큰 도움이 될 것이다.

9 다음 표준 임대차 계약서의 일부를 보고 추론할 수 없는 내용은 어느 것인가?

[임대차계약서 계약조항]

제1조[보증금] 을(乙)은 상기 표시 부동산의 임대차보증금 및 차임(월세)을 다음과 같이 지불하기로 한다.

• 보증금 : 금○○원으로 한다.
• 계약금 : 금○○원은 계약 시에 지불한다.
• 중도금 : 금○○원은 2017년 ○월 ○일에 지불한다.
• 잔　금 : 금○○원은 건물명도와 동시에 지불한다.
• 차임(월세): 금○○원은 매월 말일에 지불한다.

제4조[구조변경, 전대 등의 제한] 을(乙)은 갑(甲)의 동의 없이 상기 표시 부동산의 용도나 구조 등의 변경, 전대, 양도, 담보제공 등 임대차 목적 외에 사용할 수 없다.

제5조[계약의 해제] 을(乙)이 갑(甲)에게 중도금(중도금 약정이 없는 경우에는 잔금)을 지불하기 전까지는 본 계약을 해제할 수 있는 바, 갑(甲)이 해약할 경우에는 계약금의 2배액을 상환하며 을(乙)이 해약할 경우에는 계약금을 포기하는 것으로 한다.

제6조[원상회복의무] 을(乙)은 존속기간의 만료, 합의 해지 및 기타 해지사유가 발생하면 즉시 원상회복하여야 한다.

① 중도금 약정 없이 계약이 진행될 수도 있다.
② 부동산의 용도를 변경하려면 갑(甲)의 동의가 필요하다.
③ 을(乙)은 계약금, 중도금, 보증금의 순서대로 임대보증금을 지불해야 한다.
④ 중도금 혹은 잔금을 지불하기 전까지만 계약을 해제할 수 있다.

10 다음 글은 비정규직 보호 및 차별해소 정책에 관한 글이다. 글에서 언급된 필자의 의견에 부합하지 않는 것은 어느 것인가?

우리나라 임금근로자의 1/3이 비정규직으로, OECD 국가 중 비정규직 근로자 비중이 높은 편이며 법적 의무사항인 2년 이상 근무한 비정규직 근로자의 정규직 전환율도 높지 않은 상황이다. 이에 따라, 비정규직에 대한 불합리한 차별을 없애고 고용불안을 해소하기 위해 대책을 마련하였다. 특히, 상시·지속적 업무에 정규직 고용관행을 정착시키고 비정규직에 대한 불합리한 차별 해소 등 기간제 근로자 보호를 위해 '16년 4월에는 「기간제 근로자 고용안정 가이드라인」을 신규로 제정하고, 더불어 「사내 하도급 근로자 고용안정 가이드라인」을 개정하여 비정규직 보호를 강화하는 한편, 실효성 확보를 위해 민간 전문가로 구성된 비정규직 서포터스 활동과 근로감독 등을 연계하여 가이드라인 현장 확산 노력을 펼친 결과, 2016년에는 194개 업체와 가이드라인 준수협약을 체결하는 성과를 이루었다. 아울러, 2016년부터 모든 사업장(12천 개소) 근로감독 시 차별항목을 필수적으로 점검하고, 비교대상 근로자가 없는 경우라도 가이드라인 내용에 따라 각종 복리후생 등에 차별이 없도록 행정지도를 펼치는 한편, 사내 하도급 다수활용 사업장에 대해 감독을 강화하여 불법 파견을 근절하려고 노력하는 등 사내 하도급 근로자 보호에 힘썼다. 또한, 기간제·파견 근로자를 정규직으로 전환 시 임금상승분의 일부를 지원하는 정규직 전환지원금 사업의 지원요건을 완화하고, 지원대상을 사내 하도급 근로자 및 특수형태업무 종사자까지 확대하여 중소기업의 정규직 전환여건을 제고하였다. 이와 함께 비정규직, 특수형태업무 종사자 등 취약계층 근로자에 대한 사회안전망을 지속 강화하여 2016년 3월부터 특수형태업무 종사자에 대한 산재보험가입 특례도 종전 6개 직종에서 9개 직종으로 확대 적용되었으며, 구직급여 수급기간을 국민연금 가입 기간으로 산입해주는 실업크레딧 지원제도가 2016년 8월부터 도입되었다. 2016년 7월에는 제1호 공동근로복지기금 법인이 탄생하기도 하였다.

① 우리나라는 법적 의무 사항으로 비정규직 생활 2년이 경과하면 정규직으로 전환이 되어야 한다.
② 상시 업무에 정규직 고용관행을 정착시키면 정규직으로의 전환을 촉진할 수 있다.
③ 특수형태업무 종사자들은 종전에는 산재보험 가입이 되지 못하였다.
④ 기업 입장에서 파견직 근로자를 정규직으로 전환하기 위해서는 임금상승에 따른 추가 비용이 발생한다.

‖11~12‖ 다음 글을 읽고 이어지는 물음에 답하시오.

경쟁에서 승리하는 것은 다른 사람의 재산권을 침탈하지 않으면서 이기는 경쟁자의 능력, 즉 경쟁력에 달려 있다. 공정경쟁에서 원하는 물건의 소유주로부터 선택을 받으려면 소유주가 원하는 대가를 치를 능력이 있어야 하고 남보다 먼저 새로운 자원을 개발하거나 새로운 발상을 창안하려면 역시 그렇게 해낼 능력을 갖추어야 한다. 다른 기업보다 더 좋은 품질의 제품을 더 값싸게 생산하는 기업은 시장경쟁에서 이긴다. 우수한 자질을 타고났고, 탐사 또는 연구개발에 더 많은 노력을 기울인 개인이나 기업은 새로운 자원이나 발상을 대체로 남보다 앞서서 찾아낸다.

개인의 능력은 천차만별한데 그 차이는 타고나기도 하고 후천적 노력에 의해 결정되기도 한다. 능력이 후천적 노력만의 소산이라면 능력의 우수성에 따라 결정되는 경쟁 결과를 불공정하다고 불평하기는 어렵다. 그런데 능력의 많은 부분은 타고난 것이거나 부모에게서 직간접적으로 물려받은 유무형적 재산에 의한 것이다. 후천적 재능 습득에서도 그 성과는 보통 개발자가 타고난 자질에 따라 서로 다르다. 타고난 재능과 후천적 능력을 딱 부러지게 구분하기도 쉽지 않은 것이다.

어쨌든 내가 능력 개발에 소홀했던 탓에 경쟁에서 졌다면 패배를 승복해야 마땅하다. 그러나 순전히 타고난 불리함 때문에 불이익을 당했다면 억울함이 앞선다. 이 점을 내세워 타고난 재능으로 벌어들이는 소득은 그 재능 보유자의 몫으로 인정할 수 없다는 필자의 의견에 동의하는 학자도 많다. 자신의 재능을 발휘하여 경쟁에서 승리하였다 하더라도 해당 재능이 타고난 것이라면 승자의 몫이 온전히 재능 보유자의 것일 수 없고 마땅히 사회에 귀속되어야 한다는 말이다.

그런데 재능도 노동해야 발휘할 수 있으므로 재능발휘를 유도하려면 그 노고를 적절히 보상해주어야 한다. 이론상으로는 재능발휘로 벌어들인 수입에서 노고에 대한 보상만큼은 재능보유자의 소득으로 인정하고 나머지만 사회에 귀속시키면 된다.

11 윗글을 읽고 나눈 다음 대화의 ⑦~⑫ 중, 글의 내용에 따른 합리적인 의견 제기로 볼 수 없는 것은 어느 것인가?

> A : "타고난 재능과 후천적 노력에 대하여 어떻게 보아야 할지에 대한 필자의 의견이 담겨 있는 글입니다."
>
> B : "맞아요. 앞으로는 ⑦ 선천적인 재능에 대한 경쟁이 더욱 치열해질 것 같습니다."
>
> A : "그런데 우리가 좀 더 확인해야 할 것은, ⑭ 과연 얼마만큼의 보상이 재능 발휘 노동의 제공에 대한 몫이냐 하는 점입니다."
>
> B : "그와 함께, ⑮ 얻어진 결과물에서 어떻게 선천적 재능에 의한 부분을 구별해낼 수 있을까에 대한 물음 또한 과제로 남아 있다고 볼 수 있겠죠."
>
> A : "그뿐이 아닙니다. ⑯ 타고난 재능이 어떤 방식으로 사회에 귀속되어야 공정한 것인지, 특별나게 열심히 재능을 발휘할 유인은 어떻게 찾을 수 있을지에 대한 고민도 함께 이루어져야 하겠죠."

① ⑦   ② ⑭

③ ⑮   ④ ⑯

12 윗글에서 필자가 주장하는 내용과 견해가 다른 것은 어느 것인가?

① 경쟁에서 승리하기 위해서는 능력이 필요하다.

② 능력에 의한 경쟁 결과가 불공정하다고 불평할 수 없다.

③ 선천적인 능력이 우수한 사람은 경쟁에서 이길 수 있는 확률이 높다.

④ 후천적인 능력이 모자란 결과에 대해서는 승복해야 한다.

13 다음 글을 통해 알 수 있는 필자의 의견으로 볼 수 없는 것은?

> 4차 산업혁명이 문화예술에 영향을 끼치는 사회적 변화 요인으로는 급속한 고령화 사회와 1인 가구의 증가 등 인구구조의 변화와 문화다양성 사회로의 진전, 디지털 네트워크의 발전 등을 들 수 있다. 이로 인해 문화예술 소비층이 시니어와 1인 중심으로 변화하고 있으며 문화 복지대상도 어린이, 장애인, 시니어로 확장되고 있다. 디지털기기 사용이 일상화 되면서 문화향유 범위도 이전의 음악, 미술, 공연 중심에서 모바일 창작과 게임, 놀이 등으로 점차 확대되었으며 특히 고령화가 심화됨에 따라 높은 문화적 욕구를 지닌 시니어 층이 새로운 기술에 관심을 보이고 있다. 또한 건강한 삶을 위해 테크놀로지 수용에 적극적인 모습을 보이면서 문화예술 향유계층도 다양해질 전망이다. 유쾌함과 즐거움 중심의 일상적 여가는 스마트폰을 통한 스낵컬처적 여가활동이 중심이 되겠지만 지식과 경험을 획득하고 삶의 의미를 찾고 성취감을 느끼고 싶어 하는 진지한 여가에 대한 열망도 점차 높아질 것으로 관측된다.
>
> 기술의 발전과 더불어 근로시간의 축소 등으로 여가시간이 늘어나면서 일과 여가의 균형을 맞추려는 워라밸(Work and Life Balance) 현상이 자리 잡아가고 있다. 문화관광연구원에서 실시한 국민인식조사에 따르면 기존에 문화여가를 즐기지 않던 사람들이 문화여가를 즐기기 시작하고 있다고 답한 비율이 약 47%로 나타난 것은 문화여가를 여가활동의 일부로 인식하는 국민수준이 높아지고 있다는 것을 보여준다. 또한, 경제적 수준이나 지식수준에 상관없이 문화예술 활동을 다양하게 즐기는 사람들이 많아지고 있다고 인식하는 비율이 38%로 나타났다. 이는 문화가 국민 모두가 향유해야 할 보편적 가치로 자리잡아가고 있다는 것을 말해 준다.
>
> 디지털·스마트 문화가 일상문화의 많은 부분을 차지하는 중요 요소로 자리 잡으면서 일상적 여가뿐 아니라 콘텐츠 유통, 창작활동 등에 많은 변화를 가져오고 있다. 이러한 디지털 기기의 사용이 문화산업분야에서는 소비자 및 향유자들의 적극적인 참여로 그 가능성에 주목하고 있으나, 순수문화예술 부분은 아직까지 홍보의 부차적 수단 정도로 활용되고 있어 기대감은 떨어지고 있다.

① 4차 산업혁명은 문화의 다양성을 가져다 줄 것으로 기대된다.
② 디지털기기는 순수문화예술보다 문화산업분야에 더 적극적인 변화를 일으키고 있다.
③ 스마트폰의 보급으로 인해 내적이고 진지한 여가 시간에 대한 욕구는 줄어들 것이다.
④ 문화는 특별한 계층만이 향유할 수 있다는 인식이 줄어들고 있다.

14 〈보기 1〉을 보고 '전력 수급 위기 극복'을 주제로 보고서를 쓰기 위해 〈보기 2〉와 같이 개요를 작성하였다. 개요를 수정한 내용으로 적절하지 않은 것은?

〈보기 1〉

　대한민국은 전기 부족 국가로 블랙아웃(Black Out)이 상존한다. 2000년대 들어 두 차례 에너지 세제 개편을 실시한 후 난방유 가격이 오르면서 저렴한 전기로 난방을 하는 가구가 늘어 2010년대 들어서는 겨울철 전기 수요가 여름철을 넘어섰으며 실제 2011년 9월 한국전력은 전기 부족으로 서울 일부 지역을 포함한 지방 중소도시에 순환 정전을 실시했다.

〈보기 2〉

Ⅰ. 블랙아웃 사태 ……………………………………………………… ㉠
Ⅱ. 전력 수급 위기의 원인
　1. 공급측면
　　가. 전력의 비효율적 관리
　　나. 한국전력의 혁신도시 이전 ……………………………………… ㉡
　2. 수요측면
　　가. 블랙아웃의 위험성 인식부족
　　나. 전력의 효율적 관리구축 ………………………………………… ㉢
Ⅲ. 전력 수급 위기의 극복방안
　1. 공급측면
　　가. 전력 과소비문화 확대
　　나. 발전 시설의 정비 및 확충
　2. 수요측면
　　가. 에너지 사용량 강제 감축 할당량 부과
　　나. 송전선로 지중화 사업에 대해 홍보 활동 강화 ……………… ㉣
Ⅳ. 전력 수급 안정화를 위한 각계각층의 노력 촉구

---

① ㉠은 〈보기 1〉을 근거로 '블랙아웃의 급증'으로 구체화한다.
② ㉡은 주제와 관련 없는 내용이므로 삭제한다.
③ ㉢은 상위 항목과의 관계를 고려하여 'Ⅲ-1-가'와 위치를 바꾼다.
④ ㉣은 글의 일관성을 고려하여 '혁신도시 이전에 따른 홍보 강화'로 내용을 수정한다.

15 다음 중 밑줄 친 외래어의 맞춤법으로 옳지 않은 것은?

① 그 회사에서는 매년 여름에 <u>워크숍</u>을 개최한다.

② 이번 <u>프레젠테이션</u> 결과에 따라 계약 여부가 달라질 것이다.

③ 이번 프로젝트에는 계열사들이 <u>컨소시엄</u>을 이루어 입찰에 참여할 예정이다.

④ <u>레포트</u> 제출 기한은 다음 주 수요일까지입니다.

16 다음에 제시된 글의 주제와 연결하여 이어질 글의 주제로 판단하기에 가장 적절한 것은 어느 것인가?

> 국민경제는 크게 생산 활동을 통한 소득의 창출과정, 창출된 소득을 분배하고 처분하는 과정, 그리고 처분하고 남은 자본을 축적하거나 부족한 자본을 조달하는 과정을 반복하면서 성장을 하게 되는데 이 순환과정을 소득의 순환이라고 한다.
>
> 생산자는 기계나 건물과 같은 기초자산에 노동력 등의 생산요소와 원료 등을 투입하여 새로운 재화와 서비스를 생산하는데 생산된 재화와 서비스가 투자나 소비의 목적으로 판매될 때 판매액 중 생산원가를 초과하는 부분이 바로 소득의 창출에 해당된다.
>
> 소득의 분배는 창출된 소득을 노동, 자본, 경영 등의 생산요소를 제공한 경제주체들에게 분배하는 과정으로 노동을 제공한 가계에 대해서는 임금과 급여 등 피용자보수가, 생산 활동을 주관한 생산주체인 기업에게는 영업잉여가, 정부에 대해서는 생산 및 수입세가 각각 분배된다.
>
> 소득의 처분은 경제주체에게 분배된 소득을 각자의 경제활동을 수행하기 위해 필요한 재화와 서비스를 구입하는데 사용하고 나머지는 투자재원으로 활용되기 위해 저축하는 과정으로 설명할 수 있다.
>
> 경제주체가 지속적으로 소득을 창출하기 위해서는 반드시 생산시설에 대한 투자가 수반되어야 하는데 자본의 조달은 투자에 필요한 자금의 원천을 의미하고, 자본의 축적은 생산시설에 대한 투자로 나타난다. 예를 들어 기업의 경우 투자에 필요한 자본은 우선 자체 사내유보(저축, 감가상각비)로 충당하고 부족한 자금은 은행 등 금융기관으로부터 차입(간접금융)을 하거나 직접 주식 및 회사채를 발행(직접금융)하여 조달한다. 이렇게 다양한 방법으로 조달된 자본은 기계, 공장부지, 건물 등을 구입(자본축적)하는 데 쓰인다.
>
> 이러한 국민경제의 순환을 구체적인 수치로 나타낸 것이 바로 국민소득계정(생산계정, 소득계정, 자본계정, 금융계정)이며, 동 계정을 통해 국민경제의 흐름을 신속·정확하게 종합적·체계적으로 파악할 수 있다.

	윗글의 주제	이어질 글의 주제
①	국민경제의 순환	국민 생활수준과 경제상황
②	소득 창출과 투자	국민소득과 관련 계정체계
③	국민소득계정	국민경제의 핵심요소
④	국민경제의 순환	국민소득과 관련 계정체계

17 다음은 산업현장 안전규칙이다. 선임 J씨가 신입으로 들어온 K씨에게 전달할 사항으로 옳지 않은 것은?

> **산업현장 안전규칙**
>
> • 작업 전 안전점검, 작업 중 정리정돈은 사용하게 될 기계·기구 등에 대한 이상 유무 등 유해·위험요인을 사전에 확인하여 예방대책을 강구하는 것으로 현장 안전관리의 출발점이다.
> • 작업장 안전통로 확보는 작업장 내 통행 시 위험기계·기구들로부터 근로자를 보호하며 원활한 작업진행에도 기여 한다.
> • 개인보호구(헬멧 등) 지급착용은 근로자의 생명이나 신체를 보호하고 재해의 정도를 경감시키는 등 재해예방을 위한 최후 수단이다.
> • 전기활선 작업 중 절연용 방호기구 사용으로 활선작업에서 오는 불가피한 단락·지락에 의한 아크화상 및 충전부 접촉에 의한 전격재해와 감전사고가 감소한다.
> • 기계·설비 정비 시 잠금장치 및 표지판 부착으로 정비 작업 중에 다른 작업자가 정비 중인 기계·설비를 기동함으로써 발생하는 재해를 예방한다.
> • 유해·위험 화학물질 경고표지 부착으로 위험성을 사전에 인식시킴으로써 사용 취급시의 재해를 예방한다.
> • 프레스, 전단기, 압력용기, 둥근톱에 방호장치 설치는 신체부위가 기계·기구의 위험부분에 들어가는 것을 방지하고 오작동에 의한 위험을 사전 차단 해준다.
> • 고소작업 시 안전 난간, 개구부 덮개 설치로 추락재해를 예방할 수 있다.
> • 추락방지용 안전방망 설치는 추락·낙하에 의한 재해를 감소할 수 있다(성능검정에 합격한 안전방망 사용).
> • 용접 시 인화성·폭발성 물질을 격리하여 용접작업 시 발생하는 불꽃, 용접불똥 등에 의한 대형화재 또는 폭발위험성을 사전에 예방한다.

① 작업장 안전통로에 통로의 진입을 막는 물건이 있으면 안 됩니다.
② 전기활선 작업 중에는 단락·지락이 절대 생겨서는 안 됩니다.
③ 어떤 상황에서도 작업장에서는 개인보호구를 착용하십시오.
④ 프레스, 전단기 등의 기계는 꼭 방호장치가 설치되어 있는지 확인하고 사용하십시오.

18 한국전기안전공사에서 제시하고 있는 다음의 〈전기안전백서〉의 내용과 일치하는 것은?

〈전기안전백서〉

1. 갑자기 전기가 나갔다고 당황하지 마세요. 우선 우리 집만 정전이 됐다면
① 현관 및 벽면에 있는 옥내 배전반의 누전차단기와 개폐기 동작여부를 확인하고
② 차단기가 내려가 있을 경우, 차단기를 올려줍니다.
③ 차단기를 올려도 바로 동작돼 다시 내려갈 경우는 옥내설비에 이상이 있는 경우이므로,
④ 다시 차단기를 올려보세요.
⑤ 만약 차단기가 정상적으로 올라갈 경우는 가전기기를 하나씩 콘센트에 접속시켜보고,
⑥ 특정 가전기기를 접속할 때, 차단기가 동작하여 떨어질 경우는 가전기기가 누전 등의 문제
  가 있는 경우이므로, 가전업체로부터 A/S를 의뢰해야 합니다.

2. 차단기가 정상적으로 올라가지 않을 경우는 옥내 전등 및 콘센트 회로에 문제가 있는 경우로
① 옥내 배전반의 누전차단기와 개폐기를 모두 내리고,
② 메인 차단기인 누전차단기를 올립니다.
③ 만약 분기개폐기가 4개 있는 경우, 분기개폐기를 하나씩 올려보고
④ 특정 분기개폐기를 올릴 경우 누전차단기가 동작되었다면, 특정 분기개폐기에 이상이 있는
  경우로 분기개폐기 회로만을 내려놓고 다른 개폐기는 모두 올립니다.
⑤ 누전차단기가 동작하는 분기개폐기는 누전 등의 이상이 경우이므로 1588-7500으로 전화주
  세요.
※ 한국전기안전공사에서는 사회소외계층에 대해 무료로 긴급출동서비스를 제공하고 있습니다. 단, 일반가
  입자의 경우는 소정의 수수료를 납부해야 합니다.

---

① 차단기가 정상적으로 올라가지 않을 경우에는 누전차단기와 개폐기를 모두 올리고, 메인 차
  단기인 누전차단기를 내린다.
② 우리 집만 정전이 되어 차단기를 올려 봐도 바로 다시 내려가는 경우 차단기를 다시 올리면
  안 된다.
③ 사회소외계층과 달리 일반가입자는 긴급출동서비스 수수료를 납부해야 한다.
④ 우리 집만 정전이 된 경우 가장 먼저 차단기를 올려준다.

▌19~20▐ 다음은 한국전기안전공사의 전기설비 안전관리 업무에 대한 설명이다. 다음 글을 읽고 물음에
답하시오.

---

1. 자가용 전기설비 검사
－자가용 전기설비(전압 600V 이하로 용량 75㎾ 이상인 전기설비와 600V를 초과)의 설치 또는 변경
  공사에 대한 사용 전 검사 업무와 자가용 전기설비에 대해 주기적인(2·3·4년)인 정기검사 업무
  를 수행하고 있다.
① 사용 전 검사
  ㉠ 내용
    전기설비의 설치 상태가 공사계획 인가(신고)된 내용과 기술기준에 적합하게 시공되었는지 여
    부를 검사
  ㉡ 대상
    • 신·증설 및 변경공사를 한 전기설비로서 공사계획인가(신고)된 수용설비와 발전설비
    • 단, 설비용량 1,000㎾ 미만 수용설비의 구내 배전설비 및 75㎾ 미만의 비상용 예비발전설비는
      제외
② 정기검사
  ㉠ 내용
    사용 중인 전기설비의 유지·운용 상태가 기술기준에 적합한지 여부를 2~4년 주기로 검사
  ㉡ 대상
    • 전기설비 중 전압이 600V를 초과하는 수전설비
    • 발전설비의 터빈, 발전기 및 내연기관
    • 단, 용량 75㎾ 미만의 비상용 예비발전설비는 제외
  ㉢ 시기
    • 고압 이상 수전설비와 75㎾ 이상 비상용 예비발전 설비 : 3년 마다 2월 전후
      －상기 수용가중 의료기관, 공연장, 호텔, 예식장, 단란주점, 노래연습장 등 다중이용시설 : 2년
        마다 2월 전후
    • 전기안전관리의 선임이 면제된 제조업자 또는 제조업 관련 서비스업자의 수용설비: 2년마다 2월
    • 발전설비
      －증기터빈 및 내연기관 계통(발전기계통 포함) : 4년 이내
      －가스터빈(발전기계통 포함), 보일러, 열교환기 : 2년 이내
      －수차·발전기 계통 : 4년 이내
      －풍차·발전기 계통 : 4년 이내
      －태양전지·전기설비 계통 : 4년 이내
      －연료전지·전기설비 계통 : 연료전지 교체 시기마다

2. 사업용 전기설비 검사

① 사용 전 검사

사업용 전기설비(전기를 생산하여 판매하는 전기설비인 발전소·변전소·송전선로 등)의 설치공사 또는 변경공사에 대해 사용 전 검사를 수행하고 있다.

㉠ 내용

전기설비의 설치상태가 공사계획 인가(신고) 내용과 기술기준에 적합하게 시공되었는지 여부를 검사

㉡ 대상

- 수·화력, 복합화력, 내연력, 연료전지, 태양광, 바이오매스, 풍력발전소
- 변전소 및 송전선로
- 배전선로(500m 이상 공동구, 전력구에 한함)

② 정기검사

전기사업자는 사업용 전기설비에 대해 2년 또는 4년 주기의 정기 검사를 하고 있다.

㉠ 내용

사용 중인 전기설비의 유지·운용 상태가 기술기준에 적합한지를 주기적으로 검사

㉡ 대상

수·화력, 복합화력, 내연력, 풍력발전소, 태양광, 연료전지 발전소

㉢ 시기

- 화력·복합화력발전소의 증기터빈 : 4년 이내
- 화력, 복합화력 및 내연력발전소의 보일러, 가스터빈, 열교환기 및 발전기 계통 : 2년 이내
- 내연력발전소의 내연기관 : 4년 이내
- 수력(양수)발전소의 수차, 발전기계통 : 4년 이내
- 풍력발전소의 풍차, 발전기 계통 : 4년 이내
- 태양광 발전소의 태양전지·전기설비 계통 : 4년 이내
- 태양광 발전소의 연료전지·전기설비 계통 : 연료전지 교체 시기마다

19 전기설비 검사 대상에 대한 설명으로 옳은 것은?

① 자가용 전기설비 검사 중 정기검사 대상에서 설비용량 1,000kW 미만 수용설비의 구내 배전설비는 제외된다.

② 자가용 전기설비 검사 중 사용 전 검사 대상에서 75kW 미만의 비상용 예비발전설비는 제외된다.

③ 사업용 전기설비 검사 중 정기검사 대상은 수·화력, 복합화력, 내연력, 풍력발전소, 태양광, 바이오매스, 연료전지 발전소이다.

④ 사업용 전기설비 검사 중 사용 전 검사 대상은 변전소 및 송전선로, 배전선로(500m 이상 공동구, 전력구에 한함) 뿐이다.

20 전기설비 정기검사의 시기에 대한 설명으로 옳지 않은 것은?

① 자가용 가스터빈 발전설비는 2년 이내에 정기검사를 받아야 한다.

② 사업용 풍력발전소의 풍차는 4년 이내에 정기검사를 받아야 한다.

③ 자가용 태양전지 계통은 4년 이내에 정기검사를 받아야 한다.

④ 사업용 화력발전소의 발전기 계통은 4년 이내에 정기검사를 받아야 한다.

02 자원관리능력

정답 및 해설 p.253

1 다음 선택지에서 의미하는 가치들 중, 직무상 필요한 가장 핵심적인 네 가지 자원에 해당하지 않는 설명은 어느 것인가?

① 인간이 약한 신체적 특성을 보완하기 위하여 활용하는, 정상적인 인간의 활동에 수반되는 많은 자원들

② 기업이 나아가야 할 방향과 목적 등 기업 전체가 공유하는 비전, 가치관, 사훈, 기본 방침 등으로 표현되는 것

③ 매일 주어지며 똑같은 속도로 흐르지만 멈추거나 빌리거나 저축할 수 없는 것

④ 산업이 발달함에 따라 생산 현장이 첨단화, 자동화되었지만 여전히 기본적인 생산요소를 효율적으로 결합시켜 가치를 창조하는 자원

2 다음의 A와 B의 글이 주장하는 자원의 특성을 가장 적절하게 설명한 것은 어느 것인가?

> A : 물적 자원을 얼마나 확보하고 활용할 수 있느냐가 큰 경쟁력이 된다. 국가의 입장에 있어서도 자국에서 생산되지 않는 물품이 있으면 다른 나라로부터 수입을 하게 되고, 이러한 물품으로 인해 양국 간의 교류에서 비교우위가 가려지게 된다. 이러한 상황에서 자신이 보유하고 있는 자원을 얼마나 잘 관리하고 활용하느냐 하는 물적 자원 관리는 매우 중요하다고 할 수 있다.
>
> B : 물적 자원 확보를 위해 경쟁력 있는 해외의 물건을 수입하는 경우가 있다. 이 때, 필요한 물적 자원을 얻기 위하여 예산이라는 자원을 쓰게 된다. 또한 거꾸로 예산자원을 벌기 위해 내가 확보한 물적 자원을 내다 팔기도 한다.

① 서로 다른 자원이 상호 반대급부로 작용할 수 있고, 하나의 자원을 얻기 위해 다른 유형의 자원이 동원될 수 있다.

② 양국 간에 비교우위 물품이 가려지게 되면, 더 이상 그 국가와의 물적 자원 교류는 무의미하다.

③ 물적 자원과 예산자원 외에는 상호 보완하며 교환될 수 있는 자원의 유형이 없다.

④ 물적 자원의 유한성은 외국과의 교류를 통해 극복될 수 있다.

116 | PART Ⅱ. NCS 예상문제

3 다음은 생산부의 3월 근무 현황이다. 다음 현황을 보고 판단한 남현우 씨의 의견 중 적절하지 않은 것은?

〈생산부 3월 근무 현황표〉

순번	성명	근무내역	기간	승인상태
1	정효동	연차	3/2~3/3	승인
2	양희선	결혼 휴가	3/8~3/14	승인
3	서윤길	연차	3/17~3/18	승인
4	고성희	출장	3/21~3/23	승인
5	남현우	연차	3/10~3/11	승인대기

〈3월 달력〉

일	월	화	수	목	금	토
		1	2	3	4	5
6	7	8	9	10	11	12
13	14	15	16	17	18	19
20	21	22	23	24	25	26
27	28	29	30	31		

① 10~11일엔 결혼 휴가자가 있으니 나까지 연차를 쓰면 업무에 지장이 생길 수 있겠네.

② 내가 31일 날 휴가를 쓰게 되면 이번 달은 전원이 근무하는 목요일은 한 번도 없겠네.

③ 마지막 주로 휴가를 옮겨야 매주 휴가가 적절히 분배되겠다.

④ 이번 달엔 수요일과 목요일에 휴가자가 가장 많군.

4 다음 운송비 표를 참고할 때, 박스의 규격이 28 × 10 × 10(inch)인 실제 무게 18파운드짜리 솜 인형을 배송할 경우, A배송사에서 적용하는 운송비는 얼마인가? (1inch = 2.54cm이며, 물품의 무게는 반올림하여 정수로 표시한다. 물품의 무게 이외의 다른 사항은 고려하지 않는다.)

항공 배송의 경우, 비행기 안에 많은 공간을 차지하게 되는 물품은 그렇지 않은 물품을 적재할 때보다 비용 면에서 항공사 측에 손해가 발생하게 된다. 비행기 안에 스티로폼 200박스를 적재하는 것과 스마트폰 2,000개를 적재하는 것을 생각해 보면 쉽게 이해할 수 있다. 이 경우 항공사 측에서는 당연히 스마트폰 2,000개를 적재하는 것이 더 경제적일 것이다. 이와 같은 문제로 거의 모든 항공 배송사에선 제품의 무게에 비해 부피가 큰 제품들은 '부피무게'를 따로 정해서 운송비를 계산하게 된다. 이때 사용하는 부피무게 측정 방식은 다음과 같다.

부피무게(파운드) = 가로(inch) × 세로(inch) × 높이(inch) ÷ 166

A배송사는 물건의 무게에 다음과 같은 규정을 적용하여 운송비를 결정한다.

1. '실제 무게 < 부피무게' → 부피무게
2. '실제 무게 > 부피무게'이지만 박스의 어느 한 변의 길이가 50cm 이상인 경우 → (실제 무게 + 부피무게) × 60%

17파운드 미만	14,000원	19~20파운드 미만	17,000원
17~18파운드 미만	15,000원	20~21파운드 미만	18,000원
18~19파운드 미만	16,000원	21~22파운드 미만	19,000원

① 17,500원

② 18,000원

③ 18,500원

④ 19,000원

▌5~6▐ M대리는 차를 타고 회사에서 출발하여 A~E를 모두 거쳐 다시 회사로 돌아오려고 하며, 각 지점 간의 거리가 아래와 같다. 이를 보고 이어지는 물음에 답하시오.

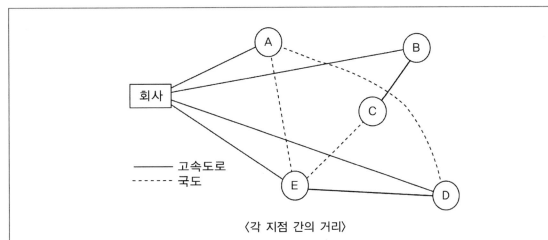

〈각 지점 간의 거리〉

(단위: km)

구분	A	B	C	D	E
회사	150	170		175	160
A				172	187
B			100		
C					120
D					148

〈도로별 연비〉

(단위: km/L)

고속도로	20
국도	10

* 휘발유 가격은 편의상 1,000원/L로 가정한다.

5 M대리가 최단 거리로 모든 지점을 방문하고 돌아온다고 할 때, 이동한 총 거리는 얼마인가?

① 856km

② 858km

③ 860km

④ 862km

6 M대리가 최단 거리로 이동하였을 경우 사용한 총 연료비는 얼마인가?

① 60,500원

② 61,600원

③ 62,600원

④ 63,600원

▮7~8▮ 다음은 G사 영업본부 직원들의 담당 업무와 다음 달 주요 업무 일정표이다. 다음을 참고로 이어지는 물음에 답하시오.

<다음 달 주요 업무 일정>

일	월	화	수	목	금	토
		1 사업계획 초안 작성(2)	2	3	4 사옥 이동계획 수립(1)	5
6	7	8 인트라넷 요청 사항 정리(2)	9 전 직원 월간 회의	10	11 TF팀 회의(1)	12
13	14 법무실무 교육 담당자 회의(3)	15	16	17 신제품 개발 진 행과정 보고(2)	18	19
20	21 매출부진 원인 분석(2)	22	23 홍보자료 작성 (3)	24 인사고과(2)	25	26
27	28 매출 집계(2)	29 부서경비 정리 (2)	30	31		

※ 괄호 안의 숫자는 해당 업무 소요 일수

〈담당자별 업무〉

담당자	담당업무
갑	부서 인사고과, 사옥 이동 관련 이사 계획 수립, 내년도 사업계획 초안 작성
을	매출부진 원인 분석, 신제품 개발 진행과정 보고
병	자원개발 프로젝트 TF팀 회의 참석, 부서 법무실무 교육 담당자 회의
정	사내 인트라넷 구축 관련 요청사항 정리, 대외 홍보자료 작성
무	월말 부서 경비집행 내역 정리 및 보고, 매출 집계 및 전산 입력

7 위의 일정과 담당 업무를 참고할 때, 다음 달 월차 휴가를 사용하기에 적절한 날짜를 선택한 직원을 짝지은 것은?

① 갑 – 23일, 을 – 18일
② 을 – 8일, 병 – 16일
③ 병 – 10일, 정 – 22일
④ 정 – 24일, 무 – 29일

8 갑작스런 해외 거래처의 일정 변경으로 인해 다음 달 넷째 주에 영업본부에서 2명이 일주일 간 해외 출장을 가야 한다. 위에 제시된 5명의 직원 중 담당 업무에 지장이 없는 2명을 뽑아 출장을 보내야 할 경우, 출장자로 적절한 직원은 누구인가?

① 갑, 병
② 을, 정
③ 정, 무
④ 병, 무

9 다음 네 명의 임원들은 회의 참석차 한국으로 출장을 오고자 한다. 이들의 현지 이동 일정과 이동 시간을 참고할 때, 한국에 도착하는 시간이 빠른 순서대로 올바르게 나열한 것은 어느 것인가?

구분	출발국가	출발시각(현지시간)	소요시간
H상무	네덜란드	12월 12일 17:20	13시간
P전무	미국 동부	12월 12일 08:30	14시간
E전무	미국 서부	12월 12일 09:15	11시간
M이사	터키	12월 12일 22:30	9시간

* 현지시간 기준 한국은 네덜란드보다 8시간, 미국 동부보다 14시간, 미국 서부보다 16시간, 터키보다 6시간이 빠르다. 예를 들어, 한국이 11월 11일 20시일 경우 네덜란드는 11월 11일 12시가 된다.

① P전무 – E전무 – M이사 – H상무
② E전무 – P전무 – H상무 – M이사
③ E전무 – P전무 – M이사 – H상무
④ E전무 – M이사 – P전무 – H상무

10 김 과장은 다음 달로 예정되어 있는 해외 출장 일정을 확정하려 한다. 다음 상황의 조건을 만족할 경우 김 과장의 출장 일정에 대한 설명으로 올바른 것은 어느 것인가?

> 김 과장은 다음 달 3박 4일 간의 일본 출장이 계획되어 있다. 회사에서는 출발일과 복귀일에 업무 손실을 최소화할 수 있도록 가급적 평일에 복귀하도록 권장하고 있고, 출장 기간에 토요일과 일요일이 모두 포함되는 일정은 지양하도록 요구한다. 이번 출장에서는 매우 중요한 계약 건이 이루어져야 하기 때문에 김 과장은 출장 복귀 바로 다음 날 출장 결과 보고를 하고자 한다. 다음 달의 첫째 날은 금요일이며 마지막 주 수요일과 13일은 김 과장이 빠질 수 없는 회사 업무 일정이 잡혀 있다.

① 금요일에 출장을 떠나는 일정도 가능하다.
② 김 과장은 월요일이나 화요일에 출장 결과 보고를 할 수 있다.
③ 김 과장이 출발일로 잡을 수 있는 날짜는 모두 4개이다.
④ 김 과장은 마지막 주에 출장을 가게 될 수도 있다.

11 길동이는 크리스마스를 맞아 그동안 카드 사용 실적에 따라 적립해 온 마일리지를 이용해 국내 여행(편도)을 가려고 한다. 길동이의 카드 사용 실적과 마일리지 관련 내역이 다음과 같을 때 상황에 대한 올바른 설명은 어느 것인가?

〈카드 적립 혜택〉
- 연간 결제금액이 300만 원 이하 : 10,000원당 30마일리지
- 연간 결제금액이 600만 원 이하 : 10,000원당 40마일리지
- 연간 결제금액이 800만 원 이하 : 10,000원당 50마일리지
- 연간 결제금액이 1,000만 원 이하 : 10,000원당 70마일리지

  * 마일리지 사용 시점으로부터 3년 전까지의 카드 실적을 기준으로 함.

〈길동이의 카드 사용 내역〉
- 재작년 결제 금액 : 월 평균 45만 원
- 작년 결제 금액 : 월 평균 65만 원

〈마일리지 이용 가능 구간〉

목적지	일반석	프레스티지석	일등석
울산	70,000	90,000	95,000
광주	80,000	100,000	120,000
부산	85,000	110,000	125,000
제주	90,000	115,000	130,000

① 올해 카드 결제 금액이 월 평균 80만 원이라면, 일등석을 이용하여 제주로 갈 수 있다.
② 올해 카드 결제 금액이 월 평균 60만 원이라면, 일등석을 이용하여 광주로 갈 수 없다.
③ 올해에 카드 결제 금액이 전무해도 일반석을 이용하여 울산으로 갈 수 있다.
④ 올해 카드 결제 금액이 월 평균 70만 원이라면 프레스티지석을 이용하여 제주로 갈 수 없다.

〈입장료 안내〉

좌석명	입장권가격		K팀 성인회원		K팀 어린이회원	
	주중	주말/공휴일	주중	주말/공휴일	주중	주말/공휴일
프리미엄석	70,000원					
테이블석	40,000원					
블루석	12,000원	15,000원	10,000원	13,000원	6,000원	7,500원
레드석	10,000원	12,000원	8,000원	10,000원	5,000원	6,000원
옐로석	9,000원	10,000원	7,000원	8,000원	4,500원	5,000원
그린석(외야)	7,000원	8,000원	5,000원	6,000원	무료입장	

〈S카드 할인〉

구분	할인내용	비고
K팀 S카드	3,000원/장 할인	청구 시 할인(카드계산서 청구 시 반영)
K팀 L카드	3,000원/장 할인	결제 시 할인
S카드	2,000원/장 할인	청구 시 할인(카드계산서 청구 시 반영)
L카드	2,000원/장 할인	결제 시 할인

1. 주말 가격은 금/토/일 및 공휴일 경기에 적용됩니다(임시 공휴일 포함).
2. 어린이 회원은 만 15세 이하이며, 본인에 한해 할인이 적용됩니다(매표소에서 회원카드 제시).
3. 국가유공자, 장애우, 경로 우대자(65세 이상)는 국가유공자증, 복지카드 및 신분증 제시 후 본인에 한하여 외야석 50% 할인됩니다. On-line 인증 문제로 예매 시에는 혜택이 제공되지 않습니다.
4. 우천 취소 시 예매 및 카드구입은 자동 결제 취소되며, 현장 현금 구매분은 매표소에서 환불 받으실 수 있습니다.
5. 보호자 동반 미취학 아동(7세 이하)은 무료입장이 가능하나, 좌석은 제공되지 않습니다.
6. 암표 구입 시 입장이 제한됩니다.
* 올 시즌 변경사항(취소수수료 청구)
→ 다양한 회원들의 관람을 위해 금년부터 예매 익일 취소할 경우 결제금액의 10%에 해당하는 취소수수료가 청구됩니다(최소 취소수수료 1,000원 청구). 단, 예매일과 취소일이 같을 경우 취소수수료는 청구되지 않습니다.

12 다음 중 위의 안내 사항에 대한 올바른 판단이 아닌 것은 어느 것인가?

① "내일 경기 관람을 위해 오늘 예매한 입장권을 수수료 없이 취소하려면 오늘 중에 취소해야 하는 거구나."

② "여보, 우리 애는 5살이니까 당신이 데려 가면 무료입장도 가능하네요. 외야 자리만 가능하다니까 그린석으로 당신 표 얼른 예매하세요."

③ "다음 주 월요일이 공휴일이니까 연속 4일 간은 주말 요금이 적용되겠구나."

④ "난 K팀 L카드가 있는 성인회원이니까, 주중에 레드석에서 관람하려면 5,000원밖에 안 들겠구나."

13 김 과장은 여름 휴가철을 맞아 아이들과 함께 평소 좋아하던 K팀의 야구 경기를 보러가려 한다. 다음 인원이 함께 야구 관람을 할 경우, 입장 시에 입장료로 결제해야 할 총 금액은 얼마인가?

- 관람일 15일 금요일, 전원 블루석에서 관람 예정
- 김 과장(K팀 성인회원), 김 과장 아내(비회원), 김 과장 노부(72세, 비회원)
- 큰 아들(18세, 비회원), 작은 아들(14세, K팀 어린이 회원)
- 작은 아들 친구 2명(K팀 어린이 회원)
- 김 과장의 가족 5인은 김 과장이 K팀 L카드로 결제하며, 작은 아들의 친구 2명은 각각 S카드로 결제함.

① 60,000원

② 61,000원

③ 63,000원

④ 65,500원

14 H사에서는 회사용 차량을 구매하고자 한다. 사용기간으로 5년을 예상하고 있을 때, 5년간 '자동차 이용에 대한 총 경비'가 가장 낮은 금액으로 적절한 것은?

〈자동차 종류별 특성〉

제조사	차량가격 (만 원)	연료 용량 (L)	연비(km/L)	연료 종류
H 사	2,000	55	15	LPG
F 사	2,100	60	10	휘발유
S 사	2,050	60	12	경유

〈종류별 연료가격/L〉

LPG	800원
휘발유	1,500원
경유	1,200원

〈연간 월별 예상 주행거리〉

(단위: 천 km)

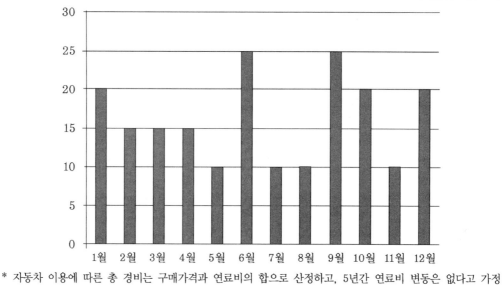

* 자동차 이용에 따른 총 경비는 구매가격과 연료비의 합으로 산정하고, 5년간 연료비 변동은 없다고 가정한다.

① 6,800만 원

② 7,200만 원

③ 9,300만 원

④ 1억 1,800만 원

15 다음은 영업팀의 갑, 을, 병, 정 네 명의 직원에 대한 업무평가 현황과 그에 따른 성과급 지급 기준이다. 갑, 을, 병, 정의 총 성과급 금액의 합은 얼마인가?

〈업무평가 항목별 득점 현황〉

구분	갑	을	병	정
성실도	7	8	9	8
근무태도	6	8	9	9
업무실적	8	8	10	9

* 가중치 부여 : 성실도 30%, 근무태도 30%, 업무실적 40%를 반영함.

〈성과급 지급 기준〉

업무평가 득점	등급	등급별 성과급 지급액
9.5 이상	A	50만 원
9.0 이상~9.5 미만	B	45만 원
8.0 이상~9.0 미만	C	40만 원
7.0 이상~8.0 미만	D	30만 원
7.0 미만	E	20만 원

① 155만 원
② 160만 원
③ 165만 원
④ 170만 원

16 다음은 어느 회사의 성과상여금 지급기준이다. 다음 기준에 따를 때 성과상여금을 가장 많이 받는 사원과 가장 적게 받는 사원의 금액 차이는 얼마인가?

〈성과상여금 지급기준〉

지급원칙
- 성과상여금은 적용대상사원에 대하여 성과(근무성적, 업무난이도, 조직 기여도의 평점 합) 순위에 따라 지급한다.

성과상여금 지급기준액

5급 이상	6급~7급	8급~9급	계약직
500만원	400만원	200만원	200만원

지급등급 및 지급률
- 5급 이상

지급등급	S등급	A등급	B등급	C등급
성과 순위	1위	2위	3위	4위 이하
지급률	180%	150%	120%	80%

- 6급 이하 및 계약직

지급등급	S등급	A등급	B등급
성과 순위	1위~2위	3~4위	5위 이하
지급률	150%	130%	100%

지급액 산정방법
개인별 성과상여금 지급액은 지급기준액에 해당등급의 지급율을 곱하여 산정한다.

〈소속사원 성과 평점〉

사원	평점			직급
	근무성적	업무난이도	조직기여도	
수현	8	5	7	계약직
이현	10	6	9	계약직
서현	8	8	6	4급
진현	5	5	8	5급
준현	9	9	10	6급
지현	9	10	8	7급

① 260만원   ② 340만원

③ 400만원   ④ 450만원

┃17~18┃ 공장 주변지역의 농경수 오염에 책임이 있는 기업이 총 70억원의 예산을 가지고 피해 현황 심사와 보상을 진행한다고 한다. 다음 글을 읽고 물음에 답하시오.

총 500건의 피해가 발생했고, 기업측에서는 실제 피해 현황을 심사하여 보상하기로 하였다. 심사에 소요되는 비용은 보상 예산에서 사용한다. 심사를 통해 좀 더 정확한 피해 규모를 파악할 수 있지만, 그에 따라 소요되는 비용 또한 증가하게 된다.

	1일째	2일째	3일째	4일째
일별 심사 비용(억원)	0.5	0.7	0.9	1.1
일별 보상대상 제외건수	50	45	40	35

- 보상금 총액＝예산－심사비용
- 표는 누적수치가 아닌, 하루에 소요되는 비용을 말함
- 일별 심사비용은 매일 0.2억씩 증가하고 제외건수는 매일 5건씩 감소함
- 제외건수가 0이 되는 날, 심사를 중지하고 보상금을 지급함

17 기업측이 심사를 중지하는 날까지 소요되는 일별 심사비용은 총 얼마인가?

① 15억원   ② 15.5억원

③ 16억원   ④ 16.5억원

18 심사를 중지하고 총 500건에 대해서 보상을 한다고 할 때, 보상대상자가 받는 건당 평균 보상금은 대략 얼마인가?

① 약 1천만원   ② 약 2천만원

③ 약 3천만원   ④ 약 4천만원

▌19~20▐ 다음은 A, B 두 경쟁회사의 판매제품별 시장 내에서의 기대 수익을 표로 나타낸 자료이다. 이를 보고 이어지는 물음에 답하시오.

〈판매 제품별 수익체계〉

		B회사		
		P제품	Q제품	R제품
A회사	P 제품	(5, −1)	(3, −1)	(−6, 3)
	Q 제품	(−1, 3)	(−3, 2)	(3, 2)
	R 제품	(−2, 6)	(4, −1)	(−1, −2)

• 괄호 안의 숫자는 A회사와 B회사의 제품으로 얻는 수익(억 원)을 뜻한다.(A회사 월 수익 액, B회사의 월 수익 액)
• 예) A회사가 P제품을 판매하고 B회사가 Q제품을 판매하였을 때 A회사의 월 수익 액은 3억 원이고, B회사의 월 수익 액은 −1억 원이다.

〈분기별 소비자 선호 품목〉

	1분기	2분기	3분기	4분기
선호 품목	Q제품	P제품	R제품	P, R제품

• 분기별 소비자 선호 품목은 해당 제품의 해당 분기 수익률에 영향을 미친다.
• 시기별 해당 제품의 판매를 진행하면 월 수익의 50%가 증가, 월 손해의 50%가 감소한다.

19 다음 중 4분기의 A회사와 B회사의 수익의 합이 가장 클 경우는 양사가 각각 어느 제품을 판매하였을 때인가?

① A회사 : Q제품, B회사 : Q제품
② A회사 : R제품, B회사 : Q제품
③ A회사 : R제품, B회사 : P제품
④ A회사 : P제품, B회사 : R제품

20 1분기와 2분기에 모두 양사가 소비자 선호 제품을 판매하였을 때, 1분기로부터 변동된 2분기의 수익 현황에 대하여 올바르게 설명한 것은 어느 것인가?

① A회사는 R제품을 판매할 때의 수익 현황에 변동이 있다.

② 1분기와 2분기에 수익의 합이 가장 큰 양사 제품의 조합은 동일하다.

③ 1분기와 2분기에 양사 수익의 합이 동일한 양사 제품의 조합은 없다.

④ B회사는 1분기에 Q제품을 판매하는 것이 2분기에 Q제품을 판매하는 것보다 더 유리하다.

03 정보능력

정답 및 해설 p.259

┃1~2┃ 다음 H상사의 물류 창고별 책임자와 각 창고 내 재고 물품의 코드 목록을 보고 이어지는 질문에 답하시오.

책임자	코드번호	책임자	코드번호
정 대리	11082D0200400135	강 대리	11056N0401100030
오 사원	12083F0200901009	윤 대리	11046O0300900045
권 사원	11093F0200600100	양 사원	11053G0401201182
민 대리	12107P0300700085	박 사원	12076N0200700030
최 대리	12114H0601501250	변 대리	12107Q0501300045
엄 사원	12091C0200500835	이 사원	11091B0100200770
홍 사원	11035L0601701005	장 사원	12081B0100101012

예시

* 2011년 8월에 독일 액손 사에서 생산된 검정색 원단의 500번째 입고 제품

  → 1108 – 4H – 02005 – 00500

생산 연월	생산지				물품 코드				입고품 수량
	원산지 코드		제조사 코드		분야 코드		세부 코드		
예시 2011년 10월 – 1110 2009년 1월 – 0901	1	미국	A	스카이	01	소품	001	폴리백	00001부터 다섯 자리 시리얼 넘버가 부여됨.
			B	영스			002	포스터	
			C	세븐럭	02	원단	003	빨강	
	2	일본	D	히토리			004	노랑	
			E	노바라			005	검정	
	3	중국	F	왕청			006	초록	
			G	메이	03	철제	007	외장재	
	4	독일	H	액손			008	내장재	
			I	바이스			009	프레임	
			J	네오	04	플라 스틱	010	이음쇠	
	5	영국	K	페이스			011	공구	
			L	S-10			012	팻치	
			M	마인스	05	포장구	013	박스	
	6	태국	N	홍챠			014	스트링	
			O	덕홍			015	라벨지	
	7	베트남	P	비엣퐁	06	라벨류	016	인쇄물	
			Q	웅산			017	내지	

1 재고물품 중 2011년 영국 '페이스' 사에서 생산된 철제 프레임의 코드로 알맞은 것은 어느 것인가?

① 11035K0300901201

② 12025K0300800200

③ 11055K0601500085

④ 12074H0501400100

2 다음 중 생산지(국가)가 동일한 물품을 보관하는 물류 창고의 책임자들로 알맞게 짝지어진 것은 어느 것인가?

① 엄 사원, 변 대리

② 정 대리, 윤 대리

③ 오 사원, 양 사원

④ 민 대리, 박 사원

3 다음에 제시된 네트워크 관련 명령어들 중, 그 의미가 올바르게 설명되어 있지 않은 것은 어느 것인가?

㉠ nslookup	DNS가 가지고 있는 특정 도메인의 IP Address를 검색해 준다.
㉡ finger	원격 컴퓨터의 사용자 정보를 알아보기 위해 사용되는 서비스이다.
㉢ ipconfig	현재 컴퓨터의 IP 주소, 서브넷 마스크, 기본 게이트웨이 등을 확인할 수 있다.
㉣ ping	인터넷 서버까지의 경로 추적으로 IP 주소, 목적지까지 거치는 경로의 수 등을 파악할 수 있도록 한다.

① ㉠   ② ㉡

③ ㉢   ④ ㉣

4 제시된 설명에 공통으로 해당되는 용어로 알맞은 것은 다음 중 어느 것인가?

> • 인터넷상에 존재하는 각종 자원들의 위치를 같은 형식으로 나타내기 위한 표준 주소 체계이다.
> • 인터넷에 존재하는 정보나 서비스에 대해 접근 방법, 존재 위치, 자료 파일명 등의 요소를 표시한다.
> • 형식은 '프로토콜 : //서버 주소[:포트 번호]/파일 경로/파일명'으로 표시된다.

① Domain name ② URL
③ IP Address ④ HTML

5 최근에는 정보화 시대를 맞아 직장 생활뿐 아니라 가정생활에 있어서도 컴퓨터와 인터넷을 활용할 줄 아는 능력이 점점 많이 요구되고 있다. 다음에 제시된 정보통신망과 관련된 용어 중 그 의미가 잘못 설명된 것은 어느 것인가?

① LAN	근거리의 한정된 지역 또는 건물 내에서 데이터 전송을 목적으로 연결되는 통신망으로 단일기관의 소유이면서 수 km 범위 이내의 지역에 한정되어 있는 통신 네트워크를 말한다.
② MAN	LAN과 WAN의 중간 형태의 통신망으로 특정 도시 내에 구성된 각각의 LAN들을 상호 연결하여 자원을 공유한다.
③ WAN	ISDN보다 더 광범위한 서비스로, 음성 통신 및 고속 데이터 통신, 정지화상 및 고해상도의 동영상 등의 다양한 서비스를 제공한다.
④ VAN	통신 회선을 빌려 단순한 전송기능 이상의 정보 축적이나 가공, 변환 처리 등의 부가가치를 부여한 정보를 제공하는 통신망

▌6~7 ▌ 다음은 시스템 모니터링 중에 나타난 화면이다. 다음 화면에 나타나는 정보를 이해하고 시스템 상태를 파악하여 적절한 input code를 고르시오.

〈시스템 화면〉

System is checking........
Run.....

Error Found!
Index GTEMSHFCBA of file WODRTSUEAI

input code : _____

항목	세부사항
index '_' of file '_'	• 오류 문자 : Index 뒤에 나타나는 10개의 문자 • 오류 발생 위치 : File 뒤에 나타나는 10개의 문자
Error Value	오류 문자와 오류 발생 위치를 의미하는 문자에 사용된 알파벳을 비교하여 일치하는 알파벳의 개수를 확인(단, 알파벳의 위치와 순서는 고려하지 않으며 동일한 알파벳이 속해 있는지만 확인한다.)
input code	Error Value를 통하여 시스템 상태를 판단

판단 기준	시스템 상태	input code
일치하는 알파벳의 개수가 0개인 경우	안전	safe
일치하는 알파벳의 개수가 1~3개인 경우	경계	alert
일치하는 알파벳의 개수가 4~6개인 경우		vigilant
일치하는 알파벳의 개수가 7~10개인 경우	위험	danger

6

〈시스템 화면〉

System is checking........
Run.....

Error Found!
Index DRHIZGJUMY of file OPAULMBCEX

input code : _____

① safe   ② alert

③ vigilant   ④ danger

7

〈시스템 화면〉

System is checking........
Run.....

Error Found!
Index QWERTYUIOP of file POQWIUERTY

input code : _____

① safe   ② alert

③ vigilant   ④ danger

8 다음 중 아래와 같은 자료를 '기록(초)' 필드를 이용하여 최길동의 순위를 계산하고자 할 때 C3에 들어갈 함수식으로 올바른 것은 어느 것인가?

① = RANK(B3,$B$2:$B$5,1)

② = RANK(B3,$B$2:$B$5,0)

③ = RANK(B3,$B$2:B5,1)

④ = RANK(B3,B2:$B$5,0)

9 다음 스프레드시트 서식 코드 사용 설명 중 올바르지 않은 것은 어느 것인가?

입력 데이터	지정 서식	결과 데이터
㉠ 20−03−12	dd−mmm	12−Mar
㉡ 20−03−12	mmm−yy	Mar−20
㉢ 02:45	hh:mm:ss AM/PM	02:45:00 AM
㉣ 신재생	+ @에너지	신재생에너지

① ㉠

② ㉡

③ ㉢

④ ㉣

10 워크시트에서 다음 〈보기〉의 표를 참고로 55,000원에 해당하는 할인율을 'C6'셀에 구하고자 할 때의 적절한 수식은 어느 것인가?

	A	B	C	D	E	F
1		〈보기〉				
2		금액	30,000	50,000	80,000	150,000
3		할인율	3%	7%	10%	15%
4						
5		금액	55,000			
6		할인율	7%			
7						

① = VLOOKUP(C5, C2:F2, C3:F3)

② = LOOKUP(C5, C2:F2, C3:F3)

③ = HLOOKUP(C5, C2:F2, C3:F3)

④ = LOOKUP(C6, C2:F2, C3:F3)

▎11~12▎ 다음 자료는 O회사 창고에 있는 전자기기 코드 목록이다. 다음을 보고 물음에 답하시오.

BL－19－JAP－1C－1501	HA－07－PHI－3A－1402	BB－37－KOR－3B－1502
HA－32－KOR－2B－1409	CO－17－JAP－2A－1401	BB－37－PHI－1B－1502
MP－14－PHI－1A－1408	TA－18－CHA－2A－1411	CO－17－JAP－2A－1409
TA－18－CHA－2C－1503	BL－19－KOR－2B－1407	EA－22－CHA－3A－1412
MP－14－KOR－2B－1501	EA－22－CHA－3A－1409	EA－22－CHA－3A－1403
EA－22－CHA－2C－1402	TA－18－KOR－2B－1405	BL－19－JAP－1C－1505
EA－22－CHA－2B－1408	MP－14－KOR－2B－1405	CO－17－JAP－2A－1410
BB－37－CHA－1A－1408	BB－37－CHA－2A－1502	BB－37－KOR－2B－1502
BL－19－KOR－2B－1412	CO－17－JAP－2A－1411	TA－18－KOR－2B－1407
CO－17－JAP－2A－1412	EA－22－CHA－3A－1410	BB－37－PHI－1A－1408
TA－18－PHI－3B－1407	HA－07－KOR－2B－1402	TA－18－PHI－2B－1405
EA－22－CHA－3A－1404	TA－18－PHI－3B－1411	CO－17－JAP－2A－1401

<〈코드 부여 방식〉>

〈코드 부여 방식〉

[기기 종류]－[모델 번호]－[생산 국가]－[공장과 라인]－[제조연월]

〈예시〉

NO－10－KOR－3A－1511

2015년 11월에 한국 3공장 A라인에서 생산된 노트북 10번 모델

기기 종류 코드	기기 종류	생산 국가 코드	생산 국가
NO	노트북	CHA	중국
CO	데스크톱pc	KOR	한국
TA	태블릿pc	JAP	일본
HA	외장하드	PHI	필리핀
MP	MP3		
BL	블루투스		
BB	블랙박스		
EA	이어폰		
BA	보조배터리		

11 위의 코드 부여 방식을 참고할 때 옳지 않은 것은?

① 창고에 있는 기기 중 데스크톱pc는 모두 일본 2공장 A라인에서 생산된 것들이다.

② 창고에 있는 기기 중 한국에서 생산된 것은 모두 2공장 B라인에서 생산된 것들이다.

③ 창고에 있는 기기 중 이어폰은 모두 2014년에 생산된 것들이다.

④ 창고에 있는 기기 중 외장하드는 있지만 보조배터리는 없다.

12 O회사에 다니는 K대리는 전자기기 코드 목록을 파일로 불러와 검색을 하고자 한다. 다음의 결과로 옳은 것은?

① K대리는 창고에 있는 기기 중 일본에서 생산된 것이 몇 개인지 알기 위해 'JAP'를 검색한 결과 7개임을 알았다.

② K대리는 '07'이 들어가는 코드를 알고 싶어서 검색한 결과 '07'이 들어가는 코드가 5개임을 알았다.

③ K대리는 창고에 있는 데스크톱pc가 몇 개인지 알기 위해 'CO'를 검색한 결과 7개임을 알았다.

④ K대리는 '15' 검색을 통해 창고에 있는 기기 중 2015년에 생산된 제품이 9개임을 알았다.

13 다음의 알고리즘에서 인쇄되는 S는?

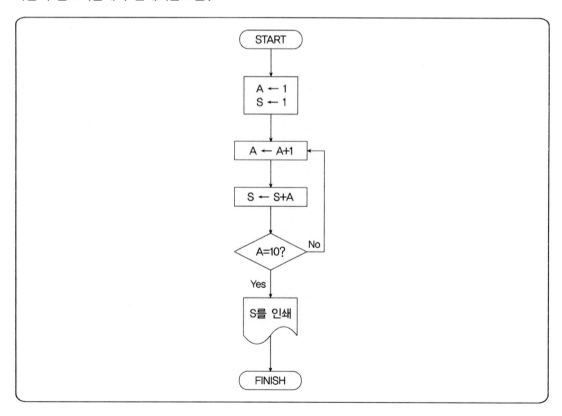

① 36

② 45

③ 55

④ 66

14 터미널노드는 자식이 없는 노드를 말한다. 다음 트리에서 터미널 노드 수는?

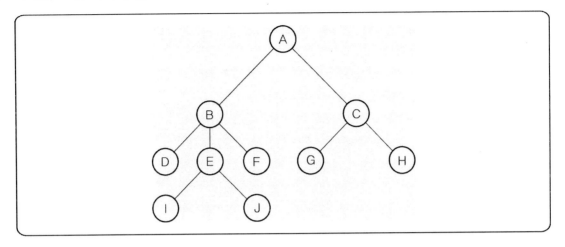

① 5

② 6

③ 7

④ 8

15 K사 홍보팀에서는 다음과 같이 직원들의 수당을 지급하고자 한다. C12셀부터 D15셀까지 기재된 사항을 참고로 D열에 수식을 넣어 직책별 수당을 작성하였다. D2셀에 수식을 넣어 D10까지 드래그하여 다음과 같은 자료를 작성하였다면, D2셀에 들어가야 할 적절한 수식은 어느 것인가?

	A	B	C	D
1	사번	직책	기본급	수당
2	9610114	대리	1,720,000	450,000
3	9610070	대리	1,800,000	450,000
4	9410065	과장	2,300,000	550,000
5	9810112	사원	1,500,000	400,000
6	9410105	과장	2,450,000	550,000
7	9010043	부장	3,850,000	650,000
8	9510036	대리	1,750,000	450,000
9	9410068	과장	2,380,000	550,000
10	9810020	사원	1,500,000	400,000
11				
12			부장	650,000
13			과장	550,000
14			대리	450,000
15			사원	400,000

① = VLOOKUP(C12,$C$12:$D$15,2,1)

② = VLOOKUP(C12,$C$12:$D$15,2,0)

③ = VLOOKUP(B2,$C$12:$D$15,2,0)

④ = VLOOKUP(B2,$C$12:$D$15,2,1)

16 Z회사에 근무하고 있는 P씨는 클립보드를 이용하여 작업을 하고자 한다. 이에 대한 설명으로 옳지 않은 것은?

① 클립보드는 하나의 프로그램에서 다른 프로그램으로 데이터를 복사하거나 붙여넣기 할 때 임시 저장공간으로 사용된다.

② 복사하기를 한 것은 여러 번 붙여넣기가 가능하지만 잘라내기 한 것은 한 번만 붙여넣기가 가능하다.

③ 복사하기를 하여 다른 곳에 붙이는 경우 원래의 문서에는 아무런 변화가 생기지 않는다.

④ 다른 프로그램에서 복사한 텍스트나 그림 항목을 복사하여 특정 워드프로세서 문서에 붙여넣을 수 있다.

17 다음은 '데이터 통합'을 실행하기 위한 방법을 설명하고 있다. 〈보기〉에 설명된 실행 방법 중 올바른 설명을 모두 고른 것은 어느 것인가?

〈보기〉

㈎ 원본 데이터가 변경되면 자동으로 통합 기능을 이용해 구한 계산 결과가 변경되게 할지 여부를 선택할 수 있다.

㈏ 여러 시트에 입력되어 있는 데이터들을 하나로 통합할 수 있으나 다른 통합 문서에 입력되어 있는 데이터를 통합할 수는 없다.

㈐ 통합 기능에서는 표준편차와 분산 함수도 사용할 수 있다.

㈑ 다른 원본 영역의 레이블과 일치하지 않는 레이블이 있는 경우에도 통합 기능을 수행할 수 있다.

① ㈏, ㈐, ㈑

② ㈎, ㈏, ㈐

③ ㈎, ㈏, ㈑

④ ㈎, ㈐, ㈑

18 다음 중 아래 시트에서 수식 '=MOD(A3:A4)'의 값과 수식 '=MODE(A1:A9)'의 값으로 바르게 나열한 것은?

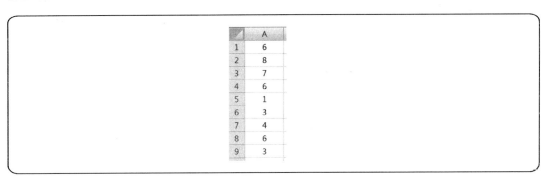

① 1, 3

② 1, 6

③ 1, 8

④ 2, 3

19 다음 설명을 참고할 때, 'ISBN 89 349 0490'코드를 EAN코드로 올바르게 바꾼 것은 어느 것인가?

한국도서번호란 국제적으로 표준화된 방법에 의해, 전 세계에서 생산되는 각종 도서에 부여하는 국제표준도서번호(International Standard Book Number: ISBN) 제도에 따라 우리나라에서 발행되는 도서에 부여하는 고유번호를 말한다. 또한 EAN(European Artical Number)은 바코드 중 표준화된 바코드를 말한다. 즉, EAN코드는 국내뿐만 아니라 전 세계적으로 코드체계(자리수와 규격 등)가 표준화되어 있어 소매점이 POS시스템 도입이나 제조업 혹은 물류업자의 물류관리 등에 널리 사용이 가능한 체계이다.

ISBN코드를 EAN코드로 변환하는 방법은 다음과 같다.

먼저 9자리로 구성된 ISBN코드의 맨 앞에 3자리 EAN 도서번호인 978을 추가한다. 이렇게 연결된 12자리 숫자의 좌측 첫 자리 수부터 순서대로 번갈아 1과 3을 곱한다. 그렇게 곱해서 산출된 모든 수들을 더하고, 다시 10으로 나누게 된다. 이 때 몫을 제외한 '나머지'의 값이 다음과 같은 체크기호와 대응된다

나머지	0	1	2	3	4	5	6	7	8	9
체크기호	0	9	8	7	6	5	4	3	2	1

나머지에 해당하는 체크기호가 확인되면 처음의 12자리 숫자에 체크기호를 마지막에 더하여 13자리의 EAN코드를 만들 수 있게 된다.

① EAN 9788934904909
② EAN 9788934904908
③ EAN 9788934904907
④ EAN 9788934904906

20 다음 중 아래 시트에서 야근일수를 구하기 위해 [B9] 셀에 입력할 함수로 옳은 것은?

① =COUNTBLANK(B3:B8)

② =COUNT(B3:B8)

③ =COUNTA(B3:B8)

④ =SUM(B3:B8)

1 홍보팀에서는 신입사원 6명(A, B, C, D, E, F)을 선배직원 3명(갑, 을, 병)이 각각 2명씩 맡아 문서작성 및 결재 요령에 대하여 1주일 간 교육을 실시하고 있다. 다음 조건을 만족할 때, 신입사원과 교육을 담당한 선배직원의 연결에 대한 설명이 올바른 것은 어느 것인가?

> • B와 F는 같은 조이다.
> • 갑은 A에게 문서작성 요령을 가르쳐 주었다.
> • 을은 C와 F에게 문서작성 및 결재 요령에 대하여 가르쳐 주지 않았다.

① 병은 A를 교육한다.　　　　　　　② D는 을에게 교육을 받지 않는다.
③ C는 갑에게 교육을 받는다.　　　　④ 을은 C를 교육한다.

2 다음 글의 내용이 참일 때, 반드시 참인 것만을 〈보기〉에서 모두 고르면?

> 　A 부서에서는 새로운 프로젝트를 위해 팀을 꾸리고자 한다. 이 부서에는 남자 직원 세현, 승훈, 영수, 준원 4명과 여자 직원 보라, 소희, 진아 3명이 소속되어 있다. 아래의 조건에 따라 이들 가운데 4명을 뽑아 프로젝트 팀에 포함시키려 한다.
> • 남자 직원 가운데 적어도 한 사람은 뽑아야 한다.
> • 여자 직원 가운데 적어도 한 사람은 뽑지 말아야 한다.
> • 세현, 승훈 중 적어도 한 사람을 뽑으면, 준원과 진아도 뽑아야 한다.
> • 영수를 뽑으면, 보라와 소희는 뽑지 말아야 한다.
> • 진아를 뽑으면, 보라도 뽑아야 한다.

> 〈보기〉
> ㉠ 남녀 동수로 팀이 구성된다.
> ㉡ 영수와 소희 둘 다 팀에 포함되지 않는다.
> ㉢ 준원과 보라 둘 다 팀에 포함된다.

① ㉠

② ㉠, ㉡

③ ㉡, ㉢

④ ㉠, ㉡, ㉢

3 빵, 케이크, 마카롱, 쿠키를 판매하고 있는 달콤 베이커리 프랜차이즈에서 최근 각 지점 제품을 섭취하고 복숭아 알레르기가 발생했다는 민원이 제기되었다. 해당 제품에는 모두 복숭아가 들어가지 않지만, 복숭아를 사용한 제품과 인접 시설에서 제조하고 있다. 아래의 사례를 참고할 때 다음 중 반드시 거짓인 경우는?

- 복숭아 알레르기 유발 원인이 된 제품은 빵, 케이크, 마카롱, 쿠키 중 하나이다.
- 각 지점에서 복숭아 알레르기가 있는 손님이 섭취한 제품과 알레르기 유무는 아래와 같다.

광화문점	빵과 케이크를 먹고 마카롱과 쿠키를 먹지 않은 경우, 알레르기가 발생했다.
종로점	빵과 마카롱을 먹고 케이크와 쿠키를 먹지 않은 경우, 알레르기가 발생하지 않았다.
대학로점	빵과 쿠키를 먹고 케이크와 마카롱을 먹지 않은 경우 알레르기가 발생했다.
홍대점	케이크와 마카롱을 먹고 빵과 쿠키를 먹지 않은 경우 알레르기가 발생했다.
상암점	케이크와 쿠키를 먹고 빵과 마카롱을 먹지 않은 경우 알레르기가 발생하지 않았다.
강남점	마카롱과 쿠키를 먹고 빵과 케이크를 먹지 않은 경우 알레르기가 발생하지 않았다.

① 광화문점, 종로점, 홍대점의 사례만을 고려하면 케이크가 알레르기의 원인이다.

② 광화문점, 대학로점, 상암점의 사례만을 고려하면, 빵이 알레르기의 원인이다.

③ 종로점, 홍대점, 강남점의 사례만을 고려하면, 케이크가 알레르기의 원인이다.

④ 대학로점, 홍대점, 강남점의 사례만을 고려하면, 마카롱이 알레르기의 원인이다.

4 다음 글의 내용이 참일 때, 반드시 참인 것만을 〈보기〉에서 모두 고르면?

> 세 사람 가훈, 나훈, 다훈은 지난 회의가 열린 날짜와 요일에 대해 다음과 같이 기억을 달리하고 있다.
> • 가훈은 회의가 5월 8일 목요일에 열렸다고 기억한다.
> • 나훈은 회의가 5월 10일 화요일에 열렸다고 기억한다.
> • 다훈은 회의가 6월 8일 금요일에 열렸다고 기억한다.
> 추가로 다음과 같은 사실이 알려졌다.
> • 회의는 가훈, 나훈, 다훈이 언급한 월, 일, 요일 중에 열렸다.
> • 세 사람의 기억 내용 가운데 한 사람은 월, 일, 요일의 세 가지 사항 중 하나만 맞혔고, 한 사람은 하나만 틀렸으며, 한 사람은 어느 것도 맞히지 못했다.

> 〈보기〉
> ㉠ 회의는 6월 10일에 열렸다.
> ㉡ 가훈은 어느 것도 맞히지 못한 사람이다.
> ㉢ 다훈이 하나만 맞힌 사람이라면 회의는 화요일에 열렸다.

① ㉠

② ㉠, ㉡

③ ㉡, ㉢

④ ㉠, ㉡, ㉢

5 〈보기〉에 제시된 네 개의 명제가 모두 참일 때, 다음 중 거짓인 것은?

> 〈보기〉
> ㉠ 甲 지역이 1급 상수원이면 乙 지역은 1급 상수원이 아니다.
> ㉡ 丙 지역이 1급 상수원이면 乙 지역도 1급 상수원이다.
> ㉢ 丁 지역이 1급 상수원이면 甲 지역도 1급 상수원이다.
> ㉣ 丙 지역이 1급 상수원이 아니면 戊 지역도 1급 상수원이 아니다.

① 甲 지역이 1급 상수원이면 丙 지역도 1급 상수원이다.

② 丁 지역이 1급 상수원이면 丙 지역은 1급 상수원이 아니다.

③ 丙 지역이 1급 상수원이면 甲 지역은 1급 상수원이 아니다.

④ 戊 지역이 1급 상수원이면 丁 지역은 1급 상수원이 아니다.

6 고 대리, 윤 대리, 염 사원, 서 사원 중 1명은 갑작스런 회사의 사정으로 인해 오늘 당직을 서야 한다. 이들은 논의를 통해 당직자를 결정하였으나, 동료인 최 대리에게 다음 〈보기〉와 같이 말하였고, 이 중 1명만이 진실을 말하고, 3명은 거짓말을 하였다. 당직을 서게 될 사람과 진실을 말한 사람을 순서대로 알맞게 나열한 것은 어느 것인가?

> 〈보기〉
> 고 대리 : "윤 대리가 당직을 서겠다고 했어."
> 윤 대리 : "고 대리는 지금 거짓말을 하고 있어."
> 염 사원 : "저는 오늘 당직을 서지 않습니다, 최 대리님."
> 서 사원 : "당직을 서는 사람은 윤 대리님입니다."

① 고 대리, 서 사원
② 염 사원, 고 대리
③ 서 사원, 윤 대리
④ 염 사원, 윤 대리

제2장 국내출장

제12조(국내출장신청) 국내출장 시에는 출장신청서를 작성하여 출장승인권자의 승인을 얻은 후 부득이한 경우를 제외하고는 출발 24시간 전까지 출장담당부서에 제출하여야 한다.

제13조(국내여비)

① 철도여행에는 철도운임, 수로여행에는 선박운임, 항로여행에는 항공운임, 철도 이외의 육로여행에는 자동차운임을 지급하며, 운임의 지급은 별도 책정된 기준에 의한다. 다만, 전철구간에 있어서 철도운임 외에 전철요금이 따로 책정되어 있는 때에는 철도운임에 갈음하여 전철요금을 지급한다.

② 회사 소유의 교통수단을 이용하거나 요금지불이 필요 없는 경우에는 교통비를 지급하지 아니한다. 이 경우 유류대, 도로사용료, 주차료 등은 귀임 후 정산할 수 있다.

③ 직원의 항공여행은 일정 등을 고려하여 필요하다고 인정되는 경우로 부득이 항공편을 이용하여야 할 경우에는 출장신청 시 항공여행 사유를 명시하고 출장결과 보고서에 영수증을 첨부하여야 하며, 출장신청 후 출발 전 기상악화 등으로 항공편 이용이 불가한 경우 사후 그 사유를 명시하여야 한다.

④ 국내출장자의 일비 및 식비는 〈별표1〉에서 정하는 바에 따라 출발일과 도착일을 포함한 일수를 기준으로 정액 지급하고 숙박비는 상한액 범위 내에서 사후 실비로 정산한다. 다만, 업무형편, 그 밖에 부득이한 사유로 인하여 숙박비를 초과하여 지출한 때에는 숙박비 상한액의 10분의 3을 넘지 아니하는 범위에서 추가로 지급할 수 있다.

⑤ 일비는 출장일수에 따라 지급하되, 공용차량 또는 공용차량에 준하는 별도의 차량을 이용하거나 차량을 임차하여 사용하는 경우에는 일비의 2분의 1을 지급한다.

⑥ 친지 집 등에 숙박하거나 2인 이상이 공동으로 숙박하는 경우 출장자가 출장 이행 후 숙박비에 대한 정산을 신청하면 회계담당자는 숙박비를 지출하지 않은 인원에 대해 1일 숙박당 20,000원을 지급 할 수 있다. 단, 출장자의 출장에 대한 증빙은 첨부하여야 한다.

제14조(장기체재)

① 동일지역에 장기간 체재하는 경우에 일비는 도착 다음날로부터 기산하여 15일 초과 시는 그 초과 일수에 대하여 1할을, 30일 초과 시는 그 초과 일수에 대하여 2할을, 60일 이상 초과 시는 그 초과일수에 대하여 3할을 각각 감액한다.

② 제1항의 경우에 장기체재기간 중 일시 다른 지역에 업무상 출장하는 경우에는 장기체재 계획서에 출장 내역을 포함시켜야 하며, 그 출장기간을 장기체재기간에서 공제하고 잔여 체재기간을 계산한다.

제15조(국내파견자의 여비) 업무수행을 목적으로 회사 및 회사 사무소 외 지역 또는 유관기관에 파견 근무를 하는 직원의 여비는 파견승인 시 승인권자의 결재를 받아 지급할 수 있다. 다만, 파견지에서 여비조로 실비를 지급하거나 숙박시설을 제공하는 경우에는 이에 상당하는 금액을 차감 지급한다.

〈별표1〉

구분	일비/일	식비/일	숙박비 상한액/박
임원	50,000원	30,000원	60,000원
부장~차장	40,000원	25,000원	50,000원
과장~사원	35,000원	25,000원	40,000원

7 다음 중 위의 규정에 대한 올바른 설명이 아닌 것은 어느 것인가?

① 출장지까지의 철도요금이 25,000원일 경우, 전철요금이 18,000원으로 책정되어 있더라도 철도운임 25,000원의 여비를 신청해야 한다.

② 출장자가 친지, 친구 등의 집에 머무르게 되어 숙박비를 지불하지 않은 경우에도 일정 금액은 숙박비로 지급될 수 있다.

③ 출장지 도착 다음날부터 한 곳에서만 35일 간 장기 출장을 하게 될 L차장은 총 130만 원의 일비를 지급받게 된다.

④ T과장의 출장 시 부득이한 사유로 숙소 예약에 차질이 생겨 하루 숙박비가 60,000원인 숙소를 이용하게 될 경우, T과장은 1박당 8,000원의 숙박비를 자비로 부담하게 된다.

8 다음과 같은 출장의 경우, 출장자들에게 지급되는 일비의 총액은 얼마인가?

- 출장 인원 : A본부장, B부장, C대리
- 출장 기간 : 2박 3일
- 출장지 지사 차량으로 전 일정 이동함

① 180,000원   ② 185,000원
③ 187,500원   ④ 188,000원

┃9~10┃ 다음 자료를 읽고 이어지는 물음에 답하시오.

〈등급별 성과급 지급액〉

성과평가 종합점수	성과 등급	등급별 성과급
95점 이상	S	기본급의 30%
90점 이상~95점 미만	A	기본급의 25%
85점 이상~90점 미만	B	기본급의 20%
80점 이상~85점 미만	C	기본급의 15%
75점 이상~80점 미만	D	기본급의 10%

〈항목별 평가 점수〉

	영업1팀	영업2팀	영업3팀	영업4팀	영업5팀
수익 달성률	90	93	72	85	83
매출 실적	92	78	90	88	87
근태 및 부서평가	90	89	82	77	93

* 항목별 평가 종합점수는 수익 달성률 점수의 40%, 매출 실적 점수의 40%, 근태 및 부서평가 점수의 20%를 합산해서 구함.

〈각 팀별 직원의 기본급〉

직원	기본급
곽 대리(영업1팀)	210만 원
엄 과장(영업2팀)	260만 원
신 차장(영업3팀)	320만 원
남 사원(영업4팀)	180만 원
권 대리(영업5팀)	220만 원

* 팀별 성과급은 해당 팀의 모든 직원에게 적용된다.

9 위의 자료를 참고할 때, 항목별 평가 종합점수 순위가 두 번째와 세 번째인 팀을 순서대로 짝지은 것은 어느 것인가?

① 영업2팀, 영업3팀

② 영업3팀, 영업4팀

③ 영업5팀, 영업2팀

④ 영업3팀, 영업2팀

10 영업1팀의 곽 대리와 영업3팀의 신 차장이 받게 될 성과급은 각각 얼마인가?

① 55만 5천 원, 44만 원

② 54만 2천 원, 46만 원

③ 52만 5천 원, 48만 원

④ 51만 8천 원, 49만 원

11 다음은 영철이가 작성한 A, B, C, D 네 개 핸드폰의 제품별 사양과 사양에 대한 점수표이다. 다음 표를 본 영미가 〈보기〉와 같은 상황에서 두 종류의 휴대폰을 구매한다고 할 때, 선택하기에 가장 적절한 제품 두 가지를 순서대로 고르면?

구분	A	B	C	D
크기	153.2×76.1×7.6	154.4×76×7.8	154.4×75.8×6.9	139.2×68.5×8.9
무게	171g	181g	165g	150g
RAM	4GB	3GB	4GB	3GB
저장공간	64GB	64GB	32GB	32GB
카메라	16Mp	16Mp	8Mp	16Mp
배터리	3,000mAh	3,000mAh	3,000mAh	3,000mAh
가격	653,000원	616,000원	599,000원	549,000원

〈사양별 점수표〉

무게	160g 이하	161~180g	181~200g	200g 이상
	20점	18점	16점	14점
RAM	3GB		4GB	
	15점		20점	
저장 공간	32GB		64GB	
	18점		20점	
카메라	8Mp		16Mp	
	8점		20점	
가격	550,000원 미만	550,000~600,000 원 미만	600,000~650,000 원 미만	650,000원 이상
	20점	18점	16점	14점

"나도 이번에 핸드폰을 바꾸려 하는데, 내가 가장 중요하게 생각하는 조건은 저장 공간이야. 그 다음으로는 무게가 가벼웠으면 좋겠고, 다음 카메라 기능이 좋은 걸 원하지. 음...다른 기능은 전혀 고려하지 않지만, 저장 공간, 무게, 카메라 기능 점수에 각각 가중치를 30%, 20%, 10% 추가로 두고 있어."

① A제품과 D제품
② B제품과 C제품
③ A제품과 C제품
④ B제품과 A제품

12 다음은 주식회사 서원각의 팀별 성과급 지급 기준이다. Y팀의 성과평가결과가 다음과 같다면 지급되는 성과급의 1년 총액은?

〈Y팀의 성과평가 결과〉

구분	1/4 분기	2/4 분기	3/4 분기	4/4 분기
유용성	8	8	10	8
안전성	8	6	8	8
서비스 만족도	6	8	10	8

〈성과급 지급 방법〉

⑺ 성과급 지급은 성과평가 결과와 연계함.
⑻ 성과평가는 유용성, 안전성, 서비스 만족도의 총합으로 평가함. 단, 유용성, 안전성, 서비스 만족도의 가중치를 각각 0.4, 0.4, 0.2로 부여함.
⑼ 성과평가 결과를 활용한 성과급 지급 기준은 다음과 같음.

성과평가 점수	성과평가 등급	분기별 성과급 지급액	비고
9.0 이상	A	100만 원	성과평가 등급이 A이면 직전분기 차감액의 50%를 가산하여 지급
8.0 이상 9.0 미만	B	90만 원 (10만 원 차감)	
7.0 이상 8.0 미만	C	80만 원 (20만 원 차감)	
7.0 미만	D	40만 원 (60만 원 차감)	

① 350만 원
② 360만 원
③ 370만 원
④ 380만 원

13 K사의 가, 나, 다, 라 팀은 출장지로 이동하는데, 각 팀별로 움직이려고 한다. 동일 출장지로 운항하는 5개의 항공사별 수하물 규정은 다음과 같다. 다음 규정을 참고할 때, 각 팀에서 판단한 것으로 올바르지 않은 것은 어느 것인가?

	화물용	기내 반입용
갑 항공사	A+B+C=158 cm 이하, 각 23kg, 2개	A+B+C=115cm 이하, 10kg~12kg, 2개
을 항공사		A+B+C=115cm 이하, 10kg~12kg, 1개
병 항공사	A+B+C=158 cm 이하, 20kg, 1개	A+B+C=115cm 이하, 7kg~12kg, 2개
정 항공사	A+B+C=158 cm 이하, 각 20kg, 2개	A+B+C=115cm 이하, 14kg 이하, 1개
무 항공사		A+B+C=120cm 이하, 14kg~16kg, 1개

* A, B, C는 가방의 가로, 세로, 높이의 길이를 의미함.

① '가' 팀 : 기내 반입용 가방이 최소한 2개가 되어야 하니 일단 '갑 항공사', '병 항공사'밖엔 안 되겠군.

② '나' 팀 : 가방 세 개 중 A+B+C의 합이 2개는 155cm, 1개는 118cm이니 '무 항공사' 예약상황을 알아봐야지.

③ '다' 팀 : 무게로만 따지면 '병 항공사'보다 '을 항공사'를 이용하면 더 많은 짐을 가져갈 수 있겠군.

④ '라' 팀 : 가방의 총 무게가 55kg을 넘어갈 테니 반드시 '갑 항공사'를 이용해야겠네.

14 다음은 카지노를 경영하는 사업자에 대한 관광진흥개발기금 납부에 관한 규정이다. 카지노를 경영하는 甲은 연간 총매출액이 90억 원이며 기한 내 납부금으로 4억 원만을 납부했다. 다음 규정에 따를 경우 甲의 체납된 납부금에 대한 가산금은 얼마인가?

> 카지노를 경영하는 사업자는 아래의 징수비율에 해당하는 납부금을 '관광진흥개발기금'에 내야 한다. 만일 납부기한까지 납부금을 내지 않으면, 체납된 납부금에 대해서 100분의 3에 해당하는 가산금이 1회에 한하여 부과된다(다만, 가산금에 대한 연체료는 없다).
>
> 〈납부금 징수비율〉
> • 연간 총매출액이 10억 원 이하인 경우 : 총매출액의 100분의 1
> • 연간 총매출액이 10억 원을 초과하고 100억 원 이하인 경우 : 1천만 원+(총매출액 중 10억 원을 초과하는 금액의 100분의 5)
> • 연간 총매출액이 100억 원을 초과하는 경우 : 4억 6천만 원+(총매출액 중 100억 원을 초과하는 금액의 100분의 10)

① 30만 원
② 90만 원
③ 160만 원
④ 180만 원

15 G 음료회사는 신제품 출시를 위해 시제품 3개를 만들어 전직원을 대상으로 블라인드 테스트를 진행한 후 기획팀에서 회의를 하기로 했다. 독창성, 대중성, 개인선호도 세 가지 영역에 총 15점 만점으로 진행된 테스트 결과가 다음과 같을 때, 기획팀 직원들의 발언으로 옳지 않은 것은?

	독창성	대중성	개인선호도	총점
시제품 A	5	2	3	10
시제품 B	4	4	4	12
시제품 C	2	5	5	12

① 우리 회사의 핵심가치 중 하나가 창의성 아닙니까? 저는 독창성 점수가 높은 A를 출시해야 한다고 생각합니다.
② 독창성이 높아질수록 총점이 낮아지는 것을 보지 못하십니까? 저는 그 의견에 반대합니다.
③ 무엇보다 현 시점에서 회사의 재정상황을 타개하기 위해서는 대중성을 고려하여 높은 이윤이 날 것으로 보이는 C를 출시해야 하지 않겠습니까?
④ 그럼 독창성과 대중성, 개인선호도를 모두 고려하여 B를 출시하는 것이 어떻겠습니까?

16 다음은 부당노동행위 사건처리 및 감독 현황에 대한 고용노동부 자료의 일부이다. 다음 자료를 참고할 때, 〈보기〉에 제시된 부당노동행위의 형태를 주어진 서로 다른 세 가지의 유형으로 적절히 나눈 것은 어느 것인가?

> ▫ 고용노동부에서는 산업현장을 중심으로 부당노동행위가 지속되고 있다는 현실을 감안하여, 지난 한 해 부당노동행위를 근절하기 위한 신고사건 처리 및 사업장 감독을 실시하고 그 결과를 발표하였다.
> • 부당노동행위는 사용자가 근로자의 노동3권을 침해하는 행위로 현행 「노동조합 및 노동관계조정법」에서도 금지되어 있으며, 노동현장에서 반드시 근절되어야 할 범죄행위라는 점에서, 고용노동부는 부당노동행위 근절을 노동행정의 최우선순위에 두고 지속적인 감독을 실시해 오고 있다.
>
> * (노조법 제81조 부당노동행위) 사용자는 다음 각 호의 행위를 할 수 없다.
> ① 노조가입·조직, 정당한 조합활동·단체행동 등을 이유로 한 불이익 취급
> ② 특정 노조에의 가입·탈퇴를 고용조건으로 하는 경우
> ③ 정당한 이유 없는 단체교섭 거부
> ④ 노동조합의 조직·운영에 대한 지배·개입 및 운영비 원조
> ⑤ 행정관청·노동위원회에 신고 또는 증거제출 등을 이유로 한 불이익 취급
> * 위반 시 2년 이하 징역 또는 2천만 원 이하 벌금(법 제90조)

〈보기〉

㈎ 노조활동을 약화시키기 위한 목적으로 노조원 9명에게 권고사직 및 전적 등을 요구하였고, 이를 거부하자 프로젝트 점검팀을 신설하여 전보 인사 발령

㈏ 조합원을 △△△개발센터 등으로 전보하여 특별한 업무가 없거나 본연의 업무와 무관한 업무(예 스케이트장, 주차장 관리 등)를 수행토록 함

㈐ 회사는 창구단일화 절차를 진행하면서 노동조합의 교섭요구 사실을 전체 사업장에 공고하여야 함에도 본사에만 공고하고, 전국에 산재해 있는 지사에는 교섭요구사실을 공고하지 않음

㈑ 회사는 '16.3월 경 조합원 A대리에게 기존노조에 대항하는 신규노조를 설립토록 지도하고, 노사협의회 등 근로자대표를 노동조합에 준하여 지원하고, 이를 이용해 노조 간 갈등을 부추김

㈒ 회사는 ○○노조 소속 조합원들의 노동조합 탈퇴계획을 수립하고 이를 조직적으로 실행토록 지시

① [㈎] – [㈏, ㈐] – [㈑, ㈒]
② [㈎, ㈏, ㈐] – [㈑] – [㈒]
③ [㈎, ㈏] – [㈐, ㈑] – [㈒]
④ [㈎, ㈏] – [㈐] – [㈑ - ㈒]

17 다음은 A은행의 인터넷 외화 송금 시의 유의사항에 대한 안내문이다. 다음 글을 토대로 할 때, 유의사항에 따른 적절한 송금 행위를 〈보기〉에서 모두 고른 것은 어느 것인가?

인터넷 외화 송금 시 유의사항

☞ **가족 또는 친구에게 송금(지급증빙 미제출) 시 유의사항**
- 지정거래외국환은행은 매년 새로 지정하셔야 합니다(인터넷뱅킹으로 지정 가능).
- 연간 누계액 미화 5만 불 상당액 이하로 보내실 수 있으며(영업점 송금액 포함), 누계액 미화 5만 불 초과 송금 시에는 한국은행 신고 후 영업점을 통해 송금하시기 바랍니다.
- 해외의 본인계좌로 송금 시에는 이용할 수 없으니 거래영업점에서 '거주자의 해외예금'의 신고 절차를 거쳐 송금하시기 바랍니다.

☞ **해외유학생, 체재자 송금 시 유의사항**
- 재학사실을 입증하는 서류(유학생) 또는 소속 기관의 출장, 파견을 입증하는 서류(체재자) 등을 거래영업점에 제출하여 거래외국환은행을 지정하여야 송금이 가능하고, 유효기일이 만료 전에 연장 신청하여야 합니다.
- 연간 송금 누계액 미화 10만 불 상당액 이하로 보내실 수 있으며(영업점 송금액 및 환전 누계액 포함) 초과 송금 시에는 지정거래외국환은행 영업점을 통해 송금하시기 바랍니다.

☞ **국내송금 시 유의사항**
- 외국환거래 규정상 수취인이 비거주자, 개인인 외국인거주자, 재외공관에 근무하는 직원 및 동거 가족인 경우(이상 대외계정의 이체)는 거래영업점을 방문하여 지급증빙서류를 제출하시고 송금하셔야 합니다.
- 국내실시간외화송금(금결원)은 출금계좌와 수취인계좌가 외화예금만 가능합니다.
  (단, 송금 시 수수료 출금계좌는 원화·외화계좌 모두 가능합니다.)

☞ **무역대전송금**
- 건당 미화 10만 불 상당액 초과로 보내실 경우에는 거래영업점을 방문하여 지급증빙서류를 제출하시고 거래하셔야 합니다.
- 본 거래는 은행영업일에 가능하며, 거래 완료 후 거래영업점으로 지급증빙서류를 제출하셔야 합니다(팩스송부 가능).

〈보기〉

㈎ 길동이는 해외에 자신 명의의 계좌로 미화 2만 불을 송금하고자 한다.
㈏ 갑순이는 작년에 이어 올해에도 자녀 유학자금으로 1년치에 해당하는 미화 3만 불을 일시 송금하고자 한다.
㈐ 갑동이는 며칠 간 관광차 방한한 한국 계좌를 보유한 외국인 친구에게 미화 1만 불을 송금하기 위하여 영업점을 방문하고자 한다.
㈑ 을순이는 무역대금으로 지불할 미화 11만 불을 영업점 방문 없이 인터넷 송금하고자 한다.

① ㈏, ㈐   ② ㈎, ㈑

③ ㈐, ㈑   ④ ㈎, ㈏

전기안전 사고요령

1. 거실이나 욕실, 주방에 등 스위치를 켜면 가끔 현관 센서 등이 저절로 켜지던데요?

이런 현상은 일부 업체 모델의 경우 회로 구성의 불안정으로 인한 노이즈에 의해 일어나는 경우가 많습니다. 과거에는 대부분 백열등을 사용했으나 최근엔 삼파장 램프를 많이 사용하게 되어 나타나는 현상입니다. 노이즈의 피해는 주거공간에서 많이 쓰이는 홈오토메이션의 오동작, 전등 리모컨의 오동작, 센서모듈의 내압파손, 화재감지기의 오동작, 화재감시반 PCB 내압으로 인한 파손 등에서 광범위하게 일어나고 있습니다. 또한 5℃ 이상의 급격한 주변온도 변화에 의해 동작을 하는 경우도 있는데요. 특히 겨울철에는 실내외 온도차가 큰 바람이 부는 경우 오동작의 발생확률이 더욱 높아집니다. 이러한 회로구성의 불안정으로 발생한 문제점들은 노이즈 제거필터를 설치하여 제거할 수 있다는 점 꼭 기억하세요.

2. 설치한지 얼마 안 되는 형광등이 자꾸 깜박거리고 윙소리가 나요. 형광등을 갈았는데 불빛도 약하고 깜박거리다가 불빛이 환하게 돌아올 때도 있어요.

가정에서 자주 발생하는 형광등의 고장은 램프가 정상이라면 대부분 안정기의 불량입니다. 전자식은 스타터 전구가 없기 때문에 안정기를 별도로 구매하셔서 교체하시면 문제를 해결하실 수 있습니다.

3. 36와트 전자식 안정기에 55와트 램프를 사용하면 어떤 위험이 있나요?

36와트 전자식 안정기에 55와트 램프를 사용하면 초기에는 잘 들어오지만 지속적으로 사용할 경우 램프에 흑화현상이나 수명이 단축될 수 있으므로 램프는 꼭 규격에 맞는 제품을 사용해야 합니다. 특히 55와트 전자식 안정기에 36와트 램프를 사용하면 과열로 인한 화재위험이 발생할 수 있으니 절대로 사용하면 안 됩니다.

4. 고장난줄 알았던 TV 리모컨이 형광등을 끄고 사용해보니 정상적으로 작동되던데 왜 그런가요?

형광등을 동작시키는 방법은 두 가지가 있습니다. 60㎐를 그대로 사용하는 방법과 고주파로 변환시켜 사용하는 방법인데요. 전자식과 삼파장 형광등이 이런 방법에 속하고 이때 발진 주파수는 30㎑~50㎑ 정도 됩니다. 리모컨의 경우는 감도를 높이기 위해 38㎑로 변조시켜 송수신을 하는데 형광등의 스위칭 주파수가 공교롭게도 리모컨의 캐리어 주파수와 비슷해지면 이러한 현상을 일으키곤 합니다.

18 욕실 등 스위치를 켜면 현관 센서 등이 저절로 켜지는 현상에 대한 설명으로 옳지 않은 것은?

① 노이즈 제거필터를 설치하여 이러한 현상을 제거할 수 있다.

② 백열등을 많이 사용하게 되어 나타나는 현상이다.

③ 급격한 주변온도 변화에 의해 발생하기도 한다.

④ 이러한 현상으로 인해 화재감지기의 오동작이 나타날 수 있다.

19 전기안전 사고요령으로 옳은 것은?

① 36와트 전자식 안정기에 55와트 램프를 사용하면 화재의 위험이 있으므로 절대로 사용하면 안 된다.

② 작동하지 않던 TV 리모컨이 형광등을 끄고 사용하면 정상적으로 작동하는 경우 리모컨을 재래식으로 바꿔주어야 한다.

③ 겨울철에 실내외 온도차가 큰 바람이 부는 경우 주방 등 스위치를 켰을 때 현관 센서 등이 저절로 켜지는 현상이 발생할 확률이 더 높아진다.

④ 형광등을 갈았는데 깜박거리다가 환하게 돌아오는 경우, 전자식이라면 스타터 전구가 있어 교체할 필요가 없다.

20 다음은 특보의 종류 및 기준에 관한 자료이다. ㉠과 ㉡의 상황에 어울리는 특보를 올바르게 짝지은 것은?

〈특보의 종류 및 기준〉

종류	주의보	경보
강풍	육상에서 풍속 14m/s 이상 또는 순간풍속 20m/s 이상이 예상될 때. 다만, 산지는 풍속 17m/s 이상 또는 순간풍속 25m/s 이상이 예상될 때	육상에서 풍속 21m/s 이상 또는 순간풍속 26m/s 이상이 예상될 때. 다만, 산지는 풍속 24m/s 이상 또는 순간풍속 30m/s 이상이 예상될 때
호우	6시간 강우량이 70mm 이상 예상되거나 12시간 강우량이 110mm 이상 예상될 때	6시간 강우량이 110mm 이상 예상되거나 12시간 강우량이 180mm 이상 예상될 때
태풍	태풍으로 인하여 강풍, 풍랑, 호우 현상 등이 주의보 기준에 도달할 것으로 예상될 때	태풍으로 인하여 풍속이 17m/s 이상 또는 강우량이 100mm 이상 예상될 때. 다만, 예상되는 바람과 비의 정도에 따라 아래와 같이 세분한다. |	3급	2급	1급
바람(m/s)	17~24	25~32	33이상
비(mm)	100~249	250~399	400이상	
폭염	6월~9월에 일최고기온이 33℃ 이상이고, 일최고열지수가 32℃ 이상인 상태가 2일 이상 지속될 것으로 예상될 때	6월~9월에 일최고기온이 35℃ 이상이고, 일최고열지수가 41℃ 이상인 상태가 2일 이상 지속될 것으로 예상될 때

㉠ 태풍이 남해안에 상륙하여 울산지역에 270mm의 비와 함께 풍속 26m/s의 바람이 예상된다.
㉡ 지리산에 오후 3시에서 오후 9시 사이에 약 130mm의 강우와 함께 순간풍속 28m/s가 예상된다.

	㉠	㉡
①	태풍경보 1급	호우주의보
②	태풍경보 2급	호우경보+강풍주의보
③	태풍주의보	강풍주의보
④	태풍경보 2급	호우경보+강풍경보

1 조직체제 안에는 조직을 이루는 여러 집단이 있다. 다음 중 '집단'의 특징을 적절하게 설명하지 못한 것은?

① 비공식적으로 구성된 집단은 조직구성원들의 요구에 따라 자발적으로 형성되었으며, 봉사활동 동아리, 친목 동호회 등이 있다.

② 조직 내에서는 한정된 자원을 가지고 상반된 목표를 추구하기 때문에 경쟁이 발생하기도 한다.

③ 조직 내 집단은 일반적으로 이익 집단과 감독 집단으로 나뉜다.

④ 집단 간의 적절한 갈등은 응집성이 강화되고 집단의 활동이 더욱 조직화되는 장점이 있다.

2 '조직몰입'에 대한 다음 설명을 참고할 때, 조직몰입의 유형에 대한 설명으로 적절하지 않은 것은 어느 것인가?

> 몰입이라는 용어는 사회학에서 주로 다루어져 왔는데 사전적 의미에서 몰입이란 "감성적 또는 지성적으로 특정의 행위과정에서 빠지는 것"이므로 몰입은 타인, 집단, 조직과의 관계를 포함하며, 조직몰입은 종업원이 자신이 속한 조직에 대해 얼마만큼의 열정을 가지고 몰두하느냐 하는 정도를 가리키는 개념이다. 즉, 조직에 대한 충성 동일화 및 참여의 견지에서 조직구성원이 가지는 조직에 대한 성향을 의미한다. 또한 조직몰입은 조직의 목표와 가치에 대한 강한 신념과 조직을 위해 상당한 노력을 하고자 하는 의지 및 조직의 구성원으로 남기를 바라는 강한 욕구를 의미하기도 한다. 최근에는 직무만족보다 성과나 이직 등의 조직현상에 대한 설명력이 높다는 관점에서 조직에 대한 조직구성원의 태도를 나타내는 조직몰입은 많은 연구의 관심사가 되고 있다.

① '도덕적 몰입'은 비영리적 조직에서 찾아볼 수 있는 조직몰입 형태이다.

② 조직과 구성원 간의 관계가 타산적이고 합리적일 때의 유형은 '계산적 몰입'에 해당된다.

③ 조직과 구성원 간의 관계가 부정적, 착취적 상태인 몰입의 유형은 '소외적 몰입'에 해당된다.

④ '도덕적 몰입'은 몰입의 정도가 가장 낮다고 할 수 있다.

3 다음 설명을 참고할 때, 밑줄 친 제도가 가질 수 있는 한계점으로 보기 어려운 것은?

> 기업 경영의 방식으로 대기업이 협력사와 함께 원가 절감을 위한 공정 개선과 신기술 개발 등을 추진하고 이 같은 협력 활동의 성과를 나누는 '성과공유제'가 있다. 이와는 다르게 '초과이익공유제'라는 방식이 있고, 이것은 원청기업·하청기업 간에 사전에 합의한 이익목표를 원청기업이 초과 달성하면 쌍방 간에 합의한 규칙에 따라 나누는 계약을 말한다.

① 기업이 전략 노출 등의 이유로 목표이익을 미리 설정하여 공개할 수 있는지 확신할 수 없다.

② 비용을 과다하게 계상하여 사실과 왜곡된 이익 자료를 발표할 수 있다.

③ 원청기업·하청기업 간에 초과이익을 공유하는 다양한 방식을 둘러싼 불협화음이 생길 수 있다.

④ 원청기업은 이익을 공유하는 국내 협력업체보다 이런 의무가 없는 해외 협력업체에 의존할 가능성이 커질 수 있다.

4 다음 두 조직의 특성을 참고할 때, '갈등관리' 차원에서 본 두 조직에 대한 설명으로 적절하지 않은 것은 어느 것인가?

> 감사실은 늘 조용하고 직원들 간의 업무적 대화도 많지 않아 전화도 큰소리로 받기 어려운 분위기다. 다들 무언가를 열심히 하고 있지만 직원들끼리의 교류나 상호작용은 찾아보기 힘들고 왠지 활기찬 느낌은 없다. 그렇지만 직원들끼리 반목과 불화가 있는 것은 아니며, 부서장과 부서원들 간의 관계도 나쁘지 않아 큰 문제없이 맡은 바 임무를 수행해 나가는 조직이다.
>
> 반면, 빅데이터 운영실은 하루 종일 떠들썩하다. 한쪽에선 시끄러운 전화소리와 고객과의 마찰로 빚어진 언성이 오가며 여기저기 조직원들끼리의 대화가 끝없이 이어진다. 일부 직원은 부서장에게 꾸지람을 듣기도 하고 한쪽에선 직원들 간의 의견 충돌을 해결하느라 열띤 토론도 이어진다. 어딘가 어수선하고 집중력을 요하는 일은 수행하기 힘든 분위기처럼 느껴지지만 의외로 업무 성과는 우수한 조직이다.

① 감사실은 조직 내 갈등이나 의견 불일치 등의 문제가 거의 없어 이상적인 조직으로 평가될 수 있다.

② 빅데이터 운영실에서는 갈등이 새로운 해결책을 만들어 주는 기회를 제공한다.

③ 감사실은 갈등수준이 낮아 의욕이 상실되기 쉽고 조직성과가 낮아질 수 있다.

④ 빅데이터 운영실은 생동감이 넘치고 문제해결 능력이 발휘될 수 있다.

5 다음은 A사의 임직원 행동지침의 일부이다. 이에 대한 설명으로 올바르지 않은 것은 어느 것인가?

제○○조(외국 업체 선정을 위한 기술평가위원회 운영)
- 외국 업체 선정을 위한 기술평가위원회 운영이 필요한 경우 기술평가위원 위촉 시 부패행위 전력자 및 당사 임직원 행동강령 제5조 제1항 제2호 및 제3호에 따른 이해관계자를 배제해야 하며, 기술평가위원회 활동 중인 위원의 부정행위 적발 시에는 해촉하도록 한다.
- 외국 업체 선정을 위한 기술평가위원회 위원은 해당 분야 자격증, 학위 소지여부 등에 대한 심사를 엄격히 하여 전문성을 가진 자로 선발한다.
- 계약관련 외국 업체가 사전로비를 하는 것을 방지하기 위하여 외국 업체 선정을 위한 기술평가위원회 명단을 외부에 공개하는 것을 금지한다.
- 외국 업체 선정을 위한 기술평가위원회를 운영할 경우 위원의 제척, 기피 및 회피제를 포함하여야 하며, 평가의 공정성 및 책임성 확보를 위해 평가위원으로부터 청렴서약서를 징구한다.
- 외국 업체 선정을 위한 기술평가위원회를 개최하는 경우 직원은 평가위원의 발언 요지, 결정사항 및 표결내용 등의 회의결과를 기록하고 보관해야 한다.

① 기술평가위원의 발언과 결정사항 등은 번복이나 변경을 방지하고자 기록된다.
② 기술평가위원이 누구인지 내부적으로는 공개된다.
③ 이해관계에 의한 불공정 평가는 엄정히 방지된다.
④ 기술평가위원에게 해당 분야의 전문성은 필수조건이다.

6 B사의 다음 조직구조를 참고하여, 경영진의 아래와 같은 지시사항을 반영한 새로운 조직구조를 구상할 경우, 이에 대한 올바른 설명이 아닌 것은?

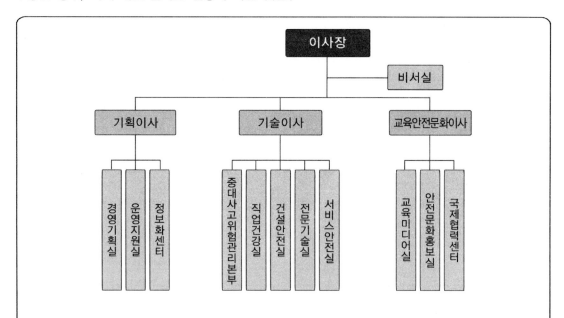

"인사팀장님, 이번 조직개편에서는 조직 구조를 좀 바꾸는 게 어떨까 합니다. 기술이사 산하에는 기술 관련 조직만 놔두고 직원들 작업상의 안전과 건강을 담당하는 나머지 조직은 모두 관리이사를 신설하여 그 산하조직으로 이동하는 것이 더 효율적인 방법일 것 같군요. 아, 중대사고위험관리본부는 이사장 직속 기구로 편제해야 할 것 같고요."

① 모두 4명의 이사가 생기게 된다.
② 기술이사 산하에는 2실이 있게 된다.
③ 전체 인원은 관리이사 1명만 증가하게 된다.
④ 중대사고위험관리본부장은 업무상 이사를 거치지 않고 이사장에게 직접 보고를 하게 된다.

|7~8| 다음 설명을 읽고 분석 결과에 대응하는 전략을 고르시오.

SWOT 분석은 내부 환경요인과 외부 환경요인의 2개의 축으로 구성되어 있다. 내부 환경요인은 자사 내부의 환경을 분석하는 것으로 분석은 다시 자사의 강점과 약점으로 분석된다. 외부환경요인은 자사 외부의 환경을 분석하는 것으로 분석은 다시 기회와 위협으로 구분된다. 내부환경요인과 외부환경요인에 대한 분석이 끝난 후에 매트릭스가 겹치는 SO, WO, ST, WT에 해당되는 최종 분석을 실시하게 된다. 내부의 강점과 약점을, 외부의 기회와 위협을 대응시켜 기업의 목표를 달성하려는 SWOT분석에 의한 발전전략의 특성은 다음과 같다.

• SO전략 : 외부 환경의 기회를 활용하기 위해 강점을 사용하는 전략 선택
• ST전략 : 외부 환경의 위협을 회피하기 위해 강점을 사용하는 전략 선택
• WO전략 : 자신의 약점을 극복함으로써 외부 환경의 기회를 활용하는 전략 선택
• WT전략 : 외부 환경의 위협을 회피하고 자신의 약점을 최소화하는 전략 선택

7 다음 SWOT 분석 사례에 따른 전략으로 적절하지 않은 것은?

S	편의점 운영 노하우 및 경험 보유, 핵심 제품 유통채널 차별화로 인해 가격 경쟁력 있는 제품 판매 가능
W	아르바이트 직원 확보 어려움, 야간 및 휴일 등 시간에 타 지역 대비 지역주민 이동이 적어 매출 증가 어려움
O	주변에 편의점 개수가 적어 기본 고객 확보 가능, 매장 앞 휴게 공간 확보로 소비 유발 효과 기대
T	지역주민의 생활패턴에 따른 편의점 이용률 저조, 근거리에 대형 마트 입점 예정으로 매출 급감 우려 존재

① 가족들이 남는 시간을 투자하여 인력 수급 및 인건비 절감을 도모하는 것은 WT 전략으로 볼 수 있다.

② 저렴한 제품을 공급하여 대형 마트 등과의 경쟁을 극복하고자 하는 것은 SO 전략으로 볼 수 있다.

③ 다년간의 경험을 활용하여 지역 내 편의점 이용 환경을 더욱 극대화시킬 수 있는 방안을 연구하는 것은 SO 전략으로 볼 수 있다.

④ 매장 앞 공간을 쉼터로 활용해 지역 주민 이동 시 소비를 유발하도록 하는 것은 WO 전략으로 볼 수 있다.

8 아래 환경 분석결과에 대응하는 가장 적절한 전략은?

강점(Strength)	• 다년간의 건설 경험 및 신공법 보유 • 우수하고 경험이 풍부한 일용직 근로자 수급 루트 보유
약점(Weakness)	• 모기업 이미지 악화 • 숙련 근로자 이탈 가속화 조짐
기회(Opportunity)	• 지역 주민의 우호적인 분위기 및 기대감 상승 • 은행의 중도금 대출 기준 완화
위협(Threat)	• 인구 유입 유인책 부족으로 미분양 우려 • 자재비용 상승에 따른 원가 경쟁력 저하

내부환경 외부환경	강점(Strength)	약점(Weakness)
기회(Opportunity)	① 새로운 건축공법 홍보 강화를 통한 분양률 제고 모색	② 금융권의 협조를 통한 분양 신청자 유인
위협(Threat)	③ 우수 근로자 운용에 따른 비용 절감으로 가격경쟁력 확보	④ 지역 주민에게 일자리 창출의 기회 제공하여 기대에 부응

9 다음과 같은 전결사항에 관한 사내 규정을 보고 내린 판단으로 적절하지 않은 것은 어느 것인가?

업무내용	결재권자			
	사장	부사장	본부장	팀장
주간업무보고				○
팀장급 인수인계		○		
백만 불 이상 예산집행	○			
백만 불 이하 예산집행		○		
이사회 위원 위촉	○			
임직원 해외 출장	○(임원)		○(직원)	
임직원 휴가	○(임원)		○(직원)	
노조관련 협의사항		○		

〈전결규정〉

☞ 결재권자가 출장, 휴가 등 사유로 부재중일 경우에는 결재권자의 차상급 직위자의 전결사항으로 하되, 반드시 결재권자의 업무 복귀 후 후결로 보완한다.

① 부사장이 출장 시 이루어진 팀장의 업무 인수인계는 부사장 업무 복귀 시 결재를 얻어야 한다.
② 강 대리는 계약 관련 해외 출장을 위하여 본부장의 결재를 얻어야 한다.
③ 최 이사와 노 과장의 동반 출장 보고서는 본부장이 최종 결재권자이다.
④ 예산집행 결재는 금액에 따라 결재권자가 달라진다.

다음과 같은 '갑'사의 위임전결규칙을 참고할 때, 다음 중 적절한 행위로 볼 수 없는 것은 어느 것인가?

업무내용(소요예산 기준)	전결권자				이사장
	팀원	팀장	국(실)장	이사	
가. 공사 도급					
3억 원 이상					○
1억 원 이상				○	
1억 원 미만			○		
1,000만 원 이하		○			
나. 물품(비품, 사무용품 등) 제조/구매 및 용역					
3억 원 이상					○
1억 원 이상				○	
1억 원 미만			○		
1,000만 원 이하		○			
다. 자산의 임(대)차 계약					
1억 원 이상					○
1억 원 미만				○	
5,000만 원 미만			○		
라. 물품수리					
500만 원 이상			○		
500만 원 미만		○			
마. 기타 사업비 예산집행 기본품의					
1,000만 원 이상			○		
1,000만 원 미만		○			

① 국장이 부재 중일 경우, 소요예산 5,000만 원인 공사 도급 계약은 팀장이 전결권자가 된다.

② 소요예산이 800만 원인 인쇄물의 구매 건은 팀장의 전결 사항이다.

③ 이사장이 부재 중일 경우, 소요예산이 2억 원인 자산 임대차 계약 건은 국장이 전결권자가 된다.

④ 소요예산이 600만 원인 물품수리 건은 이사의 결재가 필요하지 않다.

11 다음은 한국전기안전공사의 조직도이다. 조직도를 바르게 이해하지 못한 사람을 모두 고른 것은?

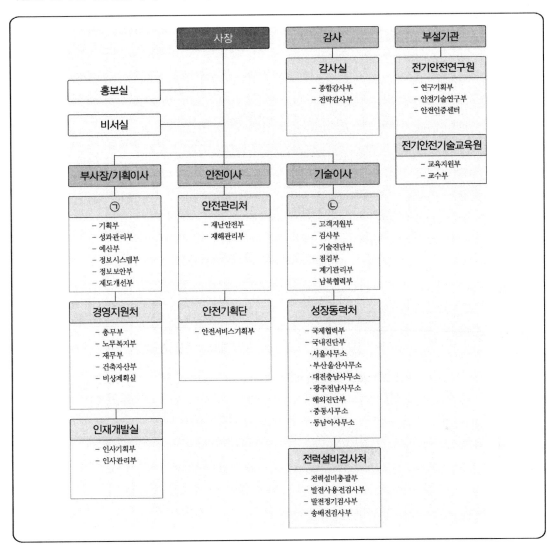

A : ㉠은 기술사업처 ㉡은 기획조정처 일거야.
B : 전기안전연구원과 전기안전기술교육원은 감사 소속 부설기관이야.
C : 각각의 이사들 산하에 3개의 처가 소속되어 있어.
D : 홍보실은 사장 직속으로 소속되어 있네.

① A
② B, D
③ A, B, C
④ B, C, D

12 다음과 같은 문서 결재 양식을 보고 알 수 있는 사항이 아닌 것은 어느 것인가?

출장보고서					
결 재	담당	팀장	본부장	부사장	사장
	박 사원 서명	강 팀장 서명	전결		본부장

① 박 사원 출장을 다녀왔으며, 전체 출장 인원수는 알 수 없다.

② 출장자에 강 팀장은 포함되어 있지 않다.

③ 팀장 이하 출장자의 출장보고서 전결권자는 본부장이다.

④ 부사장은 결재할 필요가 없는 문서이다.

13 다음 중 조직에서 업무가 배정되는 방법에 대한 설명으로 옳지 않은 것은?

① 조직의 업무는 조직 전체의 목적을 달성하기 위해 배분된다.

② 업무를 배정하면 조직을 가로로 구분하게 된다.

③ 직위는 조직의 업무체계 중 하나의 업무가 차지하는 위치이다.

④ 업무를 배정할 때에는 일의 동일성, 유사성, 관련성에 따라 이루어진다.

14 다음 그림과 같은 형태의 조직체계를 유지하고 있는 기업에 대한 설명으로 적절한 것은 어느 것인가?

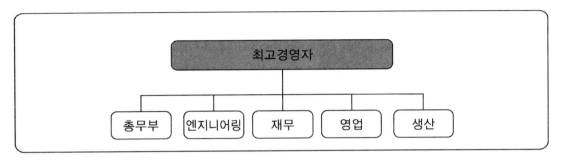

① 의사결정까지 시간이 오래 걸리기 때문에 각 부서장의 역할이 매우 중요한 조직 구조이다.

② 의사결정 권한이 분산되어 더욱 전문적인 업무 처리가 가능하다.

③ 각 부서 간 내부 경쟁을 유발할 수 있다.

④ 조직 내 내부 효율성을 확보할 수 있는 조직 구조이다.

15 다음에 주어진 조직의 특성 중 유기적 조직에 대한 설명을 모두 고른 것은?

> ㉠ 구성원들의 업무가 분명하게 규정되어 있다.
> ㉡ 급변하는 환경에 적합하다.
> ㉢ 비공식적인 상호의사소통이 원활하게 이루어진다.
> ㉣ 엄격한 상하 간의 위계질서가 존재한다.
> ㉤ 많은 규칙과 규정이 존재한다.

① ㉠㉢ ② ㉡㉢

③ ㉡㉤ ④ ㉢㉣

16 다음은 조직문화의 구성 요소를 나타낸 7S 모형이다. ⓐ와 ⓑ에 들어갈 요소를 올바르게 짝지은 것은 어느 것인가?

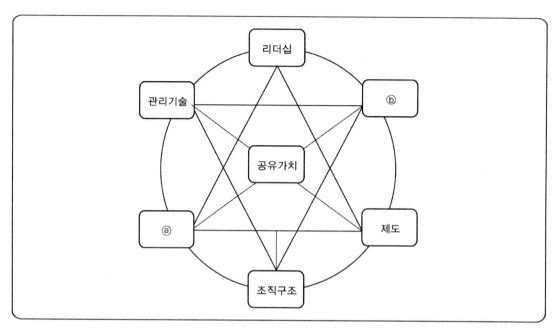

	ⓐ	ⓑ
①	구성원	전략
②	구성원	만족도
③	용이성	단절성
④	전략	응답성

17 조직이 유연하고 자유로운지 아니면 안정이나 통제를 추구하는지, 조직이 내부의 단결이나 통합을 추구하는지 아니면 외부의 환경에 대한 대응성을 추구하는지의 차원에 따라 집단문화, 개발문화, 합리문화, 계층문화로 구분된다. 지문에 주어진 특징을 갖는 조직문화의 유형은?

> 과업지향적인 문화로, 결과지향적인 조직으로써의 업무의 완수를 강조한다. 조직의 목표를 명확하게 설정하여 합리적으로 달성하고, 주어진 과업을 효과적이고 효율적으로 수행하기 위하여 실적을 중시하고, 직무에 몰입하며, 미래를 위한 계획을 수립하는 것을 강조한다. 합리문화는 조직구성원 간의 경쟁을 유도하는 문화이기 때문에 때로는 지나친 성과를 강조하게 되어 조직에 대한 조직구성원들의 방어적인 태도와 개인주의적인 성향을 드러내는 경향을 보인다.

① 집단문화　　　　　　　　　　　② 개발문화
③ 합리문화　　　　　　　　　　　④ 계층문화

18 길동이는 다음과 같이 직장 상사의 지시사항을 전달받았다. 이를 순서대로 모두 수행하기 위하여 업무 협조가 필요한 조직의 명칭이 순서대로 올바르게 나열된 것은 어느 것인가?

> "길동 씨, 내가 내일 하루 종일 외근을 해야 하는데 몇 가지 업무 처리를 좀 도와줘야겠습니다. 이 서류는 팀장님 결재가 끝난 거니까 내일 아침 출근과 동시에 바로 유관부서로 넘겨서 비용 집행이 이루어질 수 있도록 해 주세요. 그리고 지난번 퇴사한 우리 팀 오 부장님 퇴직금 정산이 좀 잘못 되었나 봅니다. 오 부장님이 관계 서류를 나한테 보내주신 게 있는데 그것도 확인 좀 해 주고 결재를 다시 요청해 줘야할 것 같고요, 다음 주 바이어들 방문 일정표 다시 한 번 확인해 보고 누락된 사항 있으면 잘 준비 좀 해 주세요. 특히 공항 픽업 관련 배차 결재 서류 올린건 처리가 되었는지 반드시 재점검 해 주길 바랍니다. 지난번에 차량 배차에 문제가 생겨서 애먹은 건 길동 씨도 잘 알고 있겠죠? 부탁 좀 하겠습니다."

① 회계팀, 인사팀, 총무팀　　　　② 인사팀, 홍보팀, 회계팀
③ 인사팀, 총무팀, 마케팅팀　　　④ 총무팀, 회계팀, 마케팅팀

1. 일반 전화 걸기

회사 외부에 전화를 걸어야 하는 경우

→ 수화기를 들고 9번을 누른 후 (지역번호)+전화번호를 누른다.

2. 전화 당겨 받기

다른 직원에게 전화가 왔으나, 사정상 내가 받아야 하는 경우

→ 수화기를 들고 *(별표)를 두 번 누른다.

※ 다른 팀에게 걸려온 전화도 당겨 받을 수 있다.

3. 회사 내 직원과 전화하기

→ 수화기를 들고 내선번호를 누르면 통화가 가능하다.

4. 전화 넘겨주기

외부 전화를 받았는데 내가 담당자가 아니라서 다른 담당자에게 넘겨 줄 경우

→ 통화 중 상대방에게 양해를 구한 뒤 통화 종료 버튼을 짧게 누른 뒤 내선번호를 누른다. 다른 직원이 내선 전화를 받으면 어떤 용건인지 간략하게 얘기 한 뒤 수화기를 내려놓으면 자동적으로 전화가 넘겨진다.

5. 회사 전화를 내 핸드폰으로 받기

외근 나가 있는 상황에서 중요한 전화가 올 예정인 경우

→ 내 핸드폰으로 착신을 돌리기 위해서는 사무실 수화기를 들고 *(별표)를 누르고 88번을 누른다. 그리고 내 핸드폰 번호를 입력한다.

→ 착신을 풀기 위해서는 #(샵)을 누르고 88번을 누른 다음 *(별)을 누르면 된다.

※ 회사 전화를 내 핸드폰으로 받는 기능은 팀장급 이상의 자리에 있는 대표 전화기로만 가능하며, 그 이하의 직급 자리에 있는 일반 전화기로는 이 기능을 사용할 수 없다.

19 인사팀에 근무하고 있는 사원 S는 신입사원들을 위해 전화기 사용 요령에 대해 교육을 진행하려고 한다. 다음 중 신입사원들에게 교육하지 않아도 되는 항목은?

① 일반 전화 걸기   ② 전화 당겨 받기

③ 전화 넘겨주기   ④ 회사 전화를 내 핸드폰으로 받기

20 사원 S는 전화 관련 정보들을 신입사원이 이해하기 쉽도록 표로 정리하였다. 정리한 내용으로 옳지 않은 내용이 포함된 항목은?

상황	항목	눌러야 하는 번호
회사 외부로 전화 걸 때	일반 전화 걸기	9+(지역번호)+(전화번호)
다른 직원에게 걸려온 전화를 내가 받아야 할 때	전화 당겨 받기	*(별표) 한번
회사 내 다른 직원과 전화 할 때	회사 내 직원과 전화하기	내선번호
내가 먼저 전화를 받은 경우 다른 직원에게 넘겨 줄 때	전화 넘겨주기	종료버튼(짧게)+내선번호

① 일반 전화 걸기

② 전화 당겨 받기

③ 전화 넘겨주기

④ 회사 내 직원과 전화하기

수리능력

정답 및 해설 p.271

1 남학생 3명과 여학생 3명 중에서 2명의 대표를 뽑으려고 한다. 적어도 한 명이 여학생일 확률을 구하면?

① $\frac{1}{5}$

② $\frac{2}{5}$

③ $\frac{3}{5}$

④ $\frac{4}{5}$

2 순수한 물 100g에 36%의 소금물 50g과 20%의 소금물 50g을 모두 섞으면, 몇 %의 소금물이 되는가?

① 10

② 12

③ 14

④ 16

3 지난 주 K사의 신입사원 채용이 완료되었다. 신입사원 120명이 새롭게 채용되었고, 지원자의 남녀 성비는 5:4, 합격자의 남녀 성비는 7:5, 불합격자의 남녀 성비는 1:1이었다. 신입사원 채용 지원자의 총 수는 몇 명인가?

① 175명

② 180명

③ 185명

④ 190명

4 갑, 을, 병, 정, 무, 기 6명의 채용 시험 결과를 참고로 평균 점수를 구하여 편차를 계산하였더니 결과가 다음과 같다. 이에 대한 분산과 표준편차를 합한 값은 얼마인가?

직원	갑	을	병	정	무	기
편차	3	−1	( )	2	0	−3

① 3

② 4

③ 5

④ 6

5 사무실의 적정 습도를 맞추는데, A가습기는 16분, B가습기는 20분 걸린다. A가습기를 10분 동안만 틀고, B가습기로 적정 습도를 맞춘다면 B가습기 작동시간은?

① 6분 30초

② 7분

③ 7분 15초

④ 7분 30초

6 월별 금융비용을 나타낸 다음 자료를 참고할 때, 전월 대비 금융비용 증가율이 가장 큰 시기는 언제인가?

(단위 : 천만 원)

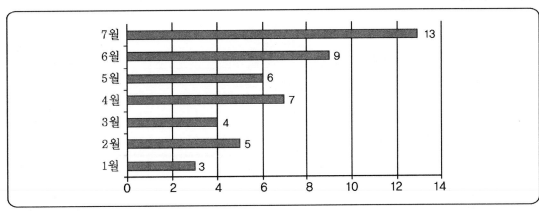

① 7월

② 6월

③ 4월

④ 2월

7 다음은 (주)서원기업의 재고 관리 사례이다. 금요일까지 부품 재고 수량이 남지 않게 완성품을 만들 수 있도록 월요일에 주문할 A∼C 부품 개수로 옳은 것은? (단, 주어진 조건 이외에는 고려하지 않는다.)

[부품 재고 수량과 완성품 1개당 소요량]

부품명	부품 재고 수량	완성품 1개당 소요량
A	500	10
B	120	3
C	250	5

[완성품 납품 수량]

항목 ＼ 요일	월	화	수	목	금
완성품 납품 개수	없음	30	20	30	20

[조건]

1. 부품 주문은 월요일에 한 번 신청하며 화요일 작업 시작 전 입고된다.
2. 완성품은 부품 A, B, C를 모두 조립해야 한다.

	A	B	C
①	100	100	100
②	100	180	200
③	500	100	100
④	500	180	250

8 다음은 우리나라의 학력별, 성별 평균 임금을 비교한 표이다. 이에 대한 옳은 분석을 모두 고른 것은? (단, 고졸 평균 임금은 2014년보다 2016년이 많다.)

구분	2014년	2016년
중졸 / 고졸	0.78	0.72
대졸 / 고졸	1.20	1.14
여성 / 남성	0.70	0.60

> ㉠ 2016년 중졸 평균 임금은 2014년에 비해 감소하였다.
> ㉡ 2016년 여성 평균 임금은 2014년에 비해 10 % 감소하였다.
> ㉢ 2016년 남성의 평균 임금은 여성 평균 임금의 2배보다 적다.
> ㉣ 중졸과 대졸 간 평균 임금의 차이는 2014년보다 2016년이 크다.

① ㉠㉡   ② ㉠㉢
③ ㉡㉢   ④ ㉢㉣

9 다음은 K기관 각 지점의 남녀 직원의 비율을 나타낸 자료이다. 자료를 참고할 때, 다음 중 올바른 설명이 아닌 것은 어느 것인가?

구분	A지점	B지점	C지점	D지점
남직원(%)	48	45	54	40
여직원(%)	52	55	46	60

① 여직원 대비 남직원의 비율은 C지점이 가장 높고 D지점이 가장 낮다.
② C지점의 남직원은 D지점의 여직원보다 그 수가 더 적다.
③ B지점과 D지점의 남직원 수의 합은 여직원 수의 합보다 적다.
④ A지점과 D지점의 전체 인원수가 같다면 A, B지점 전체에서 남직원이 차지하는 비율은 44% 이다.

10 다음 표와 설명을 참고할 때, '부채'가 가장 많은 기업부터 순서대로 올바르게 나열된 것은 어느 것인가?

〈A~D 기업의 재무 현황〉

(단위 : 억 원, %)

	A기업	B기업	C기업	D기업
유동자산	13	15	22	20
유동부채	10	12	20	16
순운전자본비율	10	8.6	5.6	9.5
타인자본	10	20	12	14
부채비율	90	140	84	88

* 순운전자본비율 = (유동자산 – 유동부채) ÷ 총 자본 × 100
* 부채비율 = 부채 ÷ 자기자본 × 100
* 총 자본 = 자기자본 + 타인자본

① D기업 – B기업 – C기업 – A기업
② B기업 – D기업 – C기업 – A기업
③ D기업 – B기업 – A기업 – C기업
④ A기업 – B기업 – C기업 – D기업

11 다음과 같은 자료를 활용하여 작성할 수 있는 하위 자료로 적절하지 않은 것은 어느 것인가?

(단위 : 천 가구, 천 명, %)

구분	2013	2014	2015	2016	2017
농가	1,142	1,121	1,089	1,068	1,042
농가 비율(%)	6.2	6.0	5.7	5.5	5.3
농가 인구	2,847	2,752	2,569	2,496	2,422
남자	1,387	1,340	1,265	1,222	1,184
여자	1,461	1,412	1,305	1,275	1,238
성비	94.9	94.9	96.9	95.9	95.7
농가인구 비율(%)	5.6	5.4	5.0	4.9	4.7

* 농가 비율과 농가인구 비율은 총 가구 및 총인구에 대한 농가 및 농가인구의 비율임.

① 2013년~2017년 기간의 연 평균 농가의 수

② 연도별 농가당 성인 농가인구의 수

③ 총인구 대비 남성과 여성의 농가인구 구성비

④ 2017년의 2013년 대비 농가 수 증감률

12 20장 분량의 책자 600부를 만들기 위하여 3개 업체로부터 견적을 받아 다음과 같이 비교표를 만들어 보았다. 이에 대한 설명으로 적절한 것은 어느 것인가?

구분	종이 재질	인쇄 도수	기타
가나 인쇄	2급지(500원/장)	기본 2도 추가 1도 당 150원/장 추가	총 구매가 900만 원 이상 시 10% 할인
마바 인쇄	1급지A(600원/장)	기본 3도 추가 1도 당 100원/장 추가	총 구매가 800만 원 이상 시 2% 할인
자차 인쇄	1급지B(600원/장)	기본 3도 추가 1도 당 120원/장 추가	총 구매가 820만 원 이상 시 5% 할인

① 4도 인쇄 시의 할인 전과 할인 후 견적가격이 높은 순서는 동일하다.

② 4도 인쇄 시의 할인 적용 후 최종 견적가격은 '가나인쇄', '마바인쇄', '자차인쇄' 순으로 높다.

③ 3도 인쇄로 책자 제작 시, '가나인쇄'의 견적가격이 가장 낮다.

④ 4도 인쇄 시, 책자 분량이 1장만 적어지면 견적가격이 가장 저렴한 업체가 바뀐다.

13 남녀 200명의 커피 선호 여부를 조사하였더니 다음과 같았다. 전체 조사 대상자 중 남자의 비율이 70%이고, 남자 대상자 중 커피 선호자의 비율이 60%일 때 다음 설명 중 옳은 것은?

선호 성별	선호자 수	비선호자 수	전체
남자	A	B	C
여자	D	20명	E
전체	F	G	200명

① $\dfrac{A}{B} = 2$이다.

② 남자 커피 선호자는 여자 커피 선호자보다 3배 많다.

③ 남자가 여자보다 80명이 더 많다.

④ 남자의 커피 선호율이 여자의 커피 선호율보다 높다.

14 다음은 중국에 대하여 원유를 수출하는 주요 아프리카 국가들의 정치·경제적 특징을 정리한 표이다. A~D에 들어갈 국가들이 바르게 나열된 것은 무엇인가?

〈대중국 아프리카 원유 수출국들의 경제·정치적 특징〉

국가	무역 비중(%)	원유수출 의존도(%)	정치적 자유			부정부패지수		
			03	04	05	03	04	05
A	27.4	94.6	6	6	6	1.8	2.0	2.2
남아프리카공화국	20.6	–	1	1	1	4.4	4.6	4.6
수단	13.4	79.6	7	7	7	2.3	2.2	2.0
콩고공화국	9.8	78.4	6	5	5	2.2	2.3	2.0
B	6.3	89.6	7	7	7	–	–	2.1
가봉	3.3	77.4	5	5	5	–	3.3	3.0
C	3.0	86.4	4	4	4	1.4	1.6	2.2
D	1.7	50.3	6	6	6	2.6	2.7	3.1
모로코	1.7	–	5	5	5	3.3	3.2	3.2
차드	1.2	21.1	6	6	6	–	1.7	2.0
총계	88.4							

※ 정치적 자유도 : 1이면 자유국가, 7이면 억압국가
※ 부정부패지수 : 0이면 부정부패가 매우 심한 국가, 10이면 청렴한 국가
※ 원유수출의도가 '–'이면 원유를 수출하지 않고 있음을 의미

> ㉠ 중국에 대한 수출에 있어서 원유에 의존하는 비율이 80% 이상인 국가는 적도기니, 나이지리아, 앙골라이다.
> ㉡ 2003년 이후 부정부패 정도가 지속적으로 개선된 국가는 나이지리아, 알제리, 앙골라이다.
> ㉢ 중국에 대하여 원유를 수출하는 국가 중에서 정치적 자유 정도가 가장 높은 국가는 나이지리아이다.

	A	B	C	D
①	알제리	앙골라	나이지리아	적도기니
②	앙골라	알제리	나이지리아	적도기니
③	앙골라	나이지리아	적도기니	알제리
④	앙골라	적도기니	나이지리아	알제리

15 다음은 영·유아 수별 1인당 양육비 현황에 대한 표이다. 이를 보고 바르게 해석하지 못한 것은?

구분 \ 가구	영·유아 1인 가구	영·유아 2인 가구	영·유아 3인 가구
소비 지출액	2,141,000원	2,268,000원	2,360,000원
1인당 양육비	852,000원	662,000원	529,000원
총 양육비	852,000원	1,324,000원	1,587,000원
소비 지출액 대비 총 양육비 비율	39.8%	55.5%	69.0%

① 영·유아 수가 많은 가구일수록 1인당 양육비가 감소한다.

② 1인당 양육비는 영·유아가 3인 가구인 경우에 가장 많다.

③ 소비 지출액 대비 총 양육비 비율은 영·유아 1인 가구인 경우에 가장 낮다.

④ 영·유아 1인 가구의 총 양육비는 영·유아 3인 가구의 총 양육비의 절반을 넘는다.

16 다음은 A씨가 알아본 여행지의 관광 상품 비교표이다. 월요일에 A씨 부부가 여행을 갈 경우 하루 평균 가격이 가장 비싼 여행지부터 순서대로 올바르게 나열한 것은 어느 것인가? (출발일도 일정에 포함, 1인당 가격은 할인 전 가격이며, 가격 계산은 버림 처리하여 정수로 표시함.)

관광지	일정	1인당 가격	비고
갑지	5일	599,000원	–
을지	6일	799,000원	주중 20% 할인
병지	8일	999,000원	동반자 20% 할인
정지	10일	1,999,000원	동반자 50% 할인

① 을지 – 갑지 – 병지 – 정지

② 정지 – 병지 – 갑지 – 을지

③ 정지 – 갑지 – 을지 – 병지

④ 정지 – 갑지 – 병지 – 을지

17 다음 표를 바탕으로 만든 관련 그래프로 옳지 않은 것을 고르면?

구분	접수인원	응시인원	합격자 수	합격률
1회		2,468	1,120	57.6
2회	1,808	(가)	605	43.1
3회	2,013	1,422	(나)	34.0
4회	1,148	852	540	(다)
5회	5,057	4,197	1,120	26.7

① 각 회별 합격률 비교

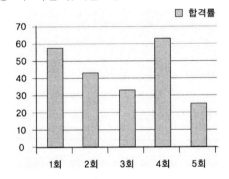

② 각 회별 응시인원과 접수인원 비교

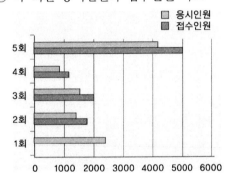

③ 각 회별 합격자 수 비교

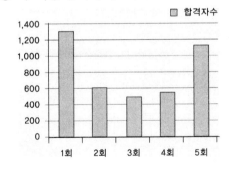

④ 각 회별 응시인원 비교

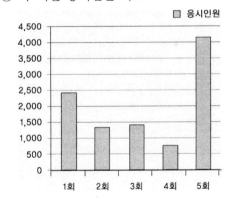

| 18~20 | 주요 전기 요금 제도에 관한 다음 자료를 보고 물음에 답하시오.

▶ 주택용 전력(저압)

• 주거용 고객(아파트 고객 포함), 계약전력 3kW 이하의 고객
• 독신자 합숙소(기숙사 포함) 또는 집단거주용 사회복지시설로서 고객이 주택용 전력의 적용을 희망하는 경우 적용
• 주거용 오피스텔(주택은 아니지만 실제 주거용도로 이용되는 오피스텔) 고객

기본요금(원/호)		전력량 요금(원/kWh)	
100kWh 이하 사용	400	처음 100kWh까지	60
101~200kWh 사용	900	다음 100kWh까지	120
201~300kWh 사용	1,500	다음 100kWh까지	200
301~400kWh 사용	3,600	다음 100kWh까지	300
401~500kWh 사용	7,000	다음 100kWh까지	450
500kWh 초과 사용	12,000	500kWh 초과	700

▶ 주택용 전력(고압)

• 고압으로 공급받는 가정용 고객에게 적용

기본요금(원/호)		전력량 요금(원/kWh)	
100kWh 이하 사용	400	처음 100kWh까지	55
101~200kWh 사용	700	다음 100kWh까지	100
201~300kWh 사용	1,200	다음 100kWh까지	150
301~400kWh 사용	3,000	다음 100kWh까지	215
401~500kWh 사용	6,000	다음 100kWh까지	320
500kWh 초과 사용	10,000	500kWh 초과	600

▶ 가로등

• 일반 공중의 편익을 위하여 도로 · 교량 · 공원 등에 조명용으로 설치한 전등이나 교통 신호등 · 도로표시등 · 해공로(海空路) 표시등 및 기타 이에 준하는 전등(소형기기를 포함)에 적용

구분	기본요금(원/kW)	전력량 요금(원/kWh)
갑(정액등)	W당 35(월 최저요금 1,000원)	
을(종량등)	6,000	80

* 가로등은 공급조건에 따라 가로등(갑), (을)로 구분한다.

가로등(갑)은 사용설비용량이 1kW 미만이거나 현장여건상 전기계기의 설치가 곤란한 교통신호등, 도로표시등, 공원산책로용, 조명용 전등에 한하여 적용하고 정액제로 요금을 계산하며 가로등(을)은 가로등(갑) 이외의 고객에게 적용하며 전기계기를 설치하여 사용전력량에 따라 요금을 계산한다.

〈별첨〉

제5조(설치기준) 가로등 · 보안등의 설치는 다음 각 호의 기준에 따른다.
1. 설치공사는 「전기공사업법」 및 본 규정이 정하는 바에 따라야 한다.
2. 시공업체는 반드시 전기공사업 면허 1 · 2종 업체로 한다.
3. 소요자재는 K.S표시품, 규격품, 승인품을 사용하여야 한다.
4. "등"은 절전형을 사용하여야 하며 지상 5미터 이상에 적합 용량의 것을 사용하며, 광전식이나 자동점멸기를 설치하여야 한다. 단, 부득이한 장소에는 수동스위치를 사용할 수 있다.
5. 가로등의 설치간격은 60미터 이상, 보안등의 설치간격은 4미터 이상으로 한다. 단, 곡선부에는 예외로 한다.

▶ 전기요금 청구액 계산방법

① 기본요금(원 단위 미만 절사)
② 사용량요금(원 단위 미만 절사)
③ 전기요금계＝①＋②－복지할인
④ 부가가치세(원 단위 미만 4사5입)＝③×10%
⑤ 전력산업기반기금(10원 미만 절사)＝③×3.7%
⑥ 청구요금 합계(10원 미만 절사)＝③＋④＋⑤

18 주거용 오피스텔에 사는 사람이 4월 20일 정기적으로 전기검침을 하여 작성한 표가 다음과 같을 때, 5월에 납부할 예상 전기요금을 계산하면 얼마인가?

〈전기 검침표〉

월	누적 사용전력량(kW)
2월	3,053
3월	3,504
4월	4,004

※ 매월 20일에 계량기를 확인하여 작성
※ 당월 사용량에 대한 청구 금액은 다음 달에 납입

① 119,340원
② 127,620원
③ 131,830원
④ 136,440원

19 동네에 공원이 만들어지면서 산책로에 가로등을 설치하기로 하였다. 공원의 산책로는 총 1.2km의 직선코스이고, 가로등 하나의 소비전력은 150W이며 하루에 14시간 점등한다고 한다. 산책로 양쪽에 가로등을 최소간격으로 설치한다고 할 때, 하루 전력사용비용은 얼마인가? (단, 산책로의 양끝에는 가로등을 반드시 설치한다.)

① 3,086,000원
② 3,087,000원
③ 3,088,000원
④ 3,089,000원

20 고압의 전력을 공급받는 가정에 사는 사람의 한 달간 전력 사용량이 361kW일 때, 납부해야 할 전기요금은 얼마인가? (단, 원 단위 절사)

① 52,990원　　　　　　　② 62,230원

③ 68,100원　　　　　　　④ 70,140원

PART

III

NCS 인성검사

01 인성검사의 개요
02 실전 인성검사

01 인성검사의 개요

1 직업성격(인성)검사의 개념과 목적

인성(성격)이란 개인을 특징짓는 평범하고 일상적인 사회적 이미지, 즉 지속적이고 일관된 공적 성격(Public – personality)이며, 환경에 대응함으로써 선천적·후천적 요소의 상호작용으로 결정화된 심리적·사회적 특성 및 경향을 의미한다.

인성검사는 직업기초능력평가를 실시하는 대부분의 기업에서 병행하여 실시하고 있으며, 인성검사만 독자적으로 실시하는 기업도 있다.

기업에서는 인성검사를 통하여 각 개인이 어떠한 성격 특성이 발달되어 있고, 어떤 특성이 얼마나 부족한지, 그것이 해당 직무의 특성 및 조직문화와 얼마나 맞는지를 알아보고 이에 적합한 인재를 선발하고자 한다. 또한 개인에게 적합한 직무 배분과 부족한 부분을 교육을 통해 보완하도록 할 수 있다.

인성검사의 측정요소는 검사방법에 따라 차이가 있다. 또한 각 기업들이 사용하고 있는 인성검사는 기존에 개발된 인성검사방법에 각 기업의 인재상을 적용하여 자신들에게 적합하게 재개발하여 사용하는 경우가 많다. 그러므로 기업에서 요구하는 인재상을 파악하여 그에 따른 대비책을 준비하는 것이 바람직하다. 본서에서 제시된 인성검사는 크게 '특성'과 '유형'의 측면에서 측정하게 된다.

2 성격의 특성

(1) 정서적 측면

정서적 측면은 평소 마음의 당연시하는 자세나 정신상태가 얼마나 안정하고 있는지 또는 불안정한지를 측정한다.

정서의 상태는 직무수행이나 대인관계와 관련하여 태도나 행동으로 드러난다. 그러므로 정서적 측면을 측정하는 것에 의해, 장래 조직 내의 인간관계에 어느 정도 잘 적응할 수 있을까(또는 적응하지 못할까)를 예측하는 것이 가능하다.

그렇기 때문에, 정서적 측면의 결과는 채용 시에 상당히 중시된다. 아무리 능력이 좋아도 장기적으로 조직 내의 인간관계에 잘 적응할 수 없다고 판단되는 인재는 기본적으로는 채용되지 않는다. 일반적으로 인성(성격)검사는 채용과는 관계없다고 생각하나 정서적으로 조직에 적응하지 못하는 인재는 채용단계에서 가려내지는 것을 유의하여야 한다.

① 민감성(신경도) … 꼼꼼함, 섬세함, 성실함 등의 요소를 통해 일반적으로 신경질적인지 또는 자신의 존재를 위협받는다는 불안을 갖기 쉬운지를 측정한다.

질문	그렇다	약간 그렇다	그저 그렇다	별로 그렇지 않다	그렇지 않다
• 남을 잘 배려한다고 생각한다.					
• 어질러진 방에 있으면 불안하다.					
• 실패 후에는 불안하다.					
• 세세한 것까지 신경 쓴다.					
• 이유 없이 불안할 때가 있다.					

▶측정결과
㉠ '그렇다'가 많은 경우(상처받기 쉬운 유형) : 사소한 일에 신경 쓰고 다른 사람의 사소한 한마디 말에 상처를 받기 쉽다.
• 면접관의 심리 : '동료들과 잘 지낼 수 있을까?', '실패할 때마다 위축되지 않을까?'
• 면접대책 : 다소 신경질적이라도 능력을 발휘할 수 있다는 평가를 얻도록 한다. 주변과 충분한 의사소통이 가능하고, 결정한 것을 실행할 수 있다는 것을 보여주어야 한다.
㉡ '그렇지 않다'가 많은 경우(정신적으로 안정적인 유형) : 사소한 일에 신경 쓰지 않고 금방 해결하며, 주위 사람의 말에 과민하게 반응하지 않는다.
• 면접관의 심리 : '계약할 때 필요한 유형이고, 사고 발생에도 유연하게 대처할 수 있다.'
• 면접대책 : 일반적으로 '민감성'의 측정치가 낮으면 플러스 평가를 받으므로 더욱 자신감 있는 모습을 보여준다.

② **자책성(과민도)** … 자신을 비난하거나 책망하는 정도를 측정한다.

질문	그렇다	약간 그렇다	그저 그렇다	별로 그렇지 않다	그렇지 않다
• 후회하는 일이 많다. • 자신이 하찮은 존재라 생각된다. • 문제가 발생하면 자기의 탓이라고 생각한다. • 무슨 일이든지 끙끙대며 진행하는 경향이 있다. • 온순한 편이다.					

▶측정결과

㉠ '그렇다'가 많은 경우(자책하는 유형) : 비관적이고 후회하는 유형이다.
 • 면접관의 심리 : '끙끙대며 괴로워하고, 일을 진행하지 못할 것 같다.'
 • 면접대책 : 기분이 저조해도 항상 의욕을 가지고 생활하는 것과 책임감이 강하다는 것을 보여준다.
㉡ '그렇지 않다'가 많은 경우(낙천적인 유형) : 기분이 항상 밝은 편이다.
 • 면접관의 심리 : '안정된 대인관계를 맺을 수 있고, 외부의 압력에도 흔들리지 않는다.'
 • 면접대책 : 일반적으로 '자책성'의 측정치가 낮아야 좋은 평가를 받는다.

③ **기분성(불안도)** … 기분의 굴곡이나 감정적인 면의 미숙함이 어느 정도인지를 측정하는 것이다.

질문	그렇다	약간 그렇다	그저 그렇다	별로 그렇지 않다	그렇지 않다
• 다른 사람의 의견에 자신의 결정이 흔들리는 경우가 많다. • 기분이 쉽게 변한다. • 종종 후회한다. • 다른 사람보다 의지가 약한 편이라고 생각한다. • 금방 싫증을 내는 성격이라는 말을 자주 듣는다.					

▶측정결과

㉠ '그렇다'가 많은 경우(감정의 기복이 많은 유형) : 의지력보다 기분에 따라 행동하기 쉽다.
 • 면접관의 심리 : '감정적인 것에 약하며, 상황에 따라 생산성이 떨어지지 않을까?'
 • 면접대책 : 주변 사람들과 항상 협조한다는 것을 강조하고 한결같은 상태로 일할 수 있다는 평가를 받도록 한다.
㉡ '그렇지 않다'가 많은 경우(감정의 기복이 적은 유형) : 감정의 기복이 없고, 안정적이다.
 • 면접관의 심리 : '안정적으로 업무에 임할 수 있다.'
 • 면접대책 : 기분성의 측정치가 낮으면 플러스 평가를 받으므로 자신감을 가지고 면접에 임한다.

④ **독자성**(개인도) ⋯ 주변에 대한 견해나 관심, 자신의 견해나 생각에 어느 정도의 속박감을 가지고 있는지를 측정한다.

질문	그렇다	약간 그렇다	그저 그렇다	별로 그렇지 않다	그렇지 않다
• 창의적 사고방식을 가지고 있다. • 융통성이 없는 편이다. • 혼자 있는 편이 많은 사람과 있는 것보다 편하다. • 개성적이라는 말을 듣는다. • 교제는 번거로운 것이라고 생각하는 경우가 많다.					

▶**측정결과**

㉠ '그렇다'가 많은 경우 : 자기의 관점을 중요하게 생각하는 유형으로, 주위의 상황보다 자신의 느낌과 생각을 중시한다.
  • 면접관의 심리 : '제멋대로 행동하지 않을까?'
  • 면접대책 : 주위 사람과 협조하여 일을 진행할 수 있다는 것과 상식에 얽매이지 않는다는 인상을 심어준다.

㉡ '그렇지 않다'가 많은 경우 : 상식적으로 행동하고 주변 사람의 시선에 신경을 쓴다.
  • 면접관의 심리 : '다른 직원들과 협조하여 업무를 진행할 수 있겠다.'
  • 면접대책 : 협조성이 요구되는 기업체에서는 플러스 평가를 받을 수 있다.

⑤ **자신감(자존심도)** … 자기 자신에 대해 얼마나 긍정적으로 평가하는지를 측정한다.

질문	그렇다	약간 그렇다	그저 그렇다	별로 그렇지 않다	그렇지 않다
• 다른 사람보다 능력이 뛰어나다고 생각한다. • 다소 반대의견이 있어도 나만의 생각으로 행동할 수 있다. • 나는 다른 사람보다 기가 센 편이다. • 동료가 나를 모욕해도 무시할 수 있다. • 대개의 일을 목적한 대로 헤쳐나갈 수 있다고 생각한다.					

▶**측정결과**

㉠ '그렇다'가 많은 경우 : 자기 능력이나 외모 등에 자신감이 있고, 비판당하는 것을 좋아하지 않는다.
• 면접관의 심리 : '자만하여 지시에 잘 따를 수 있을까?'
• 면접대책 : 다른 사람의 조언을 잘 받아들이고, 겸허하게 반성하는 면이 있다는 것을 보여주고, 동료들과 잘 지내며 리더의 자질이 있다는 것을 강조한다.
㉡ '그렇지 않다'가 많은 경우 : 자신감이 없고 다른 사람의 비판에 약하다.
• 면접관의 심리 : '패기가 부족하지 않을까?', '쉽게 좌절하지 않을까?'
• 면접대책 : 극도의 자신감 부족으로 평가되지는 않는다. 그러나 마음이 약한 면은 있지만 의욕적으로 일을 하겠다는 마음가짐을 보여준다.

⑥ **고양성(분위기에 들뜨는 정도)** … 자유분방함, 명랑함과 같이 감정(기분)의 높고 낮음의 정도를 측정한다.

질문	그렇다	약간 그렇다	그저 그렇다	별로 그렇지 않다	그렇지 않다
• 침착하지 못한 편이다. • 다른 사람보다 쉽게 우쭐해진다. • 모든 사람이 아는 유명인사가 되고 싶다. • 모임이나 집단에서 분위기를 이끄는 편이다. • 취미 등이 오랫동안 지속되지 않는 편이다.					

▶측정결과

㉠ '그렇다'가 많은 경우 : 자극이나 변화가 있는 일상을 원하고 기분을 들뜨게 하는 사람과 친밀하게 지내는 경향이 강하다.

- 면접관의 심리 : '일을 진행하는 데 변덕스럽지 않을까?'
- 면접대책 : 밝은 태도는 플러스 평가를 받을 수 있지만, 착실한 업무능력이 요구되는 직종에서는 마이너스 평가가 될 수 있다. 따라서 자기조절이 가능하다는 것을 보여준다.

㉡ '그렇지 않다'가 많은 경우 : 감정이 항상 일정하고, 속을 드러내 보이지 않는다.

- 면접관의 심리 : '안정적인 업무 태도를 기대할 수 있겠다.'
- 면접대책 : '고양성'의 낮음은 대체로 플러스 평가를 받을 수 있다. 그러나 '무엇을 생각하고 있는지 모르겠다' 등의 평을 듣지 않도록 주의한다.

⑦ **허위성**(진위성) … 필요 이상으로 자기를 좋게 보이려 하거나 기업체가 원하는 '이상형'에 맞춘 대답을 하고 있는지, 없는지를 측정한다.

질문	그렇다	약간 그렇다	그저 그렇다	별로 그렇지 않다	그렇지 않다
• 약속을 깨뜨린 적이 한 번도 없다. • 다른 사람을 부럽다고 생각해 본 적이 없다. • 꾸지람을 들은 적이 없다. • 사람을 미워한 적이 없다. • 화를 낸 적이 한 번도 없다.					

▶측정결과

㉠ '그렇다'가 많은 경우 : 실제의 자기와는 다른, 말하자면 원칙으로 해답할 가능성이 있다.

- 면접관의 심리 : '거짓을 말하고 있다.'
- 면접대책 : 조금이라도 좋게 보이려고 하는 '거짓말쟁이'로 평가될 수 있다. '거짓을 말하고 있다.'는 마음 따위가 전혀 없다 해도 결과적으로는 정직하게 답하지 않는다는 것이 되어 버린다. '허위성'의 측정 질문은 구분되지 않고 다른 질문 중에 섞여 있다. 그러므로 모든 질문에 솔직하게 답하여야 한다. 또한 자기 자신과 너무 동떨어진 이미지로 답하면 좋은 결과를 얻지 못한다. 그리고 면접에서 '허위성'을 기본으로 한 질문을 받게 되므로 당황하거나 또 다른 모순된 답변을 하게 된다. 겉치레를 하거나 무리한 욕심을 부리지 말고 '이런 사회인이 되고 싶다.'는 현재의 자신보다, 조금 성장한 자신을 표현하는 정도가 적당하다.

㉡ '그렇지 않다'가 많은 경우 : 냉정하고 정직하며, 외부의 압력과 스트레스에 강한 유형이다. '대쪽 같음'의 이미지가 굳어지지 않도록 주의한다.

(2) 행동적인 측면

행동적 측면은 인격 중에 특히 행동으로 드러나기 쉬운 측면을 측정한다. 사람의 행동 특징 자체에는 선도 악도 없으나, 일반적으로는 일의 내용에 의해 원하는 행동이 있다. 때문에 행동적 측면은 주로 직종과 깊은 관계가 있는데 자신의 행동 특성을 살려 적합한 직종을 선택한다면 플러스가 될 수 있다.

행동 특성에서 보여 지는 특징은 면접 장면에서도 드러나기 쉬우므로 평소 자신의 태도, 행동이 면접관의 시선에 어떻게 비치는지를 점검하도록 해야 한다.

① **사회적 내향성** … 대인관계에서 나타나는 행동경향으로 '낯가림'을 측정한다.

질문	선택
A : 파티에서는 사람을 소개받는 편이다. B : 파티에서는 사람을 소개하는 편이다.	
A : 처음 보는 사람과는 어색하게 시간을 보내는 편이다. B : 처음 보는 사람과는 즐거운 시간을 보내는 편이다.	
A : 친구가 적은 편이다. B : 친구가 많은 편이다.	
A : 자신의 의견을 말하는 경우가 적다. B : 자신의 의견을 말하는 경우가 많다.	
A : 사교적인 모임에 참석하는 것을 좋아하지 않는다. B : 사교적인 모임에 항상 참석한다.	

▶측정결과

㉠ 'A'가 많은 경우 : 내성적이고 사람들과 접하는 것에 소극적이다. 자신의 의견을 말하지 않고 조심스러운 편이다.
  • 면접관의 심리 : '소극적인데 동료와 잘 지낼 수 있을까?'
  • 면접대책 : 대인관계를 맺는 것을 싫어하지 않고 의욕적으로 일을 할 수 있다는 것을 보여준다.
㉡ 'B'가 많은 경우 : 사교적이고 자기의 생각을 명확하게 전달할 수 있다.
  • 면접관의 심리 : '사교적이고 활동적인 것은 좋지만, 자기주장이 너무 강하지 않을까?'
  • 면접대책 : 협조성을 보여주고, 자기주장이 너무 강하다는 인상을 주지 않도록 주의한다.

② 내성성(침착도) … 자신의 행동과 일에 대해 침착하게 생각하는 정도를 측정한다.

질문	선택
A : 시간이 걸려도 침착하게 생각하는 경우가 많다. B : 짧은 시간에 결정을 하는 경우가 많다.	
A : 실패의 원인을 찾고 반성하는 편이다. B : 실패를 해도 그다지(별로) 개의치 않는다.	
A : 결론이 도출되어도 몇 번 정도 생각을 바꾼다. B : 결론이 도출되면 신속하게 행동으로 옮긴다.	
A : 여러 가지 생각하는 것이 능숙하다. B : 여러 가지 일을 재빨리 능숙하게 처리하는 데 익숙하다.	
A : 여러 가지 측면에서 사물을 검토한다. B : 행동한 후 생각을 한다.	

▶측정결과

㉠ 'A'가 많은 경우 : 행동하기 보다는 생각하는 것을 좋아하고 신중하게 계획을 세워 실행한다.
• 면접관의 심리 : '행동으로 실천하지 못하고, 대응이 늦은 경향이 있지 않을까?'
• 면접대책 : 발로 뛰는 것을 좋아하고, 일을 더디게 한다는 인상을 주지 않도록 한다.

㉡ 'B'가 많은 경우 : 차분하게 생각하는 것보다 우선 행동하는 유형이다.
• 면접관의 심리 : '생각하는 것을 싫어하고 경솔한 행동을 하지 않을까?'
• 면접대책 : 계획을 세우고 행동할 수 있는 것을 보여주고 '사려 깊다'라는 인상을 남기도록 한다.

③ **신체활동성** … 몸을 움직이는 것을 좋아하는가를 측정한다.

질문	선택
A : 민첩하게 활동하는 편이다. B : 준비행동이 없는 편이다.	
A : 일을 척척 해치우는 편이다. B : 일을 더디게 처리하는 편이다.	
A : 활발하다는 말을 듣는다. B : 얌전하다는 말을 듣는다.	
A : 몸을 움직이는 것을 좋아한다. B : 가만히 있는 것을 좋아한다.	
A : 스포츠를 하는 것을 즐긴다. B : 스포츠를 보는 것을 좋아한다.	

▶**측정결과**

㉠ 'A'가 많은 경우 : 활동적이고, 몸을 움직이게 하는 것이 컨디션이 좋다.
  • 면접관의 심리 : '활동적으로 활동력이 좋아 보인다.'
  • 면접대책 : 활동하고 얻은 성과 등과 주어진 상황의 대응능력을 보여준다.
㉡ 'B'가 많은 경우 : 침착한 인상으로, 차분하게 있는 타입이다.
  • 면접관의 심리 : '좀처럼 행동하려 하지 않아 보이고, 일을 빠르게 처리할 수 있을까?'

④ **지속성(노력성)** … 무슨 일이든 포기하지 않고 끈기 있게 하려는 정도를 측정한다.

질문	선택
A : 일단 시작한 일은 시간이 걸려도 끝까지 마무리한다. B : 일을 하다 어려움에 부딪히면 단념한다.	
A : 끈질긴 편이다. B : 바로 단념하는 편이다.	
A : 인내가 강하다는 말을 듣는다. B : 금방 싫증을 낸다는 말을 듣는다.	
A : 집념이 깊은 편이다. B : 담백한 편이다.	
A : 한 가지 일에 구애되는 것이 좋다고 생각한다. B : 간단하게 체념하는 것이 좋다고 생각한다.	

▶측정결과

㉠ 'A'가 많은 경우 : 시작한 것은 어려움이 있어도 포기하지 않고 인내심이 높다.
- 면접관의 심리 : '한 가지의 일에 너무 구애되고, 업무의 진행이 원활할까?'
- 면접대책 : 인내력이 있는 것은 플러스 평가를 받을 수 있지만 집착이 강해 보이기도 한다.

㉡ 'B'가 많은 경우 : 뒤끝이 없고 조그만 실패로 일을 포기하기 쉽다.
- 면접관의 심리 : '질리는 경향이 있고, 일을 정확히 끝낼 수 있을까?'
- 면접대책 : 지속적인 노력으로 성공했던 사례를 준비하도록 한다.

⑤ 신중성(주의성) ··· 자신이 처한 주변상황을 즉시 파악하고 자신의 행동이 어떤 영향을 미치는지를 측정한다.

질문	선택
A : 여러 가지로 생각하면서 완벽하게 준비하는 편이다. B : 행동할 때부터 임기응변적인 대응을 하는 편이다.	
A : 신중해서 타이밍을 놓치는 편이다. B : 준비 부족으로 실패하는 편이다.	
A : 자신은 어떤 일에도 신중히 대응하는 편이다. B : 순간적인 충동으로 활동하는 편이다.	
A : 시험을 볼 때 끝날 때까지 재검토하는 편이다. B : 시험을 볼 때 한 번에 모든 것을 마치는 편이다.	
A : 일에 대해 계획표를 만들어 실행한다. B : 일에 대한 계획표 없이 진행한다.	

▶측정결과

㉠ 'A'가 많은 경우 : 주변 상황에 민감하고, 예측하여 계획 있게 일을 진행한다.
- 면접관의 심리 : '너무 신중해서 적절한 판단을 할 수 있을까?', '앞으로의 상황에 불안을 느끼지 않을까?'
- 면접대책 : 예측을 하고 실행을 하는 것은 플러스 평가가 되지만, 너무 신중하면 일의 진행이 정체될 가능성을 보이므로 추진력이 있다는 강한 의욕을 보여준다.

㉡ 'B'가 많은 경우 : 주변 상황을 살펴보지 않고 착실한 계획 없이 일을 진행시킨다.
- 면접관의 심리 : '사려 깊지 않고, 실패하는 일이 많지 않을까?', '판단이 빠르고 유연한 사고를 할 수 있을까?'
- 면접대책 : 사전준비를 중요하게 생각하고 있다는 것 등을 보여주고, 경솔한 인상을 주지 않도록 한다. 또한 판단력이 빠르거나 유연한 사고 덕분에 일 처리를 잘 할 수 있다는 것을 강조한다.

(3) 의욕적인 측면

의욕적인 측면은 의욕의 정도, 활동력의 유무 등을 측정한다. 여기서의 의욕이란 우리들이 보통 말하고 사용하는 '하려는 의지'와는 조금 뉘앙스가 다르다. '하려는 의지'란 그 때의 환경이나 기분에 따라 변화하는 것이지만, 여기에서는 조금 더 변화하기 어려운 특징, 말하자면 정신적 에너지의 양으로 측정하는 것이다.

의욕적 측면은 행동적 측면과는 다르고, 전반적으로 어느 정도 점수가 높은 쪽을 선호한다. 모의 검사의 의욕적 측면의 결과가 낮다면, 평소 일에 몰두할 때 조금 의욕 있는 자세를 가지고 서서히 개선하도록 노력해야 한다.

① 달성의욕 … 목적의식을 가지고 높은 이상을 가지고 있는지를 측정한다.

질문	선택
A : 경쟁심이 강한 편이다. B : 경쟁심이 약한 편이다.	
A : 어떤 한 분야에서 제1인자가 되고 싶다고 생각한다. B : 어느 분야에서든 성실하게 임무를 진행하고 싶다고 생각한다.	
A : 규모가 큰일을 해보고 싶다. B : 맡은 일에 충실히 임하고 싶다.	
A : 아무리 노력해도 실패한 것은 아무런 도움이 되지 않는다. B : 가령 실패했을 지라도 나름대로의 노력이 있었으므로 괜찮다.	
A : 높은 목표를 설정하여 수행하는 것이 의욕적이다. B : 실현 가능한 정도의 목표를 설정하는 것이 의욕적이다.	

▶측정결과

㉠ 'A'가 많은 경우 : 큰 목표와 높은 이상을 가지고 승부욕이 강한 편이다.
• 면접관의 심리 : '열심히 일을 해줄 것 같은 유형이다.'
• 면접대책 : 달성의욕이 높다는 것은 어떤 직종이라도 플러스 평가가 된다.
㉡ 'B'가 많은 경우 : 현재의 생활을 소중하게 여기고 비약적인 발전을 위하여 기를 쓰지 않는다.
• 면접관의 심리 : '외부의 압력에 약하고, 기획입안 등을 하기 어려울 것이다.'
• 면접대책 : 일을 통하여 하고 싶은 것들을 구체적으로 어필한다.

② **활동의욕** … 자신에게 잠재된 에너지의 크기로, 정신적인 측면의 활동력이라 할 수 있다.

질문	선택
A : 하고 싶은 일을 실행으로 옮기는 편이다. B : 하고 싶은 일을 좀처럼 실행할 수 없는 편이다.	
A : 어려운 문제를 해결해 가는 것이 좋다. B : 어려운 문제를 해결하는 것을 잘하지 못한다.	
A : 일반적으로 결단이 빠른 편이다. B : 일반적으로 결단이 느린 편이다.	
A : 곤란한 상황에도 도전하는 편이다. B : 사물의 본질을 깊게 관찰하는 편이다.	
A : 시원시원하다는 말을 잘 듣는다. B : 꼼꼼하다는 말을 잘 듣는다.	

▶**측정결과**

㉠ 'A'가 많은 경우 : 꾸물거리는 것을 싫어하고 재빠르게 결단해서 행동하는 타입이다.
- 면접관의 심리 : '일을 처리하는 솜씨가 좋고, 일을 척척 진행할 수 있을 것 같다.'
- 면접대책 : 활동의욕이 높은 것은 플러스 평가가 된다. 사교성이나 활동성이 강하다는 인상을 준다.

㉡ 'B'가 많은 경우 : 안전하고 확실한 방법을 모색하고 차분하게 시간을 아껴서 일에 임하는 타입이다.
- 면접관의 심리 : '재빨리 행동을 못하고, 일의 처리속도가 느린 것이 아닐까?'
- 면접대책 : 활동성이 있는 것을 좋아하고 움직임이 더디다는 인상을 주지 않도록 한다.

❸ 성격의 유형

(1) 인성검사 유형의 4가지 척도

정서적인 측면, 행동적인 측면, 의욕적인 측면의 요소들은 성격 특성이라는 관점에서 제시된 것들로 각 개인의 장·단점을 파악하는 데 유용하다. 그러나 전체적인 개인의 인성을 이해하는 데는 한계가 있다.

성격의 유형은 개인의 '성격적인 특색'을 가리키는 것으로, 사회인으로서 적합한지, 아닌지를 말하는 관점과는 관계가 없다. 따라서 채용의 합격 여부에는 사용되지 않는 경우가 많으며, 입사 후의 적정 부서 배치의 자료가 되는 편이라 생각하면 된다. 그러나 채용과 관계가 없다고 해서 아무런 준비도 필요없는 것은 아니다. 자신을 아는 것은 면접 대책의 밑거름이 되므로 모의검사 결과를 충분히 활용하도록 하여야 한다.

본서에서는 4개의 척도를 사용하여 기본적으로 16개의 패턴으로 성격의 유형을 분류하고 있다. 각 개인의 성격이 어떤 유형인지 재빨리 파악하기 위해 사용되며, '적성'에 맞는지, 맞지 않는지의 관점에 활용된다.

> • 흥미 · 관심의 방향 : 내향형 ←————→ 외향형
> • 사물에 대한 견해 : 직관형 ←————→ 감각형
> • 판단하는 방법 : 감정형 ←————→ 사고형
> • 환경에 대한 접근방법 : 지각형 ←————→ 판단형

(2) 성격유형

① **흥미 · 관심의 방향**(내향 ⇆ 외향) … 흥미 · 관심의 방향이 자신의 내면에 있는지, 주위환경 등 외면에 향하는 지를 가리키는 척도이다.

질문	선택
A : 내성적인 성격인 편이다. B : 개방적인 성격인 편이다.	
A : 항상 신중하게 생각을 하는 편이다. B : 바로 행동에 착수하는 편이다.	
A : 수수하고 조심스러운 편이다. B : 자기 표현력이 강한 편이다.	
A : 다른 사람과 함께 있으면 침착하지 않다. B : 혼자서 있으면 침착하지 않다.	

▶**측정결과**

㉠ 'A'가 많은 경우(내향) : 관심의 방향이 자기 내면에 있으며, 조용하고 낯을 가리는 유형이다. 행동력은 부족하나 집중력이 뛰어나고 신중하고 꼼꼼하다.

㉡ 'B'가 많은 경우(외향) : 관심의 방향이 외부환경에 있으며, 사교적이고 활동적인 유형이다. 꼼꼼함이 부족하여 대충하는 경향이 있으나 행동력이 있다.

② 일(사물)을 보는 **방법**(직감 ⇆ 감각) … 일(사물)을 보는 법이 직감적으로 형식에 얽매이는지, 감각적으로 상식적인지를 가리키는 척도이다.

질문	선택
A : 현실주의적인 편이다. B : 상상력이 풍부한 편이다.	
A : 정형적인 방법으로 일을 처리하는 것을 좋아한다. B : 만들어진 방법에 변화가 있는 것을 좋아한다.	
A : 경험에서 가장 적합한 방법으로 선택한다. B : 지금까지 없었던 새로운 방법을 개척하는 것을 좋아한다.	
A : 성실하다는 말을 듣는다. B : 호기심이 강하다는 말을 듣는다.	

▶**측정결과**

㉠ 'A'가 많은 경우(감각) : 현실적이고 경험주의적이며 보수적인 유형이다.

㉡ 'B'가 많은 경우(직관) : 새로운 주제를 좋아하며, 독자적인 시각을 가진 유형이다.

③ 판단하는 **방법**(감정 ⇆ 사고) … 일을 감정적으로 판단하는지, 논리적으로 판단하는지를 가리키는 척도이다.

질문	선택
A : 인간관계를 중시하는 편이다. B : 일의 내용을 중시하는 편이다.	
A : 결론을 자기의 신념과 감정에서 이끌어내는 편이다. B : 결론을 논리적 사고에 의거하여 내리는 편이다.	
A : 다른 사람보다 동정적이고 눈물이 많은 편이다. B : 다른 사람보다 이성적이고 냉정하게 대응하는 편이다.	

▶**측정결과**

㉠ 'A'가 많은 경우(감정) : 일을 판단할 때 마음·감정을 중요하게 여기는 유형이다. 감정이 풍부하고 친절하나 엄격함이 부족하고 우유부단하며, 합리성이 부족하다.

㉡ 'B'가 많은 경우(사고) : 일을 판단할 때 논리성을 중요하게 여기는 유형이다. 이성적이고 합리적이나 타인에 대한 배려가 부족하다.

④ 환경에 대한 접근방법 … 주변상황에 어떻게 접근하는지, 그 판단기준을 어디에 두는지를 측정한다.

질문	선택
A : 사전에 계획을 세우지 않고 행동한다. B : 반드시 계획을 세우고 그것에 의거해서 행동한다.	
A : 자유롭게 행동하는 것을 좋아한다. B : 조직적으로 행동하는 것을 좋아한다.	
A : 조직성이나 관습에 속박당하지 않는다. B : 조직성이나 관습을 중요하게 여긴다.	
A : 계획 없이 낭비가 심한 편이다. B : 예산을 세워 물건을 구입하는 편이다.	

▶측정결과

㉠ 'A'가 많은 경우(지각) : 일의 변화에 융통성을 가지고 유연하게 대응하는 유형이다. 낙관적이며 질서보다는 자유를 좋아하나 임기응변식의 대응으로 무계획적인 인상을 줄 수 있다.

㉡ 'B'가 많은 경우(판단) : 일의 진행시 계획을 세워서 실행하는 유형이다. 순차적으로 진행하는 일을 좋아하고 끈기가 있으나 변화에 대해 적절하게 대응하지 못하는 경향이 있다.

4 인성검사의 대책

(1) 미리 알아두어야 할 점

① 출제 문항 수 … 인성검사의 출제 문항 수는 특별히 정해진 것이 아니며 각 기업체의 기준에 따라 달라질 수 있다. 보통 100문항 이상에서 600문항까지 출제된다고 예상하면 된다.

② 출제형식

㉠ '예' 아니면 '아니오'의 형식

다음 문항을 읽고 자신에게 해당되는지 안 되는지를 판단하여 해당될 경우 '예'를, 해당되지 않을 경우 '아니오'를 고르시오.

질문	예	아니오
1. 자신의 생각이나 의견은 좀처럼 변하지 않는다.	○	
2. 구입한 후 끝까지 읽지 않은 책이 많다.		○

다음 문항에 대해서 평소에 자신이 생각하고 있는 것이나 행동하고 있는 것에 ○표를 하시오.

질문	그렇다	약간 그렇다	그저 그렇다	별로 그렇지 않다	그렇지 않다
1. 시간에 쫓기는 것이 싫다.		○			
2. 여행가기 전에 계획을 세운다.			○		

㉡ A와 B의 선택형식

A와 B에 주어진 문장을 읽고 자신에게 해당되는 것을 고르시오.

질문	선택
A : 걱정거리가 있어서 잠을 못 잘 때가 있다.	(○)
B : 걱정거리가 있어도 잠을 잘 잔다.	( )

(2) 임하는 자세

① 솔직하게 있는 그대로 표현한다 … 인성검사는 평범한 일상생활 내용들을 다룬 짧은 문장과 어떤 대상이나 일에 대한 선로를 선택하는 문장으로 구성되었으므로 평소에 자신이 생각한 바를 너무 골똘히 생각하지 말고 문제를 보는 순간 떠오른 것을 표현한다.

② 모든 문제를 신속하게 대답한다 … 인성검사는 시간제한이 없는 것이 원칙이지만 기업들은 일정한 시간제한을 두고 있다. 인성검사는 개인의 성격과 자질을 알아보기 위한 검사이기 때문에 정답이 없다. 다만, 기업에서 바람직하게 생각하거나 기대되는 결과가 있을 뿐이다. 따라서 시간에 쫓겨서 대충 대답을 하는 것은 바람직하지 못하다.

02 실전 인성검사

┃1~211┃ 다음 문장을 읽고 자신과 어느 정도 부합하는지 선택하시오.

① 전혀 그렇지 않다	② 그렇지 않다	③ 보통이다	④ 그렇다	⑤ 매우 그렇다

1. 움직이는 것을 몹시 귀찮아하는 편이라고 생각한다. ······················· ① ② ③ ④ ⑤

2. 특별히 소극적이라고 생각하지 않는다. ······························· ① ② ③ ④ ⑤

3. 욕심이 없는 편이라고 생각한다. ··································· ① ② ③ ④ ⑤

4. 자신은 성급하지 않다고 생각한다. ································· ① ② ③ ④ ⑤

5. 꾸준히 노력하는 것을 잘 하지 못한다. ······························ ① ② ③ ④ ⑤

6. 내일의 계획은 머릿속에 기억한다. ································· ① ② ③ ④ ⑤

7. 협동성이 있는 사람이 되고 싶다. ·································· ① ② ③ ④ ⑤

8. 열정적인 사람이라고 생각하지 않는다. ······························ ① ② ③ ④ ⑤

9. 다른 사람 앞에서 이야기를 잘한다. ································· ① ② ③ ④ ⑤

10. 행동력이 있는 편이다. ·· ① ② ③ ④ ⑤

11. 엉덩이가 무거운 편이다. ······································ ① ② ③ ④ ⑤

12. 특별히 구애받는 것이 없다. ··································· ① ② ③ ④ ⑤

13. 돌다리는 두들겨 보지 않고 건너도 된다. ···························· ① ② ③ ④ ⑤

14. 자신에게는 권력욕이 없다. ···································· ① ② ③ ④ ⑤

15. 업무를 할당받으면 부담스럽다. ·································· ① ② ③ ④ ⑤

16. 활동적인 사람이라고 생각한다. ·································· ① ② ③ ④ ⑤

17. 비교적 보수적이다. ·· ① ② ③ ④ ⑤

18. 어떤 일을 결정할 때 나에게 손해인지 이익인지로 정할 때가 많다. ············ ① ② ③ ④ ⑤

19. 전통을 견실히 지키는 것이 적절하다. ······························ ① ② ③ ④ ⑤

20. 교제 범위가 넓은 편이다. ····································· ① ② ③ ④ ⑤

21. 상식적인 판단을 할 수 있는 타입이라고 생각한다. ····················· ① ② ③ ④ ⑤

22. 너무 객관적이어서 실패한다. ⸻ ① ② ③ ④ ⑤

23. 보수적인 면을 추구한다. ⸻ ① ② ③ ④ ⑤

24. 내가 누구의 팬인지 주변의 사람들이 안다. ⸻ ① ② ③ ④ ⑤

25. 가능성보다 현실이다. ⸻ ① ② ③ ④ ⑤

26. 그 사람이 필요한 것을 선물하고 싶다. ⸻ ① ② ③ ④ ⑤

27. 여행은 계획적으로 하는 것이 좋다. ⸻ ① ② ③ ④ ⑤

28. 구체적인 일에 관심이 있는 편이다. ⸻ ① ② ③ ④ ⑤

29. 일은 착실히 하는 편이다. ⸻ ① ② ③ ④ ⑤

30. 괴로워하는 사람을 보면 우선 이유를 생각한다. ⸻ ① ② ③ ④ ⑤

31. 가치기준은 자신의 밖에 있다고 생각한다. ⸻ ① ② ③ ④ ⑤

32. 밝고 개방적인 편이다. ⸻ ① ② ③ ④ ⑤

33. 현실 인식을 잘하는 편이라고 생각한다. ⸻ ① ② ③ ④ ⑤

34. 공평하고 공적인 상사를 만나고 싶다. ⸻ ① ② ③ ④ ⑤

35. 시시해도 계획적인 인생이 좋다. ⸻ ① ② ③ ④ ⑤

36. 적극적으로 사람들과 관계를 맺는 편이다. ⸻ ① ② ③ ④ ⑤

37. 활동적인 편이다. ⸻ ① ② ③ ④ ⑤

38. 몸을 움직이는 것을 좋아하지 않는다. ⸻ ① ② ③ ④ ⑤

39. 쉽게 질리는 편이다. ⸻ ① ② ③ ④ ⑤

40. 경솔한 편이라고 생각한다. ⸻ ① ② ③ ④ ⑤

41. 인생의 목표는 손이 닿을 정도면 된다. ⸻ ① ② ③ ④ ⑤

42. 무슨 일도 좀처럼 바로 시작하지 못한다. ⸻ ① ② ③ ④ ⑤

43. 초면인 사람과도 바로 친해질 수 있다. ⸻ ① ② ③ ④ ⑤

44. 행동하고 나서 생각하는 편이다. ⸻ ① ② ③ ④ ⑤

45. 쉬는 날은 집에 있는 경우가 많다. ⸻ ① ② ③ ④ ⑤

46. 완성되기 전에 포기하는 경우가 많다. ⸻ ① ② ③ ④ ⑤

47. 계획 없는 여행을 좋아한다. ⸻ ① ② ③ ④ ⑤

48. 욕심이 없는 편이라고 생각한다. ⸻ ① ② ③ ④ ⑤

49. 활동력이 별로 없다. ⸻ ① ② ③ ④ ⑤

50. 많은 사람들과 어울릴 수 있는 모임에 가는 것을 좋아한다. ············· ① ② ③ ④ ⑤

51. 많은 친구랑 사귀는 편이다. ············· ① ② ③ ④ ⑤

52. 목표 달성에 별로 구애받지 않는다. ············· ① ② ③ ④ ⑤

53. 평소에 걱정이 많은 편이다. ············· ① ② ③ ④ ⑤

54. 체험을 중요하게 여기는 편이다. ············· ① ② ③ ④ ⑤

55. 정이 두터운 사람을 좋아한다. ············· ① ② ③ ④ ⑤

56. 도덕적인 사람을 좋아한다. ············· ① ② ③ ④ ⑤

57. 성격이 규칙적이고 꼼꼼한 편이다. ············· ① ② ③ ④ ⑤

58. 결과보다 과정이 중요하다. ············· ① ② ③ ④ ⑤

59. 쉬는 날은 집에서 보내고 싶다. ············· ① ② ③ ④ ⑤

60. 무리한 도전을 할 필요는 없다고 생각한다. ············· ① ② ③ ④ ⑤

61. 공상적인 편이다. ············· ① ② ③ ④ ⑤

62. 계획을 정확하게 세워서 행동하는 것을 못한다. ············· ① ② ③ ④ ⑤

63. 감성이 풍부한 사람이 되고 싶다고 생각한다. ············· ① ② ③ ④ ⑤

64. 주변의 일을 여유 있게 해결한다. ············· ① ② ③ ④ ⑤

65. 물건은 계획적으로 산다. ············· ① ② ③ ④ ⑤

66. 돈이 없으면 걱정이 된다. ············· ① ② ③ ④ ⑤

67. 하루 종일 책상 앞에 앉아 있는 일은 잘 하지 못한다. ············· ① ② ③ ④ ⑤

68. 너무 진중해서 자주 기회를 놓치는 편이다. ············· ① ② ③ ④ ⑤

69. 실용적인 것을 추구하는 경향이 있다. ············· ① ② ③ ④ ⑤

70. 거래처 접대에 자신 있다. ············· ① ② ③ ④ ⑤

71. 어려움에 처해 있는 사람을 보면 동정한다. ············· ① ② ③ ④ ⑤

72. 같은 일을 계속해서 잘 하지 못한다. ············· ① ② ③ ④ ⑤

73. 돈이 없어도 어떻게든 되겠지 생각한다. ············· ① ② ③ ④ ⑤

74. 생각날 때 물건을 산다. ············· ① ② ③ ④ ⑤

75. 신문사설을 주의 깊게 읽는다. ············· ① ② ③ ④ ⑤

76. 한 가지 일에 매달리는 편이다. ············· ① ② ③ ④ ⑤

77. 연구는 실용적인 결실을 만들어 내는 데 의미가 있다. ············· ① ② ③ ④ ⑤

78. 남의 주목을 받고 싶어 하는 편이다. ································· ① ② ③ ④ ⑤

79. 사람을 돕는 일이라면 규칙을 벗어나도 어쩔 수 없다. ·········· ① ② ③ ④ ⑤

80. 연극 같은 문화생활을 즐기는 것을 좋아한다. ··················· ① ② ③ ④ ⑤

81. 모험이야말로 인생이라고 생각한다. ···························· ① ② ③ ④ ⑤

82. 일부러 위험에 접근하는 것은 어리석다고 생각한다. ············ ① ② ③ ④ ⑤

83. 남의 눈에 잘 띄지 않은 편이다. ······························· ① ② ③ ④ ⑤

84. 연구는 이론체계를 만들어 내는 데 의의가 있다. ··············· ① ② ③ ④ ⑤

85. 결과가 과정보다 중요하다. ·································· ① ② ③ ④ ⑤

86. 이론만 내세우는 일을 싫어한다. ······························· ① ② ③ ④ ⑤

87. 타인의 감정을 존중한다. ···································· ① ② ③ ④ ⑤

88. 사람 사귀는 일에 자신 있다. ··································· ① ② ③ ④ ⑤

89. 식사시간이 정해져 있지 않다. ·································· ① ② ③ ④ ⑤

90. 좋아하는 문학 작가가 많다. ··································· ① ② ③ ④ ⑤

91. 평소 자연과학에 관심 있다. ··································· ① ② ③ ④ ⑤

92. 인라인 스케이트 타는 것을 좋아한다. ·························· ① ② ③ ④ ⑤

93. 재미있는 것을 추구하는 경향이 있다. ·························· ① ② ③ ④ ⑤

94. 잘 웃는 편이다. ··· ① ② ③ ④ ⑤

95. 소외된 이웃들에 항상 관심을 갖고 있다. ······················ ① ② ③ ④ ⑤

96. 자동차 구조에 흥미를 갖고 있다. ······························ ① ② ③ ④ ⑤

97. 좋아하는 스포츠팀을 응원하는 것을 즐긴다. ··················· ① ② ③ ④ ⑤

98. 좋다고 생각하더라도 조금 더 검토하고 나서 실행한다. ········· ① ② ③ ④ ⑤

99. 일을 처리함에 있어 계획표를 작성하는 것을 좋아한다. ········· ① ② ③ ④ ⑤

100. 고장 난 라디오를 수리한 적이 있다. ·························· ① ② ③ ④ ⑤

101. 모임에서 리더에 어울리지 않는다고 생각한다. ··············· ① ② ③ ④ ⑤

102. 아무것도 생각하지 않을 때가 많다. ·························· ① ② ③ ④ ⑤

103. 착실한 노력으로 성공한 이야기를 좋아한다. ················· ① ② ③ ④ ⑤

104. 어떠한 일에도 의욕적으로 임하는 편이다. ··················· ① ② ③ ④ ⑤

105. 1인자보다는 조력자의 역할을 좋아한다. ····················· ① ② ③ ④ ⑤

106. 신중함이 부족해서 후회한 적이 많다. ································· ① ② ③ ④ ⑤

107. 모든 일을 여유 있게 대비하는 타입이다. ····························· ① ② ③ ④ ⑤

108. 업무가 진행 중이라도 야근은 하지 않는다. ························· ① ② ③ ④ ⑤

109. 노력하는 과정이 중요하고 결과는 중요하지 않다. ··············· ① ② ③ ④ ⑤

110. 무리해서 행동하지 않는다. ·· ① ② ③ ④ ⑤

111. 유행에 민감한 편이다. ·· ① ② ③ ④ ⑤

112. 정해진 대로 움직이는 것이 안심이 된다. ···························· ① ② ③ ④ ⑤

113. 현실을 직시하는 편이다. ··· ① ② ③ ④ ⑤

114. 자유보다는 질서를 중요시 한다. ·· ① ② ③ ④ ⑤

115. 경험에 비추어 판단하는 편이다. ·· ① ② ③ ④ ⑤

116. 타인의 일에는 별로 관심이 없다. ·· ① ② ③ ④ ⑤

117. 실용적인 일을 할 때가 많다. ·· ① ② ③ ④ ⑤

118. 정이 많은 편이다. ··· ① ② ③ ④ ⑤

119. 협동은 중요하다고 생각한다. ·· ① ② ③ ④ ⑤

120. 다른 사람의 소문에 관심이 많다. ·· ① ② ③ ④ ⑤

121. 정해진 틀은 깨라고 있는 것이다. ·· ① ② ③ ④ ⑤

122. 이성적인 사람이고 싶다. ··· ① ② ③ ④ ⑤

123. 환경은 변하지 않는 것이 좋다고 생각한다. ························· ① ② ③ ④ ⑤

124. 활동범위가 좁은 편이다. ··· ① ② ③ ④ ⑤

125. 반성하는 편이 아니다. ·· ① ② ③ ④ ⑤

126. 좋다고 생각하면 바로 행동한다. ·· ① ② ③ ④ ⑤

127. 한 번에 많은 일을 떠맡는 것은 골칫거리이다. ····················· ① ② ③ ④ ⑤

128. 사람과 만날 약속은 늘 즐겁다. ··· ① ② ③ ④ ⑤

129. 땀을 흘리는 것보다 머리를 쓰는 일이 좋다. ······················· ① ② ③ ④ ⑤

130. 이미 결정된 것이라면 다시 생각하지 않는다. ····················· ① ② ③ ④ ⑤

131. 지위가 사람을 만든다고 생각한다. ····································· ① ② ③ ④ ⑤

132. 단념을 하는 것도 중요하다고 생각한다. ···························· ① ② ③ ④ ⑤

133. 누구도 예상치 못한 일을 하고 싶다. ·································· ① ② ③ ④ ⑤

134. 평범하고 평온하게 행복한 인생을 살고 싶다. ┄┄┄┄┄┄┄┄┄┄ ① ② ③ ④ ⑤

135. 이것저것 평가하는 것이 싫다. ┄┄┄┄┄┄┄┄┄┄┄┄┄┄┄ ① ② ③ ④ ⑤

136. 내일의 계획은 미리 세운다. ┄┄┄┄┄┄┄┄┄┄┄┄┄┄┄ ① ② ③ ④ ⑤

137. 혼자 일을 하는 것이 편하다. ┄┄┄┄┄┄┄┄┄┄┄┄┄┄┄ ① ② ③ ④ ⑤

138. 다른 사람 앞에서 이야기를 잘한다. ┄┄┄┄┄┄┄┄┄┄┄┄ ① ② ③ ④ ⑤

139. 행동력이 강한 사람이다. ┄┄┄┄┄┄┄┄┄┄┄┄┄┄┄┄ ① ② ③ ④ ⑤

140. 나에게는 권력욕이 없는 것 같다. ┄┄┄┄┄┄┄┄┄┄┄┄ ① ② ③ ④ ⑤

141. 규칙을 잘 지키는 타입이다. ┄┄┄┄┄┄┄┄┄┄┄┄┄┄┄ ① ② ③ ④ ⑤

142. 무기력함을 많이 느낀다. ┄┄┄┄┄┄┄┄┄┄┄┄┄┄┄┄ ① ② ③ ④ ⑤

143. 사람을 사귀는 범위가 넓다. ┄┄┄┄┄┄┄┄┄┄┄┄┄┄┄ ① ② ③ ④ ⑤

144. 너무 객관적이어서 실패한 적이 많다. ┄┄┄┄┄┄┄┄┄┄ ① ② ③ ④ ⑤

145. 가능성보다 현실을 중요시한다. ┄┄┄┄┄┄┄┄┄┄┄┄┄ ① ② ③ ④ ⑤

146. 여행은 계획을 세워서 추진하는 편이다. ┄┄┄┄┄┄┄┄┄ ① ② ③ ④ ⑤

147. 무슨 일이든 구체적으로 파고드는 편이다. ┄┄┄┄┄┄┄┄ ① ② ③ ④ ⑤

148. 가치 기준이 확고하다. ┄┄┄┄┄┄┄┄┄┄┄┄┄┄┄┄┄ ① ② ③ ④ ⑤

149. 낯가림을 하는 편이다. ┄┄┄┄┄┄┄┄┄┄┄┄┄┄┄┄┄ ① ② ③ ④ ⑤

150. 논리적인 편이다. ┄┄┄┄┄┄┄┄┄┄┄┄┄┄┄┄┄┄┄ ① ② ③ ④ ⑤

151. 목표 달성에 별로 구애받지 않는다. ┄┄┄┄┄┄┄┄┄┄┄ ① ② ③ ④ ⑤

152. 경쟁하는 것을 즐기는 편이다. ┄┄┄┄┄┄┄┄┄┄┄┄┄┄ ① ② ③ ④ ⑤

153. 정해진 친구만 만나는 편이다. ┄┄┄┄┄┄┄┄┄┄┄┄┄┄ ① ② ③ ④ ⑤

154. 내 능력 밖의 일은 하고 싶지 않다. ┄┄┄┄┄┄┄┄┄┄┄ ① ② ③ ④ ⑤

155. 새로운 사람을 만나는 것은 두렵다. ┄┄┄┄┄┄┄┄┄┄┄ ① ② ③ ④ ⑤

156. 차분하고 사려가 깊은 편이다. ┄┄┄┄┄┄┄┄┄┄┄┄┄┄ ① ② ③ ④ ⑤

157. 주변의 일에 나서는 편이다. ┄┄┄┄┄┄┄┄┄┄┄┄┄┄┄ ① ② ③ ④ ⑤

158. 여러 가지 일을 경험하고 싶다. ┄┄┄┄┄┄┄┄┄┄┄┄┄ ① ② ③ ④ ⑤

159. 스트레스를 해소하기 위해 집에서 조용히 지낸다. ┄┄┄┄┄ ① ② ③ ④ ⑤

160. 무리한 도전은 할 필요가 없다고 생각한다. ┄┄┄┄┄┄┄ ① ② ③ ④ ⑤

161. 납득이 안 되면 행동이 안 된다. ┄┄┄┄┄┄┄┄┄┄┄┄ ① ② ③ ④ ⑤

162. 위험을 무릅쓰고 까지 성공하고 싶지는 않다. ······① ② ③ ④ ⑤

163. 결론이 나도 여러 번 다시 생각하는 편이다. ······① ② ③ ④ ⑤

164. 같은 일을 반복하는 것은 지겹다. ······① ② ③ ④ ⑤

165. 오늘 하지 않아도 되는 일은 하지 않는다. ······① ② ③ ④ ⑤

166. 자신만의 신념을 가지고 있다. ······① ② ③ ④ ⑤

167. 갑작스런 상황에 부딪혀도 유연하게 대처한다. ······① ② ③ ④ ⑤

168. 쉬는 날은 반드시 외출해야 한다. ······① ② ③ ④ ⑤

169. 한 가지 일에 몰두하는 타입이다. ······① ② ③ ④ ⑤

170. 규칙을 벗어나는 일은 하고 싶지 않다. ······① ② ③ ④ ⑤

171. 남의 주목을 받는 것을 즐긴다. ······① ② ③ ④ ⑤

172. 위험을 무릅쓰고 도전하고 싶은 일이 있다. ······① ② ③ ④ ⑤

173. 다수결의 의견에 따르는 편이다. ······① ② ③ ④ ⑤

174. 내 자신을 책망하는 경우가 많다. ······① ② ③ ④ ⑤

175. 변덕스런 사람이라는 소릴 자주 듣는다. ······① ② ③ ④ ⑤

176. 자존심이 강한 편이다. ······① ② ③ ④ ⑤

177. 착한 거짓말은 필요하다고 생각한다. ······① ② ③ ④ ⑤

178. 고민이 생기면 혼자서 끙끙 앓는 편이다. ······① ② ③ ④ ⑤

179. 과감하게 행동하는 편이다. ······① ② ③ ④ ⑤

180. 예의 없는 사람하고는 말을 섞지 않는다. ······① ② ③ ④ ⑤

181. 잘 안 되는 일도 될 때까지 계속 추진하는 편이다. ······① ② ③ ④ ⑤

182. 무슨 일이든 바로 시작하는 타입이다. ······① ② ③ ④ ⑤

183. 즉흥적으로 결정하는 경우가 많다. ······① ② ③ ④ ⑤

184. 노력해도 결과가 따르지 않으면 의미가 없다. ······① ② ③ ④ ⑤

185. 유행에 크게 신경을 쓰지 않는다. ······① ② ③ ④ ⑤

186. 영화나 드라마를 보면 주인공의 감정에 이입된다. ······① ② ③ ④ ⑤

187. 창조적인 일을 하고 싶다. ······① ② ③ ④ ⑤

188. 남에게 리드를 받으면 기분이 상한다. ······① ② ③ ④ ⑤

189. 고집이 센 사람을 보면 짜증이 난다. ······① ② ③ ④ ⑤

190. 개성이 강하는 소릴 자주 듣는다. ································· ① ② ③ ④ ⑤

191. 문제점을 해결하기 위해 많은 사람과 상의하는 편이다. ········· ① ② ③ ④ ⑤

192. 쓸데없이 고생을 사서 할 필요는 없다. ······················· ① ② ③ ④ ⑤

193. 이성적인 사람을 보면 동경의 대상이 된다. ·················· ① ② ③ ④ ⑤

194. 때로는 포기할 줄도 알아야 한다. ···························· ① ② ③ ④ ⑤

195. 질문을 받으면 충분히 생각하고 나서 대답한다. ············· ① ② ③ ④ ⑤

196. 미래를 알 수 없다는 것은 흥미롭다. ························ ① ② ③ ④ ⑤

197. 변화를 쉽게 받아들인다. ··································· ① ② ③ ④ ⑤

198. 현재보다 미래를 준비하는 것이 중요하다. ·················· ① ② ③ ④ ⑤

199. 상상력이 풍부하다. ·· ① ② ③ ④ ⑤

200. 지위에 어울리는 행동이 있다. ······························· ① ② ③ ④ ⑤

201. 얼굴에 감정이 잘 드러나는 편이다. ························· ① ② ③ ④ ⑤

202. 아무리 맛있는 음식점이라도 대기시간이 길면 가지 않는다. ····· ① ② ③ ④ ⑤

203. 가만히 있는 것이 가장 힘들다. ····························· ① ② ③ ④ ⑤

204. 말보다는 글로 의견을 전달하는 것이 편하다. ··············· ① ② ③ ④ ⑤

205. 내 능력을 시험 받는 것을 즐긴다. ························· ① ② ③ ④ ⑤

206. 스트레스가 쌓이면 다른 사람을 만나지 않는다. ············· ① ② ③ ④ ⑤

207. 사람의 성향은 절대 바뀌지 않는다고 생각한다. ············· ① ② ③ ④ ⑤

208. 한 번 결정한 일은 절대 번복하지 않는다. ·················· ① ② ③ ④ ⑤

209. 좋고 싫음이 분명하다. ····································· ① ② ③ ④ ⑤

210. 파란만장하더라도 성공하는 인생을 살고 싶다. ············· ① ② ③ ④ ⑤

211. 마음이 담겨 있으면 선물은 아무거나 좋다. ················· ① ② ③ ④ ⑤

PART

IV

NCS 면접

01 성공적인 면접을 위한 전략
02 현직자가 알려 주는 면접기출

01 성공적인 면접을 위한 전략

1 면접준비

(1) 면접의 기본 원칙

① **면접의 의미** … 면접이란 다양한 면접기법을 활용하여 지원한 직무에 필요한 능력을 지원자가 보유하고 있는지를 확인하는 절차라고 할 수 있다. 즉, 지원자의 입장에서는 채용 직무수행에 필요한 요건들과 관련하여 자신의 환경, 경험, 관심사, 성취 등에 대해 기업에 직접 어필할 수 있는 기회를 제공받는 것이며, 기업의 입장에서는 서류전형만으로 알 수 없는 지원자에 대한 정보를 직접적으로 수집하고 평가하는 것이다.

② **면접의 특징** … 면접은 기업의 입장에서 서류전형이나 필기전형에서 드러나지 않는 지원자의 능력이나 성향을 볼 수 있는 기회로, 면대면으로 이루어지며 즉흥적인 질문들이 포함될 수 있기 때문에 지원자가 완벽하게 준비하기 어려운 부분이 있다. 하지만 지원자 입장에서도 서류전형이나 필기전형에서 모두 보여주지 못한 자신의 능력 등을 기업의 인사담당자에게 어필할 수 있는 추가적인 기회가 될 수도 있다.

[서류·필기전형과 차별화되는 면접의 특징]

- 직무수행과 관련된 다양한 지원자 행동에 대한 관찰이 가능하다.
- 면접관이 알고자 하는 정보를 심층적으로 파악할 수 있다.
- 서류상의 미비한 사항과 의심스러운 부분을 확인할 수 있다.
- 커뮤니케이션 능력, 대인관계 능력 등 행동·언어적 정보도 얻을 수 있다.

③ **면접의 유형**

　㉠ **구조화 면접** : 구조화 면접은 사전에 계획을 세워 질문의 내용과 방법, 지원자의 답변 유형에 따른 추가 질문과 그에 대한 평가 역량이 정해져 있는 면접 방식으로 표준화 면접이라고도 한다.

- 표준화된 질문이나 평가요소가 면접 전 확정되며, 지원자는 편성된 조나 면접관에 영향을 받지 않고 동일한 질문과 시간을 부여받을 수 있다.
- 조직 또는 직무별로 주요하게 도출된 역량을 기반으로 평가요소가 구성되어, 조직 또는 직무에서 필요한 역량을 가진 지원자를 선발할 수 있다.
- 표준화된 형식을 사용하는 특성 때문에 비구조화 면접에 비해 신뢰성과 타당성, 객관성이 높다.

　㉡ **비구조화 면접** : 비구조화 면접은 면접 계획을 세울 때 면접 목적만을 명시하고 내용이나 방법은 면접관에게 전적으로 일임하는 방식으로 비표준화 면접이라고도 한다.

- 표준화된 질문이나 평가요소 없이 면접이 진행되며, 편성된 조나 면접관에 따라 지원자에게 주어지는 질문이나 시간이 다르다.
- 면접관의 주관적인 판단에 따라 평가가 이루어져 평가 오류가 빈번히 일어난다.
- 상황 대처나 언변이 뛰어난 지원자에게 유리한 면접이 될 수 있다.

④ 경쟁력 있는 면접 요령

㉠ 면접 전에 준비하고 유념할 사항
- 예상 질문과 답변을 미리 작성한다.
- 작성한 내용을 문장으로 외우지 않고 키워드로 기억한다.
- 지원한 회사의 최근 기사를 검색하여 기억한다.
- 지원한 회사가 속한 산업군의 최근 기사를 검색하여 기억한다.
- 면접 전 1주일간 이슈가 되는 뉴스를 기억하고 자신의 생각을 반영하여 정리한다.
- 찬반토론에 대비한 주제를 목록으로 정리하여 자신의 논리를 내세운 예상답변을 작성한다.

㉡ 면접장에서 유념할 사항
- 질문의 의도 파악 : 답변을 할 때에는 질문 의도를 파악하고 그에 충실한 답변이 될 수 있도록 질문 사항을 유념해야 한다. 많은 지원자가 하는 실수 중 하나로 답변을 하는 도중 자기 말에 심취되어 질문의 의도와 다른 답변을 하거나 자신이 알고 있는 지식만을 나열하는 경우가 있는데, 이럴 경우 의사소통능력이 부족한 사람으로 인식될 수 있으므로 주의하도록 한다.
- 답변은 두괄식 : 답변을 할 때에는 두괄식으로 결론을 먼저 말하고 그 이유를 설명하는 것이 좋다. 미괄식으로 답변을 할 경우 용두사미의 답변이 될 가능성이 높으며, 결론을 이끌어 내는 과정에서 논리성이 결여될 우려가 있다. 또한 면접관이 결론을 듣기 전에 말을 끊고 다른 질문을 추가하는 예상치 못한 상황이 발생될 수 있으므로 답변은 자신이 전달하고자 하는 바를 먼저 밝히고 그에 대한 설명을 하는 것이 좋다.
- 지원한 회사의 기업정신과 인재상을 기억 : 답변을 할 때에는 회사가 원하는 인재라는 인상을 심어주기 위해 지원한 회사의 기업정신과 인재상 등을 염두에 두고 답변을 하는 것이 좋다. 모든 회사에 해당되는 두루뭉술한 답변보다는 지원한 회사에 맞는 맞춤형 답변을 하는 것이 좋다.
- 나보다는 회사와 사회적 관점에서 답변 : 답변을 할 때에는 자기중심적인 관점을 피하고 좀 더 넓은 시각으로 회사와 국가, 사회적 입장까지 고려하는 인재임을 어필하는 것이 좋다. 자기중심적 시각을 바탕으로 자신의 출세만을 위해 회사에 입사하려는 인상을 심어줄 경우 면접에서 불이익을 받을 가능성이 높다.
- 난처한 질문은 정직한 답변 : 난처한 질문에 답변을 해야 할 때에는 피하기보다는 정면 돌파로 정직하고 솔직하게 답변하는 것이 좋다. 난처한 부분을 감추고 드러내지 않으려 회피하려는 지원자의 모습은 인사담당자에게 입사 후에도 비슷한 상황에 처했을 때 회피할 수도 있다는 우려를 심어줄 수 있다. 따라서 직장생활에 있어 중요한 덕목 중 하나인 정직을 바탕으로 솔직하게 답변을 하도록 한다.

(2) 면접의 종류 및 준비 전략

① 인성면접

㉠ 면접 방식 및 판단기준

- 면접 방식 : 인성면접은 면접관이 가지고 있는 개인적 면접 노하우나 관심사에 의해 질문을 실시한다. 주로 입사지원서나 자기소개서의 내용을 토대로 지원동기, 과거의 경험, 미래 포부 등을 이야기하도록 하는 방식이다.
- 판단기준 : 면접관의 개인적 가치관과 경험, 해당 역량의 수준, 경험의 구체성·진실성 등

㉡ 특징 : 인성면접은 그 방식으로 인해 역량과 무관한 질문들이 많고 지원자에게 주어지는 면접질문, 시간 등이 다를 수 있다. 또한 입사지원서나 자기소개서의 내용을 토대로 하기 때문에 지원자별 질문이 달라질 수 있다.

㉢ 예시 문항 및 준비전략

- 예시 문항

> - 3분 동안 자기소개를 해 보십시오.
> - 자신의 장점과 단점을 말해 보십시오.
> - 학점이 좋지 않은데 그 이유가 무엇입니까?
> - 최근에 인상 깊게 읽은 책은 무엇입니까?
> - 회사를 선택할 때 중요시하는 것은 무엇입니까?
> - 일과 개인생활 중 어느 쪽을 중시합니까?
> - 10년 후 자신은 어떤 모습일 것이라고 생각합니까?
> - 휴학 기간 동안에는 무엇을 했습니까?

- 준비전략 : 인성면접은 입사지원서나 자기소개서의 내용을 바탕으로 하는 경우가 많으므로 자신이 작성한 입사지원서와 자기소개서의 내용을 충분히 숙지하도록 한다. 또한 최근 사회적으로 이슈가 되고 있는 뉴스에 대한 견해를 묻거나 시사상식 등에 대한 질문을 받을 수 있으므로 이에 대한 대비도 필요하다. 자칫 부담스러워 보이지 않는 질문으로 가볍게 대답하지 않도록 주의하고 모든 질문에 입사 의지를 담아 성실하게 답변하는 것이 중요하다.

② 발표면접

㉠ 면접 방식 및 판단기준

- 면접 방식 : 지원자가 특정 주제와 관련된 자료를 검토하고 그에 대한 자신의 생각을 면접관 앞에서 주어진 시간 동안 발표하고 추가 질의를 받는 방식으로 진행된다.
- 판단기준 : 지원자의 사고력, 논리력, 문제해결력 등

㉡ 특징 : 발표면접은 지원자에게 과제를 부여한 후, 과제를 수행하는 과정과 결과를 관찰·평가한다. 따라서 과제수행 결과뿐 아니라 수행과정에서의 행동을 모두 평가할 수 있다.

ⓒ 예시 문항 및 준비전략

• 예시 문항

[신입사원 조기 이직 문제]

※ 지원자는 아래에 제시된 자료를 검토한 뒤, 신입사원 조기 이직의 원인을 크게 3가지로 정리하고 이에 대한 구체적인 개선안을 도출하여 발표해 주시기 바랍니다.

※ 본 과제에 정해진 정답은 없으나 논리적 근거를 들어 개선안을 작성해 주십시오.

• A기업은 동종업계 유사기업들과 비교해 볼 때, 비교적 높은 재무안정성을 유지하고 있으며 업무강도가 그리 높지 않은 것으로 외부에 알려져 있음.

• 최근 조사결과, 동종업계 유사기업들과 연봉을 비교해 보았을 때 연봉 수준도 그리 나쁘지 않은 편이라는 것이 확인되었음.

• 그러나 지난 3년간 1~2년차 직원들의 이직률이 계속해서 증가하고 있는 추세이며, 경영진 회의에서 최우선 해결과제 중 하나로 거론되었음.

• 이에 따라 인사팀에서 현재 1~2년차 사원들을 대상으로 개선되어야 하는 A기업의 조직문화에 대한 설문조사를 실시한 결과, '상명하복식의 의사소통'이 36.7%로 1위를 차지했음.

• 이러한 설문조사와 함께, 신입사원 조기 이직에 대한 원인을 분석한 결과 파랑새 증후군, 셀프홀릭 증후군, 피터팬 증후군 등 3가지로 분류할 수 있었음.

〈동종업계 유사기업들과의 연봉 비교〉   〈우리 회사 조직문화 중 개선되었으면 하는 것〉

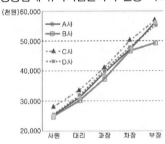   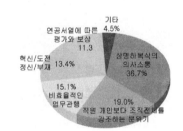

〈신입사원 조기 이직의 원인〉

• 파랑새 증후군
- 현재의 직장보다 더 좋은 직장이 있을 것이라는 막연한 기대감으로 끊임없이 새로운 직장을 탐색함.
- 학력 수준과 맞지 않는 '하향지원', 전공과 적성을 고려하지 않고 일단 취업하고 보자는 '묻지마 지원'이 파랑새 증후군을 초래함.

• 셀프홀릭 증후군
- 본인의 역량에 비해 가치가 낮은 일을 주로 하면서 갈등을 느낌.

• 피터팬 증후군
- 기성세대의 문화를 무조건 수용하기보다는 자유로움과 변화를 추구함.
- 상명하복, 엄격한 규율 등 기성세대가 당연시하는 관행에 거부감을 가지며 직장에 답답함을 느낌.

- 준비전략 : 발표면접의 시작은 과제 안내문과 과제 상황, 과제 자료 등을 정확하게 이해하는 것에서 출발한다. 과제 안내문을 침착하게 읽고 제시된 주제 및 문제와 관련된 상황의 맥락을 파악한 후 과제를 검토한다. 제시된 기사나 그래프 등을 충분히 활용하여 주어진 문제를 해결할 수 있는 해결책이나 대안을 제시하며, 발표를 할 때에는 명확하고 자신 있는 태도로 전달할 수 있도록 한다.

③ 토론면접

㉠ 면접 방식 및 판단기준

- 면접 방식 : 상호갈등적 요소를 가진 과제 또는 공통의 과제를 해결하는 내용의 토론 과제를 제시하고, 그 과정에서 개인 간의 상호작용 행동을 관찰하는 방식으로 면접이 진행된다.
- 판단기준 : 팀워크, 적극성, 갈등 조정, 의사소통능력, 문제해결능력 등

㉡ 특징 : 토론을 통해 도출해 낸 최종안의 타당성도 중요하지만, 결론을 도출해 내는 과정에서의 의사소통능력이나 갈등상황에서 의견을 조정하는 능력 등이 중요하게 평가되는 특징이 있다.

㉢ 예시 문항 및 준비전략

- 예시 문항

> - 군 가산점제 부활에 대한 찬반토론
> - 담뱃값 인상에 대한 찬반토론
> - 비정규직 철폐에 대한 찬반토론
> - 대학의 영어 강의 확대 찬반토론
> - 워크숍 장소 선정을 위한 토론

- 준비전략 : 토론면접은 무엇보다 팀워크와 적극성이 강조된다. 따라서 토론과정에 적극적으로 참여하며 자신의 의사를 분명하게 전달하며, 갈등상황에서 자신의 의견만 내세울 것이 아니라 다른 지원자의 의견을 경청하고 배려하는 모습도 중요하다. 갈등상황을 일목요연하게 정리하여 조정하는 등의 의사소통능력을 발휘하는 것도 좋은 전략이 될 수 있다.

④ 상황면접

㉠ 면접 방식 및 판단기준

- 면접 방식 : 상황면접은 직무 수행 시 접할 수 있는 상황들을 제시하고, 그러한 상황에서 어떻게 행동할 것인지를 이야기하는 방식으로 진행된다.
- 판단기준 : 해당 상황에 적절한 역량의 구현과 구체적 행동지표

㉡ 특징 : 실제 직무 수행 시 접할 수 있는 상황들을 제시하므로 입사 이후 지원자의 업무수행능력을 평가하는 데 적절한 면접 방식이다. 또한 지원자의 가치관, 태도, 사고방식 등의 요소를 통합적으로 평가하는 데 용이하다.

ⓒ 예시 문항 및 준비전략

• 예시 문항

> 당신은 생산관리팀의 팀원으로, 생산팀이 기한에 맞춰 효율적으로 제품을 생산할 수 있도록 관리하는 역할을 맡고 있습니다. 3개월 뒤에 제품A를 정상적으로 출시하기 위해 생산팀의 생산 계획을 수립한 상황입니다. 그러나 원가가 곧 실적으로 이어지는 구매팀에서는 최대한 원가를 줄여 전반적 단가를 낮추려고 원가절감을 위한 제안을 하였으나, 연구개발팀에서는 구매팀이 제안한 방식으로 제품을 생산할 경우 대부분이 구매팀의 실적으로 산정될 것이므로 제대로 확인도 해보지 않은 채 적합하지 않은 방식이라고 판단하고 있습니다. 당신은 어떻게 하겠습니까?

• 준비전략 : 상황면접은 먼저 주어진 상황에서 핵심이 되는 문제가 무엇인지를 파악하는 것에서 시작한다. 주질문과 세부질문을 통하여 질문의 의도를 파악하였다면, 그에 대한 구체적인 행동이나 생각 등에 대해 응답할수록 높은 점수를 얻을 수 있다.

⑤ 역할면접

㉠ 면접 방식 및 판단기준

• 면접 방식 : 역할면접 또는 역할연기 면접은 기업 내 발생 가능한 상황에서 부딪히게 되는 문제와 역할을 가상적으로 설정하여 특정 역할을 맡은 사람과 상호작용하고 문제를 해결해 나가도록 하는 방식으로 진행된다. 역할연기 면접에서는 면접관이 직접 역할연기를 하면서 지원자를 관찰하기도 하지만, 역할연기 수행만 전문적으로 하는 사람을 투입할 수도 있다.

• 판단기준 : 대처능력, 대인관계능력, 의사소통능력 등

㉡ 특징 : 역할면접은 실제 상황과 유사한 가상 상황에서의 행동을 관찰함으로서 지원자의 성격이나 대처 행동 등을 관찰할 수 있다.

㉢ 예시 문항 및 준비전략

• 예시 문항

> [금융권 역할면접의 예]
> 당신은 ○○은행의 신입 텔러이다. 사람이 많은 월말 오전 한 할아버지(면접관 또는 역할담당자)께서 ○○은행을 사칭한 보이스피싱으로 500만 원을 피해 보았다며 소란을 일으키고 있다. 실제 업무상황이라고 생각하고 상황에 대처해 보시오.

• 준비전략 : 역할연기 면접에서 측정하는 역량은 주로 갈등의 원인이 되는 문제를 해결 하고 제시된 해결방안을 상대방에게 설득하는 것이다. 따라서 갈등해결, 문제해결, 조정·통합, 설득력과 같은 역량이 중요시된다. 또한 갈등을 해결하기 위해서 상대방에 대한 이해도 필수적인 요소이므로 고객 지향을 염두에 두고 상황에 맞게 대처해야 한다.

역할면접에서는 변별력을 높이기 위해 면접관이 압박적인 분위기를 조성하는 경우가 많기 때문에 스트레스 상황에서 불안해하지 않고 유연하게 대처할 수 있도록 시간과 노력을 들여 충분히 연습하는 것이 좋다.

❷ 면접 이미지 메이킹

(1) 성공적인 이미지 메이킹 포인트

① 복장 및 스타일

㉠ 남성

• 양복 : 양복은 단색으로 하며 넥타이나 셔츠로 포인트를 주는 것이 효과적이다. 짙은 회색이나 감청색이 가장 단정하고 품위 있는 인상을 준다.
• 셔츠 : 흰색이 가장 선호되나 자신의 피부색에 맞추는 것이 좋다. 푸른색이나 베이지색은 산뜻한 느낌을 줄 수 있다. 양복과의 배색도 고려하도록 한다.
• 넥타이 : 의상에 포인트를 줄 수 있는 아이템이지만 너무 화려한 것은 피한다. 지원자의 피부색은 물론, 정장과 셔츠의 색을 고려하며, 체격에 따라 넥타이 폭을 조절하는 것이 좋다.
• 구두 & 양말 : 구두는 검정색이나 짙은 갈색이 어느 양복에나 무난하게 어울리며 깔끔하게 닦아 준비한다. 양말은 정장과 동일한 색상이나 검정색을 착용한다.
• 헤어스타일 : 머리스타일은 단정한 느낌을 주는 짧은 헤어스타일이 좋으며 앞머리가 있다면 이마나 눈썹을 가리지 않는 선에서 정리하는 것이 좋다.

ⓛ 여성

- 의상 : 단정한 스커트 투피스 정장이나 슬랙스 슈트가 무난하다. 블랙이나 그레이, 네이비, 브라운 등 차분해 보이는 색상을 선택하는 것이 좋다.
- 소품 : 구두, 핸드백 등은 같은 계열로 코디하는 것이 좋으며 구두는 너무 화려한 디자인이나 굽이 높은 것을 피한다. 스타킹은 의상과 구두에 맞춰 단정한 것으로 선택한다.
- 액세서리 : 액세서리는 너무 크거나 화려한 것은 좋지 않으며 과하게 많이 하는 것도 좋은 인상을 주지 못한다. 착용하지 않거나 작고 깔끔한 디자인으로 포인트를 주는 정도가 적당하다.
- 메이크업 : 화장은 자연스럽고 밝은 이미지를 표현하는 것이 좋으며 진한 색조는 인상이 강해 보일 수 있으므로 피한다.
- 헤어스타일 : 커트나 단발처럼 짧은 머리는 활동적이면서도 단정한 이미지를 줄 수 있도록 정리한다. 긴 머리의 경우 하나로 묶거나 단정한 머리망으로 정리하는 것이 좋으며, 짙은 염색이나 화려한 웨이브는 피한다.

② 인사

ⓐ **인사의 의미** : 인사는 예의범절의 기본이며 상대방의 마음을 여는 기본적인 행동이라고 할 수 있다. 인사는 처음 만나는 면접관에게 호감을 살 수 있는 가장 쉬운 방법이 될 수 있기도 하지만 제대로 예의를 지키지 않으면 지원자의 인성 전반에 대한 평가로 이어질 수 있으므로 각별히 주의해야 한다.

ⓛ **인사의 핵심 포인트**

- 인사말 : 인사말을 할 때에는 밝고 친근감 있는 목소리로 하며, 자신의 이름과 수험번호 등을 간략하게 소개한다.
- 시선 : 인사는 상대방의 눈을 보며 하는 것이 중요하며 너무 빤히 쳐다본다는 느낌이 들지 않도록 주의한다.
- 표정 : 인사는 마음에서 우러나오는 존경이나 반가움을 표현하고 예의를 차리는 것이므로 살짝 미소를 지으며 하는 것이 좋다.
- 자세 : 인사를 할 때에는 가볍게 목만 숙인다거나 흐트러진 상태에서 인사를 하지 않도록 주의하며 절도 있고 확실하게 하는 것이 좋다.

③ 시선처리와 표정, 목소리

　㉠ **시선처리와 표정** : 표정은 면접에서 지원자의 첫인상을 결정하는 중요한 요소이다. 얼굴표정은 사람의 감정을 가장 잘 표현할 수 있는 의사소통 도구로 표정 하나로 상대방에게 호감을 주거나, 비호감을 사기도 한다. 호감이 가는 인상의 특징은 부드러운 눈썹, 자연스러운 미간, 적당히 볼록한 광대, 올라간 입 꼬리 등으로 가볍게 미소를 지을 때의 표정과 일치한다. 따라서 면접 중에는 밝은 표정으로 미소를 지어 호감을 형성할 수 있도록 한다. 시선은 면접관과 고르게 맞추되 생기 있는 눈빛을 띄도록 하며, 너무 빤히 쳐다본다는 인상을 주지 않도록 한다.

　㉡ **목소리** : 면접은 주로 면접관과 지원자의 대화로 이루어지므로 목소리가 미치는 영향이 상당하다. 답변을 할 때에는 부드러우면서도 활기차고 생동감 있는 목소리로 하는 것이 면접관에게 호감을 줄 수 있으며 적당한 제스처가 더해진다면 상승효과를 얻을 수 있다. 그러나 적절한 답변을 하였음에도 불구하고 콧소리나 날카로운 목소리, 자신감 없는 작은 목소리는 답변의 신뢰성을 떨어뜨릴 수 있으므로 주의하도록 한다.

④ 자세

　㉠ 걷는 자세
　　• 면접장에 입실할 때에는 상체를 곧게 유지하고 발끝은 평행이 되게 하며 무릎을 스치듯 11자로 걷는다.
　　• 시선은 정면을 향하고 턱은 가볍게 당기며 어깨나 엉덩이가 흔들리지 않도록 주의한다.
　　• 발바닥 전체가 닿는 느낌으로 안정감 있게 걸으며 발소리가 나지 않도록 주의한다.
　　• 보폭은 어깨넓이만큼이 적당하지만, 스커트를 착용했을 경우 보폭을 줄인다.
　　• 걸을 때도 미소를 유지한다.

　㉡ 서있는 자세
　　• 몸 전체를 곧게 펴고 가슴을 자연스럽게 내민 후 등과 어깨에 힘을 주지 않는다.
　　• 정면을 바라본 상태에서 턱을 약간 당기고 아랫배에 힘을 주어 당기며 바르게 선다.
　　• 양 무릎과 발뒤꿈치는 붙이고 발끝은 11자 또는 V형을 취한다.
　　• 남성의 경우 팔을 자연스럽게 내리고 양손을 가볍게 쥐어 바지 옆선에 붙이고, 여성의 경우 공수자세를 유지한다.

ⓒ 앉은 자세

• 남성

> • 의자 깊숙이 앉고 등받이와 등 사이에 주먹 1개 정도의 간격을 두며 기대듯 앉지 않도록 주의한다. (남녀 공통 사항)
> • 무릎 사이에 주먹 2개 정도의 간격을 유지하고 발끝은 11자를 취한다.
> • 시선은 정면을 바라보며 턱은 가볍게 당기고 미소를 짓는다. (남녀 공통 사항)
> • 양손은 가볍게 주먹을 쥐고 무릎 위에 올려놓는다.
> • 앉고 일어날 때에는 자세가 흐트러지지 않도록 주의한다. (남녀 공통 사항)

• 여성

> • 스커트를 입었을 경우 왼손으로 뒤쪽 스커트 자락을 누르고 오른손으로 앞쪽 자락을 누르며 의자에 앉는다.
> • 무릎은 붙이고 발끝을 가지런히 한다.
> • 양손을 모아 무릎 위에 모아 놓으며 스커트를 입었을 경우 스커트 위를 가볍게 누르듯이 올려놓는다.

(2) 면접 예절

① 행동 관련 예절

ⓐ **지각은 절대금물** : 시간을 지키는 것은 예절의 기본이다. 지각을 할 경우 면접에 응시할 수 없거나, 면접 기회가 주어지더라도 불이익을 받을 가능성이 높아진다. 따라서 면접장소가 결정되면 교통편과 소요시간을 확인하고 가능하다면 사전에 미리 방문해 보는 것도 좋다. 면접 당일에는 서둘러 출발하여 면접 시간 20~30분 전에 도착하여 회사를 둘러보고 환경에 익숙해지는 것도 성공적인 면접을 위한 요령이 될 수 있다.

ⓑ **면접 대기 시간** : 지원자들은 대부분 면접장에서의 행동과 답변 등으로만 평가를 받는다고 생각하지만 그렇지 않다. 면접관이 아닌 면접진행자 역시 대부분 인사실무자이며 면접관이 면접 후 지원자에 대한 평가에 있어 확신을 위해 면접진행자의 의견을 구한다면 면접진행자의 의견이 당락에 영향을 줄 수 있다. 따라서 면접 대기 시간에도 행동과 말을 조심해야 하며, 면접을 마치고 돌아가는 순간까지도 긴장을 늦춰서는 안 된다. 면접 중 압박적인 질문에 답변을 잘 했지만, 면접장을 나와 흐트러진 모습을 보이거나 욕설을 한다면 면접 탈락의 요인이 될 수 있으므로 주의해야 한다.

ⓒ **입실 후 태도** : 본인의 차례가 되어 호명되면 또렷하게 대답하고 들어간다. 만약 면접장 문이 닫혀 있다면 상대에게 소리가 들릴 수 있을 정도로 노크를 두세 번 한 후 대답을 듣고 나서 들어가야 한다. 문을 여닫을 때에는 소리가 나지 않게 조용히 하며 공손한 자세로 인사한 후 성명과 수험번호를 말하고 면접관의 지시에 따라 자리에 앉는다. 이 경우 착석하라는 말이 없는데 먼저 의자에 앉으면 무례한 사람으로 보일 수 있으므로 주의한다. 의자에 앉을 때에는 끝에 앉지 말고 무릎 위에 양손을 가지런히 얹는 것이 예절이라고 할 수 있다.

ⓔ **옷매무새를 자주 고치지 마라.** : 일부 지원자의 경우 옷매무새 또는 헤어스타일을 자주 고치거나 확인하기도 하는데 이러한 모습은 과도하게 긴장한 것 같아 보이거나 면접에 집중하지 못하는 것으로 보일 수 있다. 남성 지원자의 경우 넥타이를 자꾸 고쳐 맨다거나 정장 상의 끝을 너무 자주 만지작거리지 않는다. 여성 지원자는 머리를 계속 쓸어 올리지 않고, 특히 짧은 치마를 입고서 신경이 쓰여 치마를 끌어 내리는 행동은 좋지 않다.

ⓜ **다리를 떨거나 산만한 시선은 면접 탈락의 지름길** : 자신도 모르게 다리를 떨거나 손가락을 만지는 등의 행동을 하는 지원자가 있는데, 이는 면접관의 주의를 끌 뿐만 아니라 불안하고 산만한 사람이라는 느낌을 주게 된다. 따라서 가능한 한 바른 자세로 앉아 있는 것이 좋다. 또한 면접관과 시선을 맞추지 못하고 여기저기 둘러보는 듯한 산만한 시선은 지원자가 거짓말을 하고 있다고 여겨지거나 신뢰할 수 없는 사람이라고 생각될 수 있다.

② **답변 관련 예절**

ⓐ **면접관이나 다른 지원자와 가치 논쟁을 하지 않는다.** : 질문을 받고 답변하는 과정에서 면접관 또는 다른 지원자의 의견과 다른 의견이 있을 수 있다. 특히 평소 지원자가 관심이 많은 문제이거나 잘 알고 있는 문제인 경우 자신과 다른 의견에 대해 이의가 있을 수 있다. 하지만 주의할 것은 면접에서 면접관이나 다른 지원자와 가치 논쟁을 할 필요는 없다는 것이며 오히려 불이익을 당할 수도 있다. 정답이 정해져 있지 않은 경우에는 가치관이나 성장배경에 따라 문제를 받아들이는 태도에서 답변까지 충분히 차이가 있을 수 있으므로 굳이 면접관이나 다른 지원자의 가치관을 지적하고 고치려 드는 것은 좋지 않다.

ⓑ **답변은 항상 정직해야 한다.** : 면접이라는 것이 아무리 지원자의 장점을 부각시키고 단점을 축소시키는 것이라고 해도 절대로 거짓말을 해서는 안 된다. 거짓말을 하게 되면 지원자는 불안하거나 꺼림칙한 마음이 들게 되어 면접에 집중을 하지 못하게 되고 수많은 지원자를 상대하는 면접관은 그것을 놓치지 않는다. 거짓말은 그 지원자에 대한 신뢰성을 떨어뜨리며 이로 인해 다른 스펙이 아무리 훌륭하다고 해도 채용에서 탈락하게 될 수 있음을 명심하도록 한다.

ⓒ **경력직을 경우 전 직장에 대해 험담하지 않는다.** : 지원자가 전 직장에서 무슨 업무를 담당했고 어떤 성과를 올렸는지는 면접관이 관심을 둘 사항일 수 있지만, 이전 직장의 기업문화나 상사들이 어땠는지는 그다지 궁금해 하는 사항이 아니다. 전 직장에 대해 험담을 늘어놓는다든가, 동료와 상사에 대한 악담을 하게 된다면 오히려 지원자에 대한 부정적인 이미지만 심어줄 수 있다. 만약 전 직장에 대한 말을 해야 할 경우가 생긴다면 가능한 한 객관적으로 이야기하는 것이 좋다.

ⓔ **자기 자신이나 배경에 대해 자랑하지 않는다.** : 자신의 성취나 부모 형제 등 집안사람들이 사회·경제적으로 어떠한 위치에 있는지에 대한 자랑은 면접관으로 하여금 지원자에 대해 오만한 사람이거나 배경에 의존하려는 나약한 사람이라는 이미지를 갖게 할 수 있다. 따라서 자기 자신이나 배경에 대해 자랑하지 않도록 하고, 자신이 한 일에 대해서 너무 자세하게 얘기하지 않도록 주의해야 한다.

❸ 면접 질문 및 답변 포인트

(1) 가족 및 대인관계에 관한 질문

① **당신의 가정은 어떤 가정입니까?**

면접관들은 지원자의 가정환경과 성장과정을 통해 지원자의 성향을 알고 싶어 이와 같은 질문을 한다. 비록 가정 일과 사회의 일이 완전히 일치하는 것은 아니지만 '가화만사성'이라는 말이 있듯이 가정이 화목해야 사회에서도 화목하게 지낼 수 있기 때문이다. 그러므로 답변 시에는 가족사항을 정확하게 설명하고 집안의 분위기와 특징에 대해 이야기하는 것이 좋다.

② **친구 관계에 대해 말해 보십시오.**

지원자의 인간성을 판단하는 질문으로 교우관계를 통해 답변자의 성격과 대인관계능력을 파악할 수 있다. 새로운 환경에 적응을 잘하여 새로운 친구들이 많은 것도 좋지만, 깊고 오래 지속되어온 인간관계를 말하는 것이 더욱 바람직하다.

(2) 성격 및 가치관에 관한 질문

① 당신의 PR포인트를 말해 주십시오.

PR포인트를 말할 때에는 지나치게 겸손한 태도는 좋지 않으며 적극적으로 자기를 주장하는 것이 좋다. 앞으로 입사 후 하게 될 업무와 관련된 자기의 특성을 구체적인 일화를 더하여 이야기하도록 한다.

② 당신의 장·단점을 말해 보십시오.

지원자의 구체적인 장·단점을 알고자 하기 보다는 지원자가 자기 자신에 대해 얼마나 알고 있으며 어느 정도의 객관적인 분석을 하고 있나, 그리고 개선의 노력 등을 시도하는지를 파악하고자 하는 것이다. 따라서 장점을 말할 때는 업무와 관련된 장점을 뒷받침할 수 있는 근거와 함께 제시하며, 단점을 이야기할 때에는 극복을 위한 노력을 반드시 포함해야 한다.

③ 가장 존경하는 사람은 누구입니까?

존경하는 사람을 말하기 위해서는 우선 그 인물에 대해 알아야 한다. 잘 모르는 인물에 대해 존경한다고 말하는 것은 면접관에게 바로 지적당할 수 있으므로, 추상적이라도 좋으니 평소에 존경스럽다고 생각했던 사람에 대해 그 사람의 어떤 점이 좋고 존경스러운지 대답하도록 한다. 또한 자신에게 어떤 영향을 미쳤는지도 언급하면 좋다.

(3) 학교생활에 관한 질문

① 지금까지의 학교생활 중 가장 기억에 남는 일은 무엇입니까?

가급적 직장생활에 도움이 되는 경험을 이야기하는 것이 좋다. 또한 경험만을 간단하게 말하지 말고 그 경험을 통해서 얻을 수 있었던 교훈 등을 예시와 함께 이야기하는 것이 좋으나 너무 상투적인 답변이 되지 않도록 주의해야 한다.

② 성적은 좋은 편이었습니까?

면접관은 이미 서류심사를 통해 지원자의 성적을 알고 있다. 그럼에도 불구하고 이 질문을 하는 것은 지원자가 성적에 대해서 어떻게 인식하느냐를 알고자 하는 것이다. 성적이 나빴던 이유에 대해서 변명하려 하지 말고 담백하게 받아드리고 그것에 대한 개선노력을 했음을 밝히는 것이 적절하다.

③ 학창시절에 시위나 집회 등에 참여한 경험이 있습니까?

기업에서는 노사분규를 기업의 사활이 걸린 중대한 문제로 인식하고 거시적인 차원에서 접근한다. 이러한 기업문화를 제대로 인식하지 못하여 학창시절의 시위나 집회 참여 경험을 자랑스럽게 답변할 경우 감점요인이 되거나 심지어는 탈락할 수 있다는 사실에 주의한다. 시위나 집회에 참가한 경험을 말할 때에는 타당성과 정도에 유의하여 답변해야 한다.

(4) 지원동기 및 직업의식에 관한 질문

① 왜 우리 회사를 지원했습니까?

이 질문은 어느 회사나 가장 먼저 물어보고 싶은 것으로 지원자들은 기업의 이념, 대표의 경영능력, 재무구조, 복리후생 등 외적인 부분을 설명하는 경우가 많다. 이러한 답변도 적절하지만 지원 회사의 주력 상품에 관한 소비자의 인지도, 경쟁사 제품과의 시장점유율을 비교하면서 입사동기를 설명한다면 상당히 주목 받을 수 있을 것이다.

② 만약 이번 채용에 불합격하면 어떻게 하겠습니까?

불합격할 것을 가정하고 회사에 응시하는 지원자는 거의 없을 것이다. 이는 지원자를 궁지로 몰아넣고 어떻게 대응하는지를 살펴보며 입사 의지를 알아보려고 하는 것이다. 이 질문은 너무 깊이 들어가지 말고 침착하게 답변하는 것이 좋다.

③ 당신이 생각하는 바람직한 사원상은 무엇입니까?

직장인으로서 또는 조직의 일원으로서의 자세를 묻는 질문으로 지원하는 회사에서 어떤 인재상을 요구하는 가를 알아두는 것이 좋으며, 평소에 자신의 생각을 미리 정리해 두어 당황하지 않도록 한다.

④ 직무상의 적성과 보수의 많음 중 어느 것을 택하겠습니까?

이런 질문에서 회사 측에서 원하는 답변은 당연히 직무상의 적성에 비중을 둔다는 것이다. 그러나 적성만을 너무 강조하다 보면 오히려 솔직하지 못하다는 인상을 줄 수 있으므로 어느 한 쪽을 너무 강조하거나 경시하는 태도는 바람직하지 못하다.

⑤ 상사와 의견이 다를 때 어떻게 하겠습니까?

과거와 다르게 최근에는 상사의 명령에 무조건 따르겠다는 수동적인 자세는 바람직하지 않다. 회사에서는 때에 따라 자신이 판단하고 행동할 수 있는 직원을 원하기 때문이다. 그러나 지나치게 자신의 의견만을 고집한다면 이는 팀원 간의 불화를 야기할 수 있으며 팀 체제에 악영향을 미칠 수 있으므로 선호하지 않는다는 것에 유념하여 답해야 한다.

⑥ 근무지가 지방인데 근무가 가능합니까?

근무지가 지방 중에서도 특정 지역은 되고 다른 지역은 안 된다는 답변은 바람직하지 않다. 직장에서는 순환 근무라는 것이 있으므로 처음에 지방에서 근무를 시작했다고 해서 계속 지방에만 있는 것은 아님을 유의하고 답변하도록 한다.

(5) 여가 활용에 관한 질문

취미가 무엇입니까?

기초적인 질문이지만 특별한 취미가 없는 지원자의 경우 대답이 애매할 수밖에 없다. 그래서 가장 많이 대답하게 되는 것이 독서, 영화감상, 혹은 음악감상 등과 같은 흔한 취미를 말하게 되는데 이런 취미는 면접관의 주의를 끌기 어려우며 설사 정말 위와 같은 취미를 가지고 있다하더라도 제대로 답변하기는 힘든 것이 사실이다. 가능하면 독특한 취미를 말하는 것이 좋으며 이제 막 시작한 것이라도 열의를 가지고 있음을 설명할 수 있으면 그것을 취미로 답변하는 것도 좋다.

(6) 지원자를 당황하게 하는 질문

① 성적이 좋지 않은데 이 정도의 성적으로 우리 회사에 입사할 수 있다고 생각합니까?

비록 자신의 성적이 좋지 않더라도 이미 서류심사에 통과하여 면접에 참여하였다면 기업에서는 지원자의 성적보다 성적 이외의 요소, 즉 성격·열정 등을 높이 평가했다는 것이라고 할 수 있다. 그러나 이런 질문을 받게 되면 지원자는 당황할 수 있으나 주눅 들지 말고 침착하게 대처하는 면모를 보인다면 더 좋은 인상을 남길 수 있다.

② 우리 회사 회장님 함자를 알고 있습니까?

회장이나 사장의 이름을 조사하는 것은 면접일을 통고받았을 때 이미 사전 조사되었어야 하는 사항이다. 단답형으로 이름만 말하기보다는 그 기업에 입사를 희망하는 지원자의 입장에서 답변하는 것이 좋다.

③ 당신은 이 회사에 적합하지 않은 것 같군요.

이 질문은 지원자의 입장에서 상당히 곤혹스러울 수밖에 없다. 질문을 듣는 순간 그렇다면 면접은 왜 참가시킨 것인가 하는 생각이 들 수도 있다. 하지만 당황하거나 흥분하지 말고 침착하게 자신의 어떤 면이 회사에 적당하지 않는지 겸손하게 물어보고 지적당한 부분에 대해서 고치겠다는 의지를 보인다면 오히려 자신의 능력을 어필할 수 있는 기회로 사용할 수도 있다.

④ 다시 공부할 계획이 있습니까?

이 질문은 지원자가 합격하여 직장을 다니다가 공부를 더 하기 위해 회사를 그만 두거나 학습에 더 관심을 두어 일에 대한 능률이 저하될 것을 우려하여 묻는 것이다. 이때에는 당연히 학습보다는 일을 강조해야 하며, 업무 수행에 필요한 학습이라면 업무에 지장이 없는 범위에서 야간학교를 다니거나 회사에서 제공하는 연수 프로그램 등을 활용하겠다고 답변하는 것이 적당하다.

⑤ 지원한 분야가 전공한 분야와 다른데 여기 일을 할 수 있겠습니까?

수험생의 입장에서 본다면 지원한 분야와 전공이 다르지만 서류전형과 필기전형에 합격하여 면접을 보게 된 경우라고 할 수 있다. 이는 결국 해당 회사의 채용 방침상 전공에 크게 영향을 받지 않는다는 것이므로 무엇보다 자신이 전공하지는 않았지만 어떤 업무도 적극적으로 임할 수 있다는 자신감과 능동적인 자세를 보여주도록 노력하는 것이 좋다.

02 현직자가 알려주는 면접기출

1 한국전기안전공사 면접기출

- 한국전기안전공사 신입사원의 업무에 대해 아는 대로 이야기하고, 그 업무에 자신이 적합한 이유를 설명해보시오.

- 평소 스트레스를 해소하는 방법에 대해 이야기해보시오.

- 대학졸업 이후 취업을 하기 전까지의 공백 기간에 무엇을 하였는지 이야기해보시오.

- 현 정부의 창조경제를 한국전기안전공사에 적용하여 이야기해보시오.

- 한국전기안전공사에 지원한 동기에 대해 이야기해보시오.

- 우리나라 국민들의 전기안전 인식수준이 어느 정도라고 생각하고 한국전기안전공사가 어떻게 해야 되는지 말해보시오.

- 한국전기안전공사가 공기업으로서 앞으로 나아갈 방향에 대해 말해보시오.

- 본인이 지원한 분야에서 하는 업무에 대해 말해보시오.

- 본인이 가진 장점 중 한국전기안전공사에서 일하기에 가장 적합한 특성은 무엇인가?

- 한국전기안전공사에 대해 아는 대로 말해보시오.

- 자신의 어떤 점이 우리 회사에 도움이 된다고 생각하는가?

- 대규모 정전사태에 대해서 어떻게 생각하는가?

- 한국전기안전공사가 하고 있는 사업 분야에 대해 아는 대로 말하시오.

- 한국전기안전공사에 입사해서 가장 해보고 싶은 일은 무엇인가?

- 공기업의 수익성과 공익성 중 어느 것이 더 중요하다고 생각하는가?

- 자신의 능력을 키우기 위해 어떤 노력을 했는가?

- 자신에 대해 자랑할 수 있는 것 다섯 가지를 말해보시오.

- 자신의 인생에 있어서 최우선 순위 3가지를 말해보시오.

- 본인의 전공을 선택한 이유를 말하시오.

- 공무원과 일을 처리하는데 있어 예상되는 문제점은 무엇이며 어떻게 대처할 것인가?

- 취업시장의 채용기준이 변화하고 있는데 본인은 이를 위해 어떤 준비를 하였는가?

- 기업의 사회공헌 활동은 필수적이라고 생각하는가?

- 상사와 지속적으로 갈등이 생긴다면 어떻게 할 것인가?

- 유비쿼터스에 대해 아는 대로 말하시오.

- 누가 시켜서 한 것이 아니라 자진해서 무언가를 한 경험이 있는가?

- 어떤 일을 포기하였거나 그러고 싶을 정도로 난처했던 경험이 있는가?

- 한국전기안전공사의 경영방침에 대해 말해보시오.

- 남들이 하기 싫어하는 일을 맡아 주도적으로 진행한 경험이 있는가?

- 자신의 성격이 외향적이라고 생각하는가? 내향적이라고 생각하는가?

② PT 면접기출

- 새로운 아이디어 활용 경험에 대해 발표하시오.

- 전문성 활용 경험에 대해 발표하시오.

- 본인이 희생하여 팀에 공헌한 경험에 대해 발표하시오.

- 열심히 노력하여 성취한 경험에 대해 발표하시오.

- 리더십을 발휘한 경험에 대해 발표하시오.

PART

V

NCS 정답 및 해설

01 NCS 대표유형 정답해설

02 NCS 예상문제 정답해설

NCS 대표유형 정답해설

PART ❶ 의사소통능력

1	①	2	③	3	③	4	①	5	③

1 ①

제시된 지문은 공문서의 한 종류인 보도자료에 해당한다. 마지막 문단에 밑줄 친 '거처'의 앞뒤 문맥을 파악해 보면, 지방재정협의회에서 논의한 지역 현안 사업은 각 부처의 검토 단계를 밟은 뒤 기재부에 신청되고, 이후 관계 기관의 협의를 거쳐 내년도 예산안에 반영함을 알 수 있다. 즉, 밑줄 친 '거처'는 '어떤 과정이나 단계를 겪거나 밟다.'의 의미로 사용되었다. 보기 중 이와 동일한 의미로 쓰인 것은 ①이다.
② 마음에 거리끼거나 꺼리다.
③ 오가는 도중에 어디를 지나거나 들르다.
④ 무엇에 걸리거나 막히다.

2 ③

네 개의 문장에서 공통적으로 언급하고 있는 것은 환경문제임을 알 수 있다. 따라서 (내) 문장이 '문제 제기'를 한 것으로 볼 수 있다. (개)는 (내)에서 언급한 바를 더욱 발전시키며 논점을 전개해 나가고 있으며, (래)에서는 논점을 '잘못된 환경문제의 해결 주체'라는 쪽으로 전환하여 결론을 위한 토대를 구성하며, (다)에서 필자의 주장을 간결하게 매듭짓고 있다.

3 ③

③ 디지털화는 공장 내 사물들 간에 소통이 가능하도록 물리적 아날로그 신호를 디지털 신호로 변환하는 것이다.
①② 두 번째 문단에서 언급하고 있다.
④ 세 번째 문단에서 언급하고 있다.

4 ①

① 부지 용도가 단독주택용지이고 토지사용 가능시기가 '즉시'라는 공고를 통해 계약만 이루어지면 즉시 이용이 가능한 토지임을 알 수 있다.

② 계약체결 후 남은 금액은 공급가격에서 계약금을 제외한 33,250,095,000원이다. 이를 무이자로 3년간 6회에 걸쳐 납부해야 하므로 첫 번째 내야 할 중도금은 5,541,682,500원이다.

③ 규모 400㎡의 단독주택용지를 주택건설업자에게 분양하는 공고이다.

④ 계약금은 공급가격의 10%로 보증금이 더 적다.

---

5 ③

고위직급자와 계약직 직원들에 대한 학습목표 달성을 지원해야 한다는 논의가 되고 있으므로 그에 따른 실천 방안이 있을 것으로 판단할 수 있으나, 교육 시간 자체가 더 증가할 것으로 전망하는 것은 근거가 제시되어 있지 않은 의견이다.

① 22시간→35시간으로 약 59% 증가하였다.

② 평균 학습시간을 초과하여 달성하는 등 상시학습문화가 정착되었다고 평가하고 있다.

④ 생애주기에 맞는 직급별 직무역량교육 의무화라는 것은 각 직급과 나이에 보다 적합한 교육이 실시될 것임을 의미한다.

PART ② 자원관리능력

1	③	2	④	3	④	4	①	5	②

1 ③

교육비 지원 기준에 따라 각 직원이 지원 받을 수 있는 내역을 정리하면 다음과 같다.

A	• 본인 대학원 학비 3백만 원(100% 지원) • 동생 대학 학비 2백만 원(형제 및 자매→80% 지원) = 160만 원	총 460만 원
B	딸 대학 학비 2백만 원(직계 비속→90% 지원) = 180만 원	총 180만 원
C	본인 대학 학비 3백만 원(100% 지원) 아들 대학 학비 4백만 원(직계 비속→90% 지원) = 360만 원	총 660만 원
D	본인 대학 학비 2백만 원(100% 지원) 딸 대학 학비 2백만 원(90% 지원) = 180만 원 아들 대학원 학비 2백만 원(90% 지원) = 180만 원	총 560만 원

따라서 A~D 직원 4명의 총 교육비 지원 금액은 1,860만 원이고, 이를 원단위로 표현하면 18,600,000원이다.

2 ④

④ 결원이 생겼을 때에는 그대로 추가 선발 없이 채용을 마감할 수 있으며, 추가합격자를 선발할 경우 반드시 차순위자를 선발하여야 한다.

① 모든 응시자는 1인 1개 분야만 지원할 수 있다. 따라서 중복 응시에 대해 어느 한쪽을 임의로 무효처리할 수 있다.

② 입사지원서 작성 내용과 다르게 된 결과이므로 취소 처분이 가능하다.

③ 지원자가 채용예정인원 수와 같거나 미달하더라도 적격자가 없는 경우 선발하지 않을 수 있다.

---

3 ④

ⓒ 2의 '전자 · 통신관계법에 의한 전기 · 전자통신기술에 관한 업무'에 해당하므로 丙은 자격 취득 후 경력 기간 15개월 중 80%인 12개월을 인정받는다.

ⓔ 1의 '전력시설물의 설계 · 공사 · 감리 · 유지보수 · 관리 · 진단 · 점검 · 검사에 관한 기술업무'에 해당하므로 丁은 자격 취득 전 경력 기간 2년의 50%인 1년을 인정받는다.

㉠ 3에 따라 자격 취득 전의 경력 기간은 50%만 인정되므로 甲은 5년의 경력 기간 중 50%인 2년 6개월만 인정받는다.

ⓛ 2의 「전기용품안전관리법」에 따른 전기용품의 설계 · 제조 · 검사 등의 기술업무에 해당하므로 乙은 자격 취득 후 경력 기간 30개월 중 80%인 24개월을 인정받는다.

---

4 ①

주행속도에 따른 연비와 구간별 소요되는 연료량을 계산하면 다음과 같다.

차량	주행속도(km/h)	연비(km/L)	구간별 소요되는 연료량(L)		
A (LPG)	30 이상 60 미만	10 × 50.0% = 5	1구간	20	총 31.5
	60 이상 90 미만	10 × 100.0% = 10	2구간	4	
	90 이상 120 미만	10 × 80.0% = 8	3구간	7.5	
B (휘발유)	30 이상 60 미만	16 × 62.5% = 10	1구간	10	총 17.5
	60 이상 90 미만	16 × 100.0% = 16	2구간	2.5	
	90 이상 120 미만	16 × 75.0% = 12	3구간	5	
C (경유)	30 이상 60 미만	20 × 50.0% = 10	1구간	10	총 16
	60 이상 90 미만	20 × 100.0% = 20	2구간	2	
	90 이상 120 미만	20 × 75.0% = 15	3구간	4	

따라서 조건에 따른 주행을 완료하는 데 소요되는 연료비는 A 차량은 31.5 × 1,000 = 31,500원, B 차량은 17.5 × 2,000 = 35,000원, C 차량은 16 × 1,600 = 25,600원으로, 두 번째로 높은 연료비가 소요되는 차량은 A며 31,500원의 연료비가 든다.

5 ②

먼저 '층별 월 전기료 60만 원 이하' 조건을 적용해 보면 2층, 3층, 5층에서 각각 6대, 2대, 1대의 구형 에어컨을 버려야 한다. 다음으로 '구형 에어컨 대비 신형 에어컨 비율 1/2 이상 유지' 조건을 적용하면 4층, 5층에서 각각 1대, 2대의 신형 에어컨을 구입해야 한다. 그런데 5층에서 신형 에어컨 2대를 구입하게 되면 구형 에어컨 12대와 신형 에어컨 6대가 되어 월 전기료가 60만 원이 넘게 되므로 2대의 구형 에어컨을 더 버려야 하며, 신형 에어컨은 1대만 구입하면 된다. 따라서 A상사가 구입해야 하는 신형 에어컨은 총 2대이다.

PART ❸ 정보능력 🔍

1	③	2	③	3	②	4	②	5	③

1 ③

Index 뒤에 나타나는 문자가 오류 문자이므로 이 상황에서 오류 문자는 'GHWDYC'이다. 오류 문자 중 오류 발생 위치의 문자와 일치하지 않는 알파벳은 G, H, W, D, Y 5개이므로 처리코드는 'Atnih'이다.

---

2 ③

DSUM함수는 DSUM(범위, 열 번호, 조건)으로 나타내며 조건에 부합하는 데이터를 합하는 수식이다. 제시된 수식은 영업부에 해당하는 4/4분기의 데이터를 합하라는 것이므로 15+20+20=55가 된다.

---

3 ②

입고연월 2010○○ + 충청남도 쫓출판사 3J + 「뇌과학 첫걸음」 07773 + 입고순서 8491
따라서 코드는 '2010○○3J077738491'이 된다.

---

4 ②

발행 출판사와 입고순서가 동일하려면 (지역코드 + 고유번호) 두 자리와 (입고순서) 네 자리가 동일해야 한다. 이규리와 강희철은 각각 2011054L066610351, 2012064L107790351로 발행 출판사와 입고순서가 동일한 도서를 담당하는 책임자이다.

5 ③

$n=0, \ S=1$

$n=1, \ S=1+1^2$

$n=2, \ S=1+1^2+2^2$

...

$n=7, \ S=1+1^2+2^2+\cdots+7^2$

∴ 출력되는 S의 값은 141이다.

PART ❹ 문제해결능력

1	④	2	③	3	④	4	②	5	①

1 ④

날짜를 따져 보아야 하는 유형의 문제는 아래와 같이 달력을 그려서 살펴보면 어렵지 않게 정답을 구할 수 있다.

일	월	화	수	목	금	토
	1	2	3	4	5	6
7	8	9	10	11	12	13
14	15	16	17	18	19	20
21	22	23	24	25	26	27
28	29	30	31			

1일이 월요일이므로 정 대리는 위와 같은 달력에 해당하는 기간 중에 출장을 가려고 한다. 3박 4일 일정 중 출발과 도착일 모두 휴일이 아니어야 한다면 월~목요일, 화~금요일, 금~월요일 세 가지의 경우의 수가 생기는데, 현지에서 복귀하는 비행편이 화요일과 목요일이므로 월~목요일의 일정을 선택해야 한다. 회의가 셋째 주 화요일이라면 16일이므로 그 이후 가능한 월~목요일은 두 번이 있으나, 마지막 주의 경우 도착일이 다음 달로 넘어가게 되므로 조건에 부합되지 않는다. 따라서 출장 출발일로 적절한 날은 22일이며 일정은 22~25일이 된다.

2 ③

㉢에서 유진이는 화요일에 학교에 가지 않으므로 ㉤의 대우에 의하여 수요일에는 학교에 간다.

수요일에 학교에 가므로 ㉡의 대우에 의해 금요일에는 학교에 간다.

금요일에 학교에 가므로 ㉣의 대우에 의해 월요일에는 학교를 가지 않는다.

월요일에 학교를 가지 않으므로 ㉠의 대우에 의해 목요일에는 학교에 간다.

따라서 유진이가 학교에 가는 요일은 수, 목, 금이다.

3 ④

④ 어머니와 본인, 배우자, 아이 셋을 합하면 丁의 가족은 모두 6명이다. 6인 가구의 월평균소득기준은 5,144,224원 이하로, 월평균소득이 480만 원이 되지 않는 丁는 국민임대주택 예비입주자로 신청할 수 있다.

① 세대 분리되어 있는 배우자도 세대구성원에 포함되므로 주택을 소유한 아내가 있는 甲은 국민임대주택 예비입주자로 신청할 수 없다.

② 본인과 배우자, 배우자의 부모님을 합하면 乙의 가족은 모두 4명이다. 4인 가구 월평균소득기준은 4,315,641원 이하로, 월평균소득이 500만 원을 넘는 乙은 국민임대주택 예비입주자로 신청할 수 없다.

③ 신청자인 丙의 배우자의 직계비속인 아들이 전 남편으로부터 아파트 분양권을 물려받아 소유하고 있으므로 丙은 국민임대주택 예비입주자로 신청할 수 없다.

---

4 ②

B팀은 자신들이 제작한 K부서 정책홍보책자를 서울에 모두 배포하거나 부산에 모두 배포한다는 지침에 따라 배포하였는데, B팀이 제작·배포한 K부서 정책홍보책자 중 일부를 부산에서 발견하였으므로, B팀의 책자는 모두 부산에 배포되었다.

A팀이 제작·배포한 책자 중 일부를 서울에서 발견하였지만, A팀은 자신들이 제작한 K부서의 모든 정책홍보책자를 서울이나 부산에 배포한다는 지침에 따라 배포하였으므로, 모두 서울에 배포되었는지는 알 수 없다. 따라서 항상 옳은 평가는 ⓒ뿐이다.

---

5 ①

조사 대상과 조사 내용을 볼 때, ①은 본 설문조사의 목적으로 가장 적합하지 않다.

② 조사 내용 중 '향후 해외 근거리 당일 왕복항공 잠재 수요 파악'을 통해 해외 당일치기 여객의 수요에 부응할 수 있는 노선 구축 근거를 마련할 수 있다.

③ 조사 내용 중 '과거 해외 근거리 당일 왕복항공 이용 실적 파악'을 통해 해외 근거리 당일 왕복항공을 이용한 실적 및 행태를 파악할 수 있다.

④ 조사 내용 중 '해외 근거리 당일 왕복항공 이용을 위한 개선 사항 파악'을 통해 근거리 국가로 여행 또는 출장을 위해 당일 왕복항공을 이용할 의향과 수용도를 파악할 수 있다.

1	④	2	②	3	②	4	①	5	④

1 ④

일반적으로 기자들을 상대하는 업무는 홍보실, 사장의 동선 및 일정 관리는 비서실, 퇴직 및 퇴직금 관련 업무는 인사부, 사원증 제작은 총무부에서 관장하는 업무로 분류된다.

---

2 ②

(A) 기능적 조직구조이며, (B)는 사업별 조직구조이다. 환경이 안정적이거나 일상적인 기술, 조직의 내부 효율성을 중요시하며 기업의 규모가 작을 때에는 업무의 내용이 유사하고 관련성이 있는 것들을 결합해서 (A)와 같은 기능적 조직구조 형태를 이룬다. 또한, 급변하는 환경변화에 효과적으로 대응하고 제품, 지역, 고객별 차이에 신속하게 적응하기 위해서는 분권화된 의사결정이 가능한 (B)와 같은 사업별 조직구조 형태를 이룰 필요가 있다. (A)와 같은 조직구조에서는 결재라인이 적어 신속한 의사결정이 이루어질 수 있으며, (B)와 같은 조직구조에서는 본부장, 부문장 등의 이사진이 배치될 수 있어, 중간관리자의 역할이 중요한 경우에 볼 수 있는 조직구조이다.

---

3 ②

차별화 전략과 원가우위 전략이 전체 시장을 상대로 하는 전략인 반면, 집중화 전략은 특정 시장을 대상으로 한다. 따라서 고객층을 세분화하여 타깃 고객층에 맞는 맞춤형 전략을 세울 필요가 있다. 타깃 고객층에 자사가 가진 특정 역량이 발휘되어 판매를 늘릴 수 있는 전략이라고 할 수 있다.

---

4 ①

① 기능의 다양화는 자사의 강점에 해당되며, 신흥시장의 잠재 수요를 기대할 수 있어 이를 연결한 전략으로 적절한 ST 전략이라고 할 수 있다.
② 휴대기기의 대중화(O)에 힘입어 MP3폰의 성능 강화(T)
③ 다양한 기능을 추가(S)한 판매 신장으로 이익 확대(W)
④ 개도국 수요를 창출(O)하여 저가 제품 판매 확대(W)

5 ④

④ 결권자가 자리를 비웠을 경우, '직무 권한'은 차상위자가 아닌 직상급직책자가 수행하게 되며, 차상위자가 전결권자가 되는 경우에도 '직무 권한' 자체의 위임이 되는 것은 아니다.

① 차상위자가 필요한 경우, 최종결재자(전결권자)가 될 수 있다.

② 부재 중 결재사항은 전결권자 업무 복귀 시 사후 결재를 받는 것으로 규정하고 있다.

③ 팀장의 업무 인수인계는 부사장의 전결 사항이다.

PART ❻ 수리능력 🔍

1	③	2	②	3	③	4	②	5	③

---

1 ③

첫 번째와 두 번째 규칙에 따라 두 사람의 점수 총합은 $4 \times 20 + 2 \times 20 = 120$점이 된다. 이 때 두 사람 중 점수가 더 낮은 사람의 점수를 x점이라고 하면, 높은 사람의 점수는 $120 - x$점이 되므로 $120 - x = x + 12$가 성립한다.

따라서 $x = 54$이다.

---

2 ②

주어진 조건에 의해 다음과 같이 계산할 수 있다.

$\{(1,000,000 + 100,000 + 200,000) \times 12 + (1,000,000 \times 4) + 500,000\} \div 365 \times 30 = 1,652,055$원

따라서 소득월액은 $1,652,055$원이 된다.

---

3 ③

자료에 제시된 각 암별 치명률이 나올 수 있는 공식은 보기 중 ③이다. 참고적으로 치명률은 어떤 질환에 의한 사망자수를 그 질환의 환자수로 나눈 것으로 보통 백분율로 나타내며, 치사율이라고도 한다.

4 ②

② 〈자료 1〉에 따르면 건강수명은 평균수명에서 질병이나 부상으로 인하여 활동하지 못한 기간을 뺀 기간이다. 〈자료 2〉에서 건강수명 예상치의 범위는 평균수명의 90%에서 ±1% 수준이고, 해당 연도 환경 개선 정도에 따라 계산한다고 기준을 제시하고 있으므로 이를 통해 2014년과 2015의 건강수명을 구할 수 있다.

- 2014년 건강수명 = 80.79세(평균수명) × 89%(환경 개선 불량) = 71.9031세
- 2015년 건강수명 = 81.2세(평균수명) × 89%(환경 개선 불량) = 72.268세

따라서 2014년 건강수명이 2015년 건강수명보다 짧다.

①③ 2013년의 건강수명 = 80.55세(평균수명) × 91%(환경 개선 양호) = 73.3005세로 2014년의 건강수명인 71.9031세 또는 2015년의 건강수명인 72.268세보다 길다.

④ 2014년 환경 개선 정도가 보통일 경우 건강수명 = 80.79세 × 90% = 72.711세이다. 2013년의 건강수명은 73.3005세이므로 2013년 건강수명이 2014년 건강수명보다 길다.

---

5 ③

③ 표를 통해 건설 부가가치는 '건설공사 매출액 – 건설비용'의 산식이 적용됨을 알 수 있다. 건설공사 매출액은 국내와 해외 매출액의 합산이므로 해외 매출액의 증감은 건설 부가가치에 직접적인 영향을 미친다.

① 제시된 기업체 수 증가율을 통하여 연도별 기업체 수를 확인할 수 있으며, 2012년도에는 기업체 수가 약 65,183개로 65,000개 이상이 된다.

② 2016년은 313.3 ÷ 356.6 × 100 = 약 87.9%이며, 2017년은 354.0 ÷ 392.0 × 100 = 약 90.3%이다.

④ 다른 항목은 2017년에 모두 증가하였지만, 건설공사 매출액 중 해외 매출액 지표는 감소하였다.

CHAPTER
02 NCS 예상문제 정답해설

PART ① 의사소통능력

1	④	2	②	3	③	4	③	5	④	6	④	7	②	8	②	9	③	10	③
11	①	12	②	13	③	14	④	15	④	16	④	17	②	18	③	19	②	20	④

1 ④

④ '수나 분량, 시간 따위를 본디보다 많아지게 하다'라는 뜻의 '늘리다'가 적절하게 쓰였다.

① '가능한'은 그 뒤에 명사 '한'을 수식하여 '가능한 조건하에서'라는 의미로 사용한다. '가능한 빨리'와 같이 부사가 이어지는 것은 적절하지 않다.

② '쫓다'는 '어떤 대상을 잡거나 만나기 위하여 뒤를 급히 따르다.' 등의 뜻으로 쓰인다. '남의 의견이나 말을 따르다'는 뜻의 '좇다'라는 어휘로 쓴다.

③ '~에/에게 뒤지다'와 같이 쓰는데, '그들'이 사람이므로 '그들에게'로 쓴다.

2 ②

'숫자 등이 얼마일 것으로 미루어 생각하여 판정한다'는 뜻을 가진 '추정'이 적절하게 쓰였다.

① '어디부터 어디까지'의 의미인 '범위'가 아닌, '범주'가 적절한 어휘이다.

③ 불만이나 감정, 문제점 등을 드러내는 의미의 '표출'이 아닌, '제시'가 적절한 어휘이다.

④ 준비되지 못한 '미비'가 아닌, 부족하다는 의미의 '미흡'이 적절한 어휘이다.

3 ③

③ 빈칸에는 '단체나 기관에 어떠한 일이나 물건을 알려 청구함'의 뜻을 가진 '신청'이 가장 적절하다. 참석(모임이나 회의 따위의 자리에 참여함), 참가(모임이나 단체 또는 일에 관계하여 들어감) 등의 단어는 위 공고문의 '개최일시'와 '(   )기간'이 일치하지 않는 점에 비추어 적절하지 않다.

4 ③

③ 영희가 장갑을 낀 상태임을 의미하는지, 장갑을 끼는 동작을 하고 있었다는 의미인지가 확실치 않은 '동사의 상적 속성에 의한 중의성'의 사례가 된다.

① 수식어에 의한 중의성의 사례로, 길동이만 나이가 많은 것인지, 길동이와 을순이 모두가 나이가 많은 것인지가 확실치 않은 중의성을 포함하고 있다.

② 접속어에 의한 중의성의 사례로, '그 녀석'이 나와 아버지 중 아버지를 더 좋아하는 것인지, 아버지를 좋아하는 정도가 나보다 더 큰 것인지가 확실치 않은 중의성을 포함하고 있다.

④ 명사구 사이 동사에 의한 중의성의 사례로, 그녀가 친구들을 보고 싶어하는 것인지 친구들이 그녀를 보고 싶어하는 것인지가 확실치 않은 중의성을 포함하고 있다.

---

5 ④

甲 국장은 전체적인 근로자의 주당 근로시간 자료 중 정규직과 비정규직의 근로시간이 사업장 규모에 따라 어떻게 다른지를 비교하고자 하는 것을 알 수 있다. 따라서 국가별, 연도별 구분 자료보다는 ④와 같은 자료가 요청에 부합하는 적절한 자료가 된다.

---

6 ④

국제석유시장에 대한 전망은 제시문의 도입부에 요약되어 있다고 볼 수 있다. 글의 전반부에서는 석유를 둘러싼 주요 이해국들의 경기회복세가 이어질 것으로 전망하고 있으나, 이러한 기조에도 불구하고 탈석유 움직임에 따라 석유 수요의 증가는 둔화될 것으로 전망한다. 또한, 전기차의 등장과 연비규제 등의 조치들로 내연기관의 대체가 확대될 것이라는 점도 이러한 전망을 뒷받침한다. 따라서 세계경제 회복에도 불구, 탈석유 움직임에 따라 석유 수요의 증가세가 둔화될 것이라는 전망이 전체 글의 내용을 가장 적절하게 요약한 것이라고 할 수 있다.

---

7 ②

최소수수료 규정과 동일하게 적용되어 3일 이전이므로 납부금액의 10% 수수료가 발생하게 된다.

① 임대일 4일 전에 예약이 되었을 경우 이용요금 결제는 회의실 사용 당일이 아닌 예약 당일에 해야 한다.

③ 이용 당일에 취소하면 환불이 없으므로 예약 시 결제한 이용요금의 100%가 취소수수료로 발생하게 되지만, 추가 요금을 지불해야 하는 것은 아니다.

④ 세금계산서 발행을 원할 경우 반드시 법인 명의로 예약해야 한다고 규정되어 있다.

---

8 ②

보고서 작성 개요에 따르면 결론 부분에서 '공공 데이터 활용의 장점을 요약적으로 진술'하고 '공공 데이터가 앱 개발에 미칠 영향 언급'하고자 한다. 따라서 ②의 '공공 데이터는 앱 개발에 필요한 실생활 관련 정보를 담고 있으며 앱 개발 비용의 부담을 줄여 준다(→ 공공 데이터 활용의 장점을 요약적으로 진술). 그러므로 앱 개발 시 공공 데이터 이용이 활성화되면 실생활에 편의를 제공하는 다양한 앱이 개발될 것이다(→ 공공 데이터가 앱 개발에 미칠 영향 언급).'가 결론으로 가장 적절하다.

9 ③

주어진 자료를 빠르게 이해하여 문제가 요구하는 답을 정확히 찾아내야 하는 문제로, 계약서는 NCS 의사소통능력의 빈출문서이다.

③ 제1조에 을(乙)은 갑(甲)에게 계약금 → 중도금 → 잔금 순으로 지불하도록 규정되어 있다.

① 제1조에 중도금은 지불일이 정해져 있으나, 제5조에 '중도금 약정이 없는 경우'가 있을 수 있음이 명시되어 있다.

② 제4조에 명시되어 있다.

④ 제5조의 규정으로, 을(乙)이 갑(甲)에게 중도금을 지불하기 전까지는 을(乙), 갑(甲) 중 어느 일방이 본 계약을 해제할 수 있다. 단, 중도금 약정이 없는 경우에는 잔금 지불하기 전까지 계약을 해제할 수 있다.

---

10 ③

종전 6개 직종에서 산재보험가입 특례가 적용되고 있었다.

① '법적 의무사항인 2년 이상 근무한 비정규직 근로자의 정규직 전환율도 높지 않은 상황이다'에서 알 수 있다.

② 상시 업무에 정규직 고용관행을 정착시키면 상시 업무에 정규직 직원만 고용되는 것이 아니라 비정규직 직원들의 정규직 전환 후 계속고용도 늘어나게 된다.

④ 정부의 지원정책은 임금상승에 따른 기업들의 추가 비용 부담을 덜어주기 위한 것이다.

---

11 ①

타고난 재능은 인정하지 않고 재능을 발휘한 노동의 부분에 대해서만 그 소득을 인정하게 된다면 특별나게 열심히 재능을 발휘할 유인을 찾기 어려워 결국 그 재능은 상당 부분 사장되고 말 것이다. 따라서 이러한 사회에서 ㉠과 같이 선천적 재능 경쟁이 치열해진다고 보는 의견은 글의 내용에 따른 논리적인 의견 제기로 볼 수 없다.

---

12 ②

필자가 언급하는 '능력'은 선천적인 것과 후천적인 것이 있다고 말하고 있으며, 후천적인 능력에 따른 결과에는 승복해야 하지만 선천적인 능력에 따른 결과에 대해서는 일정 부분 사회에 환원하는 것이 마땅하다는 것이 필자의 주장이다.

따라서 능력에 의한 경쟁 결과가 반드시 불평의 여지가 없이 공정하다고만은 볼 수 없다는 것이 필자의 견해라고 할 수 있다.

13 ③

지식과 경험을 획득하고 삶의 의미를 찾고 성취감을 느끼고 싶어 하는 진지한 여가에 대한 열망도도 점차 높아질 것으로 관측된다는 설명을 통해 내적이고 진지한 여가 시간에 대한 욕구가 줄어들 것이라는 것은 필자의 의견과 다른 것임을 알 수 있다.

① 필자는 4차 산업혁명의 영향으로 문화예술 활동을 다양하게 즐기는 사람들이 많아지고 있다는 언급을 하고 있다.

② 순수문화예술 부분에서는 스마트폰 등 디지털기기가 아직 홍보 수단 정도의 기능에 머물러 있다고 설명하였다.

④ 문화는 국민 모두가 향유해야 할 보편적 가치로 자리잡아가고 있다는 설명을 통해 알 수 있다.

---

14 ④

㉣은 블랙아웃의 해결책이 제시되어야 하므로 '절전에 대한 국민 홍보 강화'로 내용을 수정한다.

---

15 ④

④ 레포트→ 리포트

---

16 ④

제시된 글은 국민경제는 소득의 창출, 분배, 처분의 단계를 순환하면서 지속적으로 영위된다는 것이 주제라고 볼 수 있으며, 글 말미에 이러한 국민경제의 순환을 효과적으로 파악할 수 있는 수치에 대한 언급이 시작되는 것을 알 수 있다. 따라서 다음에 이어질 글에서는 예컨대, 통계나 표와 같은 계정체계를 제시함으로써 국민경제 순환 파악의 효율적인 툴(tool)이 언급될 것이라고 보는 것이 가장 합리적인 판단이라 할 수 있다.

---

17 ②

② 전기활선 작업 중에 단락·지락은 불가피하게 발생할 수 있다. 따라서 절연용 방호기구를 사용하여야 한다.

---

18 ③

① 차단기가 정상적으로 올라가지 않을 경우에는 옥내 배전반의 누전차단기와 개폐기를 모두 내리고, 메인 차단기인 누전차단기를 올린다.

② 차단기를 올려도 바로 동작돼 다시 내려갈 경우는 옥내설비에 이상이 있는 경우이므로 다시 차단기를 올려본다.

④ 우리 집만 정전이 된 경우 가장 먼저 현관 및 벽면에 있는 옥내 배전반의 누전차단기와 개폐기 동작여부를 확인한다.

19 ②

① 자가용 전기설비 검사 중 정기검사 대상에서 용량 75kW 미만의 비상용 예비발전설비는 제외된다.

③ 사업용 전기설비 검사 중 정기검사 대상은 수 · 화력, 복합화력, 내연력, 풍력발전소, 태양광, 연료전지 발전소이다.

④ 사업용 전기설비 검사 중 사용 전 검사 대상은 수 · 화력, 복합화력, 내연력, 연료전지, 태양광, 바이오 매스, 풍력발전소, 변전소 및 송전선로, 배전선로(500m 이상 공동구, 전력구에 한함)이다.

---

20 ④

④ 사업용 화력발전소의 발전기 계통은 2년 이내에 정기검사를 받아야 한다.

PART ❷ 지원관리능력

1	②	2	①	3	②	4	④	5	③	6	③	7	③	8	④	9	③	10	③
11	②	12	②	13	④	14	②	15	①	16	③	17	④	18	①	19	③	20	④

1 ②

②는 기업 경영의 목적이며, 기업 경영에 필수적인 네 가지 자원으로는 시간(③), 예산, 인적자원(④), 물적 자원(①)이 있으며 물적 자원은 다시 인공자원과 천연자원으로 나눌 수 있다.

---

2 ①

시간자원, 예산자원, 인적자원, 물적 자원은 많은 경우에 상호 보완적으로 또는 상호 반대급부의 의미로 영향을 미치기도 한다. 제시글과 같은 경우뿐 아니라 시간과 돈, 인력과 시간, 인력과 돈, 물적 자원과 인력 등 많은 경우에 있어서 하나의 자원을 얻기 위해 다른 유형의 자원이 동원되기도 한다. ④에서 언급한 자원의 유한성이라는 의미는 이미 외국과의 교류를 포함한 가치이며, 지구 환경과 생태계에 대한 국제적 논의가 활발해짐에 따라 지구촌에서의 자원의 유한성 문제가 갈수록 부각되고 있다.

3 ②

3월 달력에 휴가일을 표시하면 다음과 같다.

일	월	화	수	목	금	토
		1	2	3	4	5
6	7	8	9	10	11	12
13	14	15	16	17	18	19
20	21	22	23	24	25	26
27	28	29	30	31		

따라서 남현우 씨가 31일 날 휴가를 사용해도 24일 목요일은 전원이 근무하는 날이 될 수 있다.

---

4 ④

솜 인형의 실제 무게는 18파운드이며, 주어진 산식으로 부피무게를 계산해 보아야 한다. 부피무게는 28 × 10 × 10 ÷ 166 = 17파운드가 되어 실제 무게보다 가볍다. 그러나 28inch는 28 × 2.54 = 약 71cm가 되어 한 변의 길이가 50cm 이상이므로, A배송사에서는 (18 + 17) × 0.6 = 21파운드의 무게를 적용하게 된다. 따라서 솜 인형의 운송비는 19,000원이다.

---

5 ③

주어진 도로를 이용하여 이동할 수 있는 경로는 다음 두 가지만 가능하게 된다.
1. 회사 – A – D – E – C – B – 회사(반대 순서 포함) : 150 + 172 + 148 + 120 + 100 + 170 = 860km
2. 회사 – B – C – E – A – D – 회사(반대 순서 포함) : 170 + 100 + 120 + 187 + 172 + 175 = 924km
따라서 최단 거리로 갈 경우 860km를 이동하게 된다.

---

6 ③

앞 문제에서 최단 경로가 회사 – A – D – E – C – B – 회사로 확인되었으므로 이 경로를 고속도로와 국도로 구분하면 다음과 같다.
1) 고속도로 구간 : 회사 – A, D – E, B – 회사
   고속도로 구간의 총 거리는 150 + 148 + 170 = 468km이다. 따라서 연비에 의해 총 주유량은 468 ÷ 20 = 23.4L가 된다.
2) 국도 구간 : A – D, E-C, C-B
   국도 구간의 총 거리는 172 + 120 + 100 = 392km이다. 따라서 연비에 의해 총 주유량은 392 ÷ 10 = 39.2L가 된다.
따라서 총 주유량은 23.4 + 39.2 = 62.6L가 되어, 연료비는 62.6 × 1,000 = 62,600원이 된다.

7 ③

전 직원 월간회의가 잡혀 있는 9일은 모든 직원이 휴가를 사용하기에 적절하지 않다. 직원별 담당업무에 따라 휴가 사용이 적절하지 않은 날짜를 정리하면 다음과 같다.

- 갑 : 부서 인사고과(24~25일), 사옥 이동 관련 이사 계획 수립(4일), 내년도 사업계획 초안 작성(1~2일)
- 을 : 매출부진 원인 분석(21~22일), 신제품 개발 진행과정 보고(17~18일)
- 병 : 자원개발 프로젝트 TF팀 회의 참석(11일), 부서 법무실무 교육 담당자 회의 (14~16일)
- 정 : 사내 인트라넷 구축 관련 요청사항 정리(8~9일), 대외 홍보자료 작성(23~25일)
- 무 : 월말 부서 경비집행 내역 정리 및 보고(29~30일), 매출 집계 및 전산 입력(28~29일)

---

8 ④

넷째 주에는 을의 매출부진 원인 분석 업무, 정의 홍보자료 작성 업무, 갑의 부서 인사고과 업무가 예정되어 있다. 따라서 출장자로 가장 적합한 두 명의 직원은 병가 무가 된다.

---

9 ③

출발시각을 한국 시간으로 먼저 바꾼 다음 소요시간을 더해서 도착 시간을 확인해 보면 다음과 같다.

	출발시각(현지시간)	출발시각(한국시간)	소요시간	도착시간
H상무	12월 12일 17:20	12월 13일 01:20	13시간	12월 13일 14:20
P전무	12월 12일 08:30	12월 12일 22:30	14시간	12월 13일 12:30
E전무	12월 12일 09:15	12월 13일 01:15	11시간	12월 13일 12:15
M이사	12월 12일 22:30	12월 13일 04:30	9시간	12월 13일 13:30

따라서 도착 시간이 빠른 순서는 E전무 – P전무 – M이사 – H상무가 된다.

---

10 ③

다음 달의 첫째 날이 금요일이므로 아래와 같은 달력을 그려 볼 수 있다.

일	월	화	수	목	금	토
					1	2
3	4	5	6	7	8	9
10	11	12	13	14	15	16
17	18	19	20	21	22	23
24	25	26	27	28	29	30

3박 4일 일정이므로 평일에 복귀해야 하며 주말이 모두 포함되는 일정을 피하기 위해서는 출발일이 일, 월, 화요일이어야 한다. 또한 출장 결과 보고를 위해서는 금요일에 복귀하게 되는 화요일 출발 일정도 불가능하다. 따라서 일요일과 월요일에만 출발이 가능하다. 그런데 27일과 13일이 출장 일정에 포함될 수 없으므로 10, 11, 24, 25일은 제외된다. 따라서 3, 4, 17, 18일에 출발하는 4가지 일정이 가능하다.

11 ②

재작년과 작년에 적립된 마일리지를 구하면 다음과 같다.

재작년 : 45 × 12 = 540, 540 × 40 = 21,600

작년 : 65 × 12 = 780, 780 × 50 = 39,000

→ 총 60,600마일리지

따라서 올해의 카드 결제 금액이 월 평균 60만 원이라면, 60 × 12 = 720, 720 × 50 = 36,000이 되어 총 96,600마일리지가 되므로 120,000마일리지가 필요한 광주 일등석을 이용할 수 없다.

① 80 × 12 = 960, 960 × 70 = 67,200마일리지이므로 총 127,800마일리지로 제주 일등석을 이용할 수 없다.

③ 60,600마일리지가 되므로 울산 일반석을 이용할 수 없다.

④ 70 × 12 = 840, 840 × 70 = 58,800마일리지이므로 총 119,400마일리지로 제주 프레스티지석 이용이 가능하다.

---

12 ②

그린석(외야)에 무료입장할 수 있는 대상은 어린이 회원이다. 7세 이하 미취학 아동은 보호자 동반 시 무료 입장이 가능하나, 좌석은 제공되지 않는다고 언급되어 있다.

① 익일 취소 시 수수료가 발생하며, 예매일과 취소일이 같을 경우 수수료가 청구되지 않는다고 규정되어 있다.

③ 금, 토, 일, 월요일 4일간 주말 요금이 적용된다.

④ 주중 성인회원 레드석 입장료는 8,000원이나, K팀 L카드 3,000원 할인이 적용되어 5,000원이 되며 할인은 결제 시에 반영된다.

---

13 ④

금요일이므로 주말 가격이 적용되며, 블루석 기준 각 인원의 입장료를 지불 방법에 따라 구분하여 정리하면 다음과 같다.

〈K팀 L카드로 결제〉

김 과장 : 13,000 − 3,000 = 10,000원

아내 : 15,000 − 3,000 = 12,000원

노부 : 15,000 − 3,000 = 12,000원(경로우대자이나, 외야석이 아니므로 할인 대상에서 제외됨)

큰 아들 : 15,000 − 3,000 = 12,000원

작은 아들 : 7,500 − 3,000 = 4,500원

총 : 50,500원

〈S카드로 결제〉

작은 아들 친구 2명 : 7,500 × 2 = 15,000원(청구 시에 할인 반영되므로, 결제 시에는 할인 없이 1인당 7,500원을 결제하게 된다.)

따라서 7명의 총 입장료는 50,500원 + 15,000원 = 65,500원이 된다.

14 ②

어떤 자동차를 구입하든 5년간 예상 주행거리는 동일하다. 1년간 총 예상 주행거리가 (10천km × 4개월) + (15천km × 3개월) + (20천km × 3개월) + (25천km × 2개월) = 195,000km이므로   5년간   주행거리는 975,000km이다.

H사 : 2,000만 원 + $\dfrac{975,000\text{km}}{15\text{km}}$ × 800원 = 7,200만 원

F사 : 2,100만 원 + $\dfrac{975,000\text{km}}{10\text{km}}$ × 1,500원 = 1억 6,725만 원

S사 : 2,050만 원 + $\dfrac{975,000\text{km}}{12\text{km}}$ × 1,200원 = 1억 1,800만 원

따라서 H사 자동차를 구매할 때, 가장 낮은 가격(7,200만 원)의 경비가 든다.

---

15 ①

네 명의 업무평가 득점과 성과급을 표로 정리하면 다음과 같다.

	갑	을	병	정
득점	7 × 0.3 + 6 × 0.3 + 8 × 0.4 = 7.1	8 × 0.3 + 8 × 0.3 + 8 × 0.4 = 8.0	9 × 0.3 + 9 × 0.3 + 10 × 0.4 = 9.4	8 × 0.3 + 9 × 0.3 + 9 × 0.4 = 8.7
등급	D	C	B	C
성과급	30만 원	40만 원	45만 원	40만 원

따라서 총 성과급 금액의 합은 30 + 40 + 45 + 40 = 155(만 원)이 된다.

---

16 ③

사원별로 성과상여금을 계산해보면 다음과 같다.

사원	평점 합	순위	산정금액
수현	20	5	200만원×100%＝200만원
이현	25	3	200만원×130%＝260만원
서현	22	4	500만원×80%＝400만원
진현	18	6	500만원×80%＝400만원
준현	28	1	400만원×150%＝600만원
지현	27	2	400만원×150%＝600만원

가장 많이 받은 금액은 600만원이고 가장 적게 받은 금액은 200만원이므로 이 둘의 차는 400만원이다.

---

17 ④

제외건수가 매일 5건씩 감소한다고 했으므로 11일째 되는 날 제외건수가 0이 되고 일별 심사 비용은 총 16.5억원이 된다.

18 ①

(70억 − 16.5억)/500건 = 1,070만 원

---

19 ③

4분기에는 선호 제품에 따라 제품별 수익률의 증감에 변동이 있게 되므로 주어진 도표의 내용을 반영한 수익체계표를 만들어 보면 다음과 같다.

A회사		B회사		
		P제품	Q제품	R제품
	P 제품	(7.5, −0.5)	(4.5, −1)	(−3, 4.5)
	Q 제품	(−1, 4.5)	(−3, 2)	(3, 3)
	R 제품	(−1, 9)	(6, −1)	(−0.5, −1)

따라서 4분기에는 R + P제품 조합의 경우 −1 + 9 = 8억 원이 되어 두 회사의 수익의 합이 가장 큰 조합이 된다.

---

20 ④

2분기의 수익체계표를 만들어 1분기와 비교하면 다음과 같다.

〈1분기, Q제품 홍보〉

A회사		B회사		
		P제품	Q제품	R제품
	P 제품	(5, −1)	(3, −0.5)	(−6, 3)
	Q 제품	(−0.5, 3)	(−1.5, 3)	(4.5, 2)
	R 제품	(−2, 6)	(4, −0.5)	(−1, −2)

〈2분기, P제품 홍보〉

A회사		B회사		
		P제품	Q제품	R제품
	P 제품	(7.5, −0.5)	(4.5, −1)	(−3, 3)
	Q 제품	(−1, 4.5)	(−3, 2)	(3, 2)
	R 제품	(−2, 9)	(4, −1)	(−1, −2)

따라서 B회사가 1분기 Q제품을 판매할 경우의 수익액은 −0.5 + 3 − 0.5 = 2(억 원)인 반면, 2분기에 Q제품을 판매할 경우의 수익액은 −1 + 2 − 1 = 0(억 원)으로 1분기에 Q제품을 판매하는 것이 2분기에 Q제품을 판매하는 것보다 더 유리하다.

① A회사는 R제품을 판매할 때의 수익액에 변동이 없다(−2, +4, −1 → −2, +4, −1).

② 1분기에는 'Q + R' 조합(6.5억 원)이, 2분기에는 'P + P' 또는 'R + P' 조합의 수익(7억 원)이 가장 크다.

③ 양사에서 모두 R제품을 판매할 경우 1분기와 2분기 동일하게 각각 −3억 원씩의 손실이 발생한다.

1	①	2	③	3	④	4	②	5	③	6	②	7	④	8	①	9	④	10	②
11	②	12	②	13	③	14	②	15	③	16	②	17	④	18	②	19	②	20	③

1 ①

제조 시기는 11xx이며, 원산지와 제조사 코드는 5K, 철제 프레임은 03009가 되어야 한다.

---

2 ③

생산지는 영문 알파벳 코드 바로 앞자리이므로 오 사원과 양 사원이 모두 3으로 중국에서 생산된 물품을 보관하고 있음을 확인할 수 있다.

---

3 ④

'ping'은 원격 컴퓨터가 현재 네트워크에 연결되어 정상적으로 작동하고 있는지 확인할 수 있는 명령어이다. 해당 컴퓨터의 이름, IP 주소, 전송 신호의 손실률, 전송 신호의 응답 시간 등이 표시된다.
㉣에 제시된 설명은 'tracert'에 대한 설명으로, tracert는 특정 사이트가 열리지 않을 때 해당 서버가 문제 인지 인터넷 망이 문제인지 확인할 수 있는 기능, 인터넷 속도가 느릴 때 어느 구간에서 정체를 일으키는 지 확인할 수 있는 기능 등을 제공한다.

---

4 ②

URL에 대한 설명이다. 방대한 컴퓨터 네트워크에서 자신이 원하는 정보 자원을 찾기 위해서는 해당 정보 자원의 위치와 종류를 정확히 파악할 필요가 있는데, 이를 나타내는 일련의 규칙을 URL(Uniform Resource Locator: 자원 위치 지정자)이라고 한다. URL에는 컴퓨터 네트워크상에 퍼져 있는 특정 정보 자 원의 종류와 위치가 기록되어 있다.

---

5 ③

WAN(광대역 통신망)은 한 국가, 한 대륙 또는 전 세계에 걸친 넓은 지역의 수많은 컴퓨터를 서로 연결하 여 정보를 송·수신할 수 있도록 하는 통신망이다. ③에 제시된 설명은 B-ISDN(광대역 종합정보 통신망) 에 해당한다.

6 ②

알파벳 중 U, M 2개가 일치하기 때문에 시스템 상태는 경계 수준이며, input code는 alert이다.

---

7 ④

10개의 알파벳이 모두 일치하기 때문에 시스템 상태는 위험 수준이며, input code는 danger이다.

---

8 ①

RANK 함수는 지정 범위에서 인수의 순위를 구할 때 사용하는 함수이다. 결정 방법은 수식의 맨 뒤에 0을 입력하거나 생략할 경우 내림차순, 0 이외의 값은 오름차순으로 표시하게 되며 결과값에 해당하는 필드의 범위를 지정할 때에는 절대 주소로 지정한다.

---

9 ④

표시 위치를 지정하여 특정 문자열을 연결하여 함께 표시할 경우에는 @를 사용한다. 따라서 '신재생'을 입력하여 '신재생에너지'라는 결과값을 얻으려면 '@에너지'가 올바른 서식이다.

---

10 ②

LOOKUP 함수에 대한 설명이다. LOOKUP 함수는 찾을 값을 범위의 첫 행 또는 첫 열에서 찾은 후 범위의 마지막 행 또는 열의 같은 위치에 있는 값을 구하는 것으로, 수식은 '=LOOKUP(찾을 값, 범위, 결과 범위)'가 된다.

---

11 ②

② 재고목록에 BB-37-KOR-3B-1502가 있는 것으로 보아 한국에서 생산된 것들 중에 3공장 B라인에서 생산된 것도 있다.

---

12 ②

① 일본에서 생산된 제품은 8개이다.
③ 창고에 있는 데스크톱pc는 6개이다.
④ 2015년에 생산된 제품은 8개이다.

13 ③

A=1, S=1

A=2, S=1+2

A=3, S=1+2+3

...

A=10, S=1+2+3+⋯+10

∴ 출력되는 S의 값은 55이다.

---

14 ②

터미널노드(Terminal Node)는 자식이 없는 노드로서 이 트리에서는 D, I, J, F, G, H 6개이다.

---

15 ③

D2셀에 기재되어야 할 수식은 = VLOOKUP(B2,$C$12:$D$15,2,0)이다. B2는 직책이 대리이므로 대리가 있는 셀을 입력하여야 하며, 데이터 범위인 C12:D15가 변하지 않도록 절대 주소로 지정을 해 주게 된다. 또한 대리 직책에 대한 수당이 있는 열의 위치인 2를 입력하게 되며, 마지막에 직책이 정확히 일치하는 값을 찾아야 하므로 0을 기재하게 된다.

---

16 ②

② 잘라내기 한 것도 여러 번 붙여넣기가 가능하다.

---

17 ④

㈎ [O] 대화 상자에서 '원본 데이터 연결'을 선택하면 제시된 바와 같은 기능을 실행할 수 있다.

㈏ [×] 통합 문서 내의 다른 워크시트뿐 아니라 다른 통합 문서에 있는 워크시트도 통합할 수 있다.

㈐ [O] 통합 기능에서 사용할 수 있는 함수로는 합계, 개수, 평균, 최대/최솟값, 곱, 숫자 개수, 표준편차, 분산 등이 있다.

㈑ [O] 제시된 바와 같은 경우, 별도의 행이나 열이 만들어지게 되므로 통합 기능을 수행할 수 있다.

---

18 ②

MOD(숫자, 나눌 값) : 숫사를 나눌 값으로 나누어 나머지가 표시된다. 따라서 7를 6으로 나누면 나머지가 1이 된다.

MODE : 최빈값을 나타내는 함수이다. 위의 시트에서 6이 최빈값이다.

19 ②

ISBN코드의 9자리 숫자는 893490490이다. 따라서 다음과 같은 단계를 거쳐 EAN코드의 체크기호를 산출할 수 있다.

1. 978 & 893490490 → 978893490490
2. $(9 \times 1) + (7 \times 3) + (8 \times 1) + (8 \times 3) + (9 \times 1) + (3 \times 3) + (4 \times 1) + (9 \times 3) + (0 \times 1) + (4 \times 3) + (9 \times 1) + (0 \times 3)$ $= 132$
3. $132 \div 10 = 13 \cdots 2$
4. 나머지 2의 체크기호는 8

따라서 13자리의 EAN코드는 EAN 9788934904908이 된다.

---

20 ③

COUNTBLANK 함수는 비어있는 셀의 개수를 세어준다. COUNT 함수는 숫자가 입력된 셀의 개수를 세어주는 반면 COUNTA 함수는 숫자는 물론 문자가 입력된 셀의 개수를 세어준다. 즉, 비어있지 않은 셀의 개수를 세어주기 때문에 이 문제에서는 COUNTA 함수를 사용해야 한다.

PART ④ 문제해결능력

1	③	2	④	3	④	4	④	5	①	6	④	7	①	8	③	9	③	10	③
11	①	12	②	13	④	14	①	15	②	16	④	17	①	18	②	19	③	20	②

1 ③

주어진 조건에서 확정 조건은 다음과 같다.

B, F	A, ( )	C, D, E 중 2명
( )	갑	( )

그런데 세 번째 조건에서 을은 C와 F에게 교육을 하지 않았다고 하였으므로 F가 있는 조와 이미 갑이 교육을 하는 조를 맡지 않은 것이 된다. 따라서 맨 오른쪽은 을이 되어야 하고 남는 한 조인 B, F조는 병이 될 수밖에 없다.

또한 이 경우, 을이 C를 교육하지 않았다고 하였으므로 을의 조는 D와 E가 남게 되며, C는 A와 한 조가 되어 결국 다음과 같이 정리될 수 있다.

B, F	A, C	D, E
병	갑	을

따라서 선택지 ③에서 설명된 'C는 갑에게 교육을 받는다.'가 정답이 된다.

2 ④

팀에 들어갈 수 있는 남자 직원 수는 1~4명(첫 번째 조건), 여자 직원 수는 0~2명(두 번째 조건)이 되는데, 4명으로 구성되어야 하는 팀이므로 가능한 조합은 '남자 2명 – 여자 2명', '남자 3명 – 여자 1명', '남자 4명 – 여자 0명'이다. 세 번째 조건과 다섯 번째 조건에 의해 '세현 or 승훈→준원 & 진아→보라'가 되어, '세현'이나 '승훈'이 팀에 들어가게 되면, '준원 – 진아 – 보라'도 함께 들어간다. 따라서, 남자 직원 수를 3명이상 선발하면 세현 혹은 승훈이 포함되게 되어 여자 직원 수가 1명 혹은 0명이 될 수 없으므로 가능한 조합은 '남자 2명 – 여자 2명'이고, 모든 조건에 적합한 조합은 '세현 – 준원 – 진아 – 보라' 혹은 '승훈 – 준원 – 진아 – 보라'이다.

---

3 ④

④ 대학로점 손님은 마카롱을 먹지 않은 경우에도 알레르기가 발생했고, 강남점 손님은 마카롱을 먹고도 알레르기가 발생하지 않았다. 따라서 대학로점, 홍대점, 강남점의 사례만을 고려하면 마카롱이 알레르기 원인이라고 볼 수 없다.

---

4 ④

하나도 못 맞춘 사람에 따라 나머지 사람이 맞춘 항목 수를 알아보면 다음과 같다.

- **가훈이 하나도 못 맞춘 사람일 경우**
  - 6월 10일 화요일 : 나훈 – 2개(일, 요일), 다훈 – 1개(월)
  - 6월 10일 금요일 : 나훈 – 1개(일), 다훈 – 2개(월, 요일)
- **나훈이 하나도 못 맞춘 사람일 경우**
  - 6월 8일 목요일 : 가훈 – 2개(일, 요일), 다훈 – 2개(월, 일)
  - 6월 8일 금요일 : 가훈 – 1개(일), 다훈–3개(월, 일, 요일)
- **다훈이 하나도 못 맞춘 사람일 경우**
  - 5월 10일 화요일 : 가훈 – 1개(월), 나훈 – 3개(월, 일, 요일)
  - 5월 10일 목요일 : 가훈 – 2개(월, 요일), 나훈 – 2개(월, 일)

따라서 제시된 조건 중 마지막 조건에 의해 하나도 못 맞춘 사람은 '가훈'이다.

---

5 ①

제시된 네 개의 명제의 대우명제를 정리하면 다음과 같다.

ㄱ→乙 지역이 1급 상수원이면 甲 지역은 1급 상수원이 아니다.
ㄴ→乙 지역이 1급 상수원이 아니면 丙 지역도 1급 상수원이 아니다.
ㄷ→甲 지역이 1급 상수원이 아니면 丁 지역도 1급 상수원이 아니다.
ㄹ→戊 지역이 1급 상수원이면 丙 지역은 1급 상수원이다.

戊 지역이 1급 상수원임을 기준으로 원래의 명제와 대우명제를 함께 정리하면 '戊 지역→丙 지역→乙 지역→~甲 지역→~丁 지역'의 관계가 성립하게 되고, 이것의 대우인 '丁 지역→甲 지역→~乙 지역→~丙 지역→~戊 지역'도 성립한다. 따라서 甲 지역이 1급 상수원이면 丙 지역은 1급 상수원이 아니므로 ①은 거짓이다.

6 ④

이런 유형은 문제에서 제시한 상황, 즉 1명이 당직을 서는 상황을 각각 설정하여 1명만 진실이 되고 3명은 거짓말이 되는 경우를 확인하는 방식의 풀이가 유용하다. 각각의 경우, 다음과 같은 논리가 성립한다.

고 대리가 당직을 선다면, 진실을 말한 사람은 윤 대리와 염 사원이 된다.

윤 대리가 당직을 선다면, 진실을 말한 사람은 고 대리, 염 사원, 서 사원이 된다.

염 사원이 당직을 선다면, 진실을 말한 사람은 윤 대리가 된다.

서 사원이 당직을 선다면, 진실을 말한 사람은 윤 대리와 염 사원이 된다.

따라서 진실을 말한 사람이 1명이 되는 경우는 염 사원이 당직을 서고 윤 대리가 진실을 말하는 경우가 된다.

---

7 ①

철도운임이 적용되는 구간에 전철요금이 따로 책정되어 있는 때에는 철도운임에 갈음하여 전철요금을 지급한다는 규정(제13조 제1항)에 의해 18,000원을 신청하여야 한다.

② 숙박비를 지출하지 않은 인원에 대해 1일 숙박당 20,000원을 지급할 수 있다는 규정(제13조 제6항)에 따라 출장자가 숙박비를 지불하지 않은 경우에도 일정 금액은 숙박비로 지급될 수 있다.

③ 도착일로부터 15일까지는 40,000원의 일비가 적용되며, 16~30일까지는 36,000원, 31~35일까지는 32,000원의 일비가 적용된다. 따라서 총 일비는 $(40,000 \times 15) + (36,000 \times 15) + (32,000 \times 5) = 600,000 + 540,000 + 160,000 = 1,300,000$원이 된다.

④ 과장인 경우 숙박비 상한액이 40,000원이며, 부득이한 사유로 이를 초과할 경우 최대 상한액의 10분의 3을 추가로 지급받을 수 있으므로(제13조 제4항) 12,000원을 추가 지급받을 수 있다. 따라서 1박당 8,000원$(= 60,000 - 52,000)$의 자비 부담액이 발생하게 된다.

---

8 ③

2박 3일의 일정이므로 세 명에게 지급될 일비는 3일분이 되며, 지사에서 차량이 지원되므로 세 명 모두에게 일비의 2분의 1만 지급하면 된다(제13조 제5항). 따라서 직급별 일비를 고려하여 일비의 총 지급액을 구하면 187,500원$[= (50,000 + 40,000 + 35,000) \times 3 \times 0.5]$이다.

---

9 ③

주어진 규정에 의해 항목별 평가 종합점수를 계산해 보면 다음과 같다.

	영업1팀	영업2팀	영업3팀	영업4팀	영업5팀
수익 달성률	$90 \times 0.4 = 36.0$	$93 \times 0.4 = 37.2$	$72 \times 0.4 = 28.8$	$85 \times 0.4 = 34$	$83 \times 0.4 = 33.2$
매출 실적	$92 \times 0.4 = 36.8$	$78 \times 0.4 = 31.2$	$90 \times 0.4 = 36$	$88 \times 0.4 = 35.2$	$87 \times 0.4 = 34.8$
근태 및 부서평가	$90 \times 0.2 = 18$	$89 \times 0.2 = 17.8$	$82 \times 0.2 = 16.4$	$77 \times 0.2 = 15.4$	$93 \times 0.2 = 18.6$
종합점수	90.8	86.2	81.2	84.6	86.6

따라서 항목별 평가 종합점수가 두 번째로 높은 팀은 영업5팀, 세 번째로 높은 팀은 영업2팀이 된다.

10 ③

영업1팀과 영업3팀은 항목별 평가 종합점수(각 90.8점, 81.2점)에 의해 성과 등급이 각각 A등급과 C등급이 된다. 따라서 곽 대리는 210만 원의 25%, 신 차장은 320만 원의 15%를 각각 성과급으로 지급받게 된다. 이를 계산하면 곽 대리는 52만 5천 원, 신 차장은 48만 원이 된다.

---

11 ①

각 휴대폰이 가지고 있는 사양에 따라서 제시된 자료에 따라 점수를 매겨보면 다음과 같다.

기능(가중치)	A	B	C	D
1. 저장 공간(30%)	20	20	18	18
2. 무게(20%)	18	16	18	20
3. 카메라 기능(10%)	20	20	8	20

기능별로 다르게 두고 있는 가중치 점수에 따라 A, B, C, D의 총 점수를 구하면
- A: $(20 \times 1.3) + (18 \times 1.2) + (20 \times 1.1) = 69.6$
- B: $(20 \times 1.3) + (16 \times 1.2) + (20 \times 1.1) = 67.2$
- C: $(18 \times 1.3) + (18 \times 1.2) + (8 \times 1.1) = 53.8$
- D: $(18 \times 1.3) + (20 \times 1.2) + (20 \times 1.1) = 69.4$

따라서 가중치를 반영한 점수가 가장 높은 것은 A제품이며, 그 다음으로는 D제품이 점수가 높으므로 정답은 A제품과 D제품이 된다.

---

12 ②

먼저 아래 표를 항목별로 가중치를 부여하여 계산하면,

구분	1/4 분기	2/4 분기	3/4 분기	4/4 분기
유용성	$8 \times \frac{4}{10} = 3.2$	$8 \times \frac{4}{10} = 3.2$	$10 \times \frac{4}{10} = 4.0$	$8 \times \frac{4}{10} = 3.2$
안전성	$8 \times \frac{4}{10} = 3.2$	$6 \times \frac{4}{10} = 2.4$	$8 \times \frac{4}{10} = 3.2$	$8 \times \frac{4}{10} = 3.2$
서비스 만족도	$6 \times \frac{2}{10} = 1.2$	$8 \times \frac{2}{10} = 1.6$	$10 \times \frac{2}{10} = 2.0$	$8 \times \frac{2}{10} = 1.6$
합계	7.6	7.2	9.2	8
성과평가 등급	C	C	A	B
성과급 지급액	80만 원	80만 원	110만 원	90만 원

성과평가 등급이 A이면 직전분기 차감액의 50%를 가산하여 지급한다고 하였으므로, 3/4분기의 성과급은 직전분기 차감액 20만 원의 50%인 10만 원을 가산하여 지급한다.

∴ 80 + 80 + 110 + 90 = 360(만 원)

13 ④

'무 항공사'의 경우 화물용 가방 2개의 총 무게가 20 × 2＝40kg, 기내 반입용 가방 1개의 최대 허용 무게가 16kg이므로 총 56kg까지 허용되어 '무 항공사'도 이용이 가능하다.

① 기내 반입용 가방의 개수를 2개까지 허용하는 항공사는 '갑 항공사', '병 항공사'밖에 없다.

② 155cm 2개는 화물용으로, 118cm 1개는 기내 반입용으로 운송 가능한 곳은 '무 항공사'이다.

③ '을 항공사'는 총 허용 무게가 23＋23＋12＝58kg이며, '병 항공사'는 20＋12＋12＝44kg이다.

---

14 ①

주어진 규정에 따를 경우 甲이 납부해야 하는 금액은 4억 1천만 원이다. 甲이 4억 원만을 납부했으므로 나머지 1천만 원에 대한 가산금을 계산하면 된다. 1천만 원의 100분의 3은 30만 원이다.

---

15 ②

② 시제품 B는 C에 비해 독창성 점수가 2점 높지만 총점은 같다. 따라서 옳지 않은 발언이다.

---

16 ④

다음과 같이 유형을 구분할 수 있다.

- (가), (나) – 노조가입·조직, 정당한 조합활동·단체행동 등을 이유로 한 불이익 취급(①)
- (다) – 정당한 이유 없는 단체교섭 거부(③)
- (라), (마) – 노동조합의 조직·운영에 대한 지배·개입 및 운영비 원조(④)

---

17 ①

(가)[×] 자신 명의의 계좌로 송금할 수 없다고 규정하고 있다.

(나)[○] 작년에도 송금을 했으므로 증빙서류 제출 및 거래외국환은행 지정이 되어 있다고 볼 수 있으며, 연간 미화 10만 불 이하이므로 가능한 송금 행위이다.

(다)[○] 국내송금이라도 수취인이 개인인 외국인 거주자이므로 영업점을 방문해야 한다는 규정에 따라 적절한 송금 행위가 된다.

(라)[×] 무역대금의 경우, 미화 10만 불 초과인 경우는 영업점을 방문하여야 한다.

---

18 ②

② 과거에는 대부분 백열등을 사용했으나 최근엔 삼파장 램프를 많이 사용하게 되어 나타나는 현상이다.

---

19 ③

① 55와트 전자식 안정기에 36와트 램프를 사용하면 과열로 인한 화재위험이 발생할 수 있으므로 절대로 사용하면 안 된다.

② 형광등을 재래식으로 바꾸거나 리모컨 수신창을 갓으로 덮어 형광등 불빛을 막고 TV를 다른 장소로 이동시켜 사용해야 한다.

④ 전자식은 스타터 전구가 없기 때문에 안정기를 별도로 구매하여 교체해야 한다.

---

20 ②

㉠ : 태풍경보 표를 보면 알 수 있다. 비가 270mm이고 풍속 26m/s에 해당하는 경우는 태풍경보 2급이다.

㉡ : 6시간 강우량이 130mm 이상 예상되므로 호우경보에 해당하며 산지의 경우 순간풍속 28m/s 이상이 예상되므로 강풍주의보에 해당한다.

PART ⑤ 조직이해능력

| 1 | ③ | 2 | ④ | 3 | ③ | 4 | ① | 5 | ② | 6 | ② | 7 | ② | 8 | ③ | 9 | ③ | 10 | ③ |
| 11 | ③ | 12 | ② | 13 | ② | 14 | ④ | 15 | ② | 16 | ① | 17 | ③ | 18 | ① | 19 | ④ | 20 | ② |

1 ③

조직 내 집단은 공식적인 집단과 비공식적인 집단으로 구분할 수 있다. 공식적인 집단은 조직의 공식적인 목표를 추구하기 위해 조직에서 의도적으로 만든 집단이다. 반면에, 비공식적인 집단은 조직구성원들의 요구에 따라 자발적으로 형성된 집단이다. 이는 공식적인 업무수행 이외에 다양한 요구들에 의해 이루어진다.

---

2 ④

도덕적 몰입은 비영리적 조직에서 찾아볼 수 있는 조직몰입 형태로 도덕적이며 규범적 동기에서 조직에 참가하는 것으로 조직몰입의 강도가 제일 높으며 가장 긍정적 조직으로의 지향을 나타낸다. 계산적 몰입은 조직과 구성원 간의 관계가 타산적이고 합리적일 때의 유형으로 몰입의 정도는 중간 정도를 보이게 되며, 몰입 방향은 긍정적 혹은 부정적 방향으로 나타날 수 있다. 이러한 몰입은 공인적 조직에서 찾아볼 수 있으며 단순한 참여와 근속만을 의미한다. 소외적 몰입은 주로 교도소, 포로수용소 등 착취적인 관계에서 볼 수 있는 것으로 조직과 구성원 간의 관계가 부정적 상태인 몰입이다.

---

3 ③

성과공유제는 원가절감, 품질향상, 납기단축, 기술개발 등 다양한 분야에서 대기업과 협력사가 현금보상, 단가보상, 장기계약, 지식재산권 공유 등 다양한 방식으로 성과를 공유하는 방식인 반면, 초과이익공유제는 다양한 방식의 성과공유 대신 반드시 '현금'으로 이익을 배분해야 한다. 초과이익공유제는 이익공유 방식의 다양함에 한계가 있다기보다 이익공유의 공정한 실현 가능성에 문제가 있다고 볼 수 있다.

4 ①

목표를 달성하기 위해 노력하는 팀이라면 갈등은 항상 일어나게 마련이다. 갈등은 의견 차이가 생기기 때문에 발생하게 된다. 그러나 이러한 결과가 항상 부정적인 것만은 아니다. 갈등은 새로운 해결책을 만들어 주는 기회를 제공한다. 중요한 것은 갈등에 어떻게 반응하느냐 하는 것이다. 갈등이나 의견의 불일치는 불가피하며 본래부터 좋거나 나쁜 것이 아니라는 점을 인식하는 것이 중요하다. 또한, 갈등수준이 적정할 때는 조직 내부적으로 생동감이 넘치고 변화지향적이며 문제해결 능력이 발휘되며, 그 결과 조직성과는 높아지고, 갈등의 순기능이 작용한다.

---

5 ②

임직원 행동지침에 나타난 내용을 통하여 조직의 업무를 파악할 줄 알아야 한다.

제시된 임직원 행동지침에서는 기술평가위원 명단의 사전 외부 공개를 금지한다고 되어 있으나 내부적으로도 금지 원칙은 기본적으로 따르는 것이다. 다만, 기술평가위원 선정 자체가 사내의 일이므로 공식 공개가 아니더라도 비공식 루트로 정보 누수가 있을 수도 있다는 의미를 포함한다고 볼 수 있다.

---

6 ②

작업상의 안전과 건강을 담당하는 조직이 모두 관리이사 산하로 편제될 경우, 기술이사 산하에는 전문기술실만 남게 된다고 볼 수 있어, 2실이 아닌 1실이 있게 된다.
① 관리이사 추가로 모두 4명의 이사가 된다.
③ 조직(부서)의 증감은 없이 이동만 하는 경우이므로 관리이사만 추가되는 것이다.
④ 사장 직속 기구가 되어 사장에게 직접 보고를 하는 조직이 된다.

---

7 ②

저렴한 제품을 공급하는 것은 자사의 강점(S)이며, 이를 통해 외부의 위협요인인 대형 마트와의 경쟁(T)에 대응하는 것은 ST 전략이 된다.
① 직원 확보 문제 해결과 매출 감소에 대응하는 인건비 절감 등의 효과를 거둘 수 있어 약점과 위협요인을 최소화하는 WT 전략이 된다.
③ 자사의 강점과 외부환경의 기회 요인을 이용한 SO 전략이 된다.
④ 자사의 기회요인인 매장 앞 공간을 이용해 지역 주민 이동 시 쉼터를 이용할 수 있도록 활용하는 것은 매출 증대에 기여할 수 있으므로 WO 전략이 된다.

---

8 ③

건설 근로 경험이 많은 우수 일용직 근로자를 선발하여 효율성을 높이게 되면 인력 운용에 따른 비용을 절감할 수 있고 이는 곧 전체적인 가격경쟁력을 확보하는 방안으로 이용될 수 있으므로 적절한 ST전략이 될 수 있다.

9 ③

최 이사와 노 과장의 동반 출장 보고서는 최 이사가 임원이므로 사장이 최종 결재권자가 되어야 하는 보고서가 된다.

① 팀장급의 업무 인수인계는 부사장의 전결 사항이며, 사후 결재가 보완되어야 한다.

② 직원의 해외 출장은 본부장이 최종 결재권이다.

④ 백만 불을 기준으로 결재권자가 달라진다.

---

10 ③

차상위자가 전결권자가 되어야 하므로 이사장의 차상위자인 이사가 전결권자가 되어야 한다.

① 차상위자가 전결권을 갖게 되므로 팀장이 전결권자가 되며, 국장이 업무 복귀 시 반드시 사후 결재를 득하여야 한다.

---

11 ③

A : ㉠은 기획조정처 ㉡은 기술사업처이다.

B : 전기안전연구원과 전기안전기술교육원은 따로 분리되어 있는 부설기관이다.

C : 부사장/기획이사 산하에 2처 1실, 안전이사 산하에 1처 1단, 기술이사 산하에 3처가 소속되어 있다.

---

12 ②

일반적인 경우, 팀장과 팀원의 동반 출장 시의 출장보고서는 팀원이 작성하여 담당→팀장의 결재 절차를 거치게 된다. 따라서 제시된 출장보고서는 박 사원 단독 출장의 경우로 볼 수도 있고 박 사원과 강 팀장의 동반 출장의 경우로 볼 수도 있으므로 반드시 출장자에 강 팀장이 포함되어 있지 않다고 말할 수는 없다.

---

13 ②

조직을 가로로 구분하는 것을 직급이라 하며, 업무를 배정하면 조직을 세로로 구분하게 된다.

---

14 ④

그림과 같은 조직 구조는 하나의 의사결정권자의 지시와 부서별 업무 분화가 명확해, 전문성은 높아지고 유연성 및 유기성은 떨어지는 조직 구조라고 볼 수 있다. 또한 의사결정권자가 한 명으로 집중되면서 내부 효율성이 확보된다.

① 의사결정권자가 한 명이기 때문에 시간이 오래 걸리지 않는 구조에 해당한다.

② 의사결정 권한이 집중된 조직 구조이다.

③ 유사한 업무를 통한 내부 경쟁을 유발할 수 있는 구조는 사업별 조직구조이다.

15 ②

유기적 조직 ⋯ 의사결정권한이 조직의 하부구성원들에게 많이 위임되어 있으며 업무 또한 고정되지 않고 공유 가능한 조직이다. 유기적 조직에서는 비공식적인 상호의사소통이 원활히 이루어지며, 규제나 통제의 정도가 낮아 변화에 따라 쉽게 변할 수 있는 특징을 가진다.

---

16 ①

7S모형은 조직의 현상을 이해하는 데 있어, 조직의 핵심적 구성요소를 파악하고 이를 중심으로 조직을 진단하는 것은 조직의 문제해결을 위한 유용한 접근방법이다.
조직진단 7S 모형은 조직의 핵심적 역량요소를 공유가치(shared value), 전략(strategy), 조직구조(structure), 제도(system), 구성원(staff), 관리기술(skill), 리더십 스타일(style) 등 영문자 'S'로 시작하는 단어 7개로 이루어져 있다.

---

17 ③

① 관계지향적인 문화이며, 조직구성원 간 인간애 또는 인간미를 중시하는 문화로서 조직내부의 통합과 유연한 인간관계를 강조한다. 따라서 조직구성원 간 인화단결, 협동, 팀워크, 공유가치, 사기, 의사결정과정에 대한 참여 등을 중요시하며, 개인의 능력개발에 대한 관심이 높고 조직구성원에 대한 인간적 배려와 가족적인 분위기를 만들어내는 특징을 가진다.

② 높은 유연성과 개성을 강조하며 외부환경에 대한 변화지향성과 신축적 대응성을 기반으로 조직구성원의 도전의식, 모험성, 창의성, 혁신성, 자원획득 등을 중시하며 조직의 성장과 발전에 관심이 높은 조직문화를 의미한다. 따라서 조직구성원의 업무수행에 대한 자율성과 자유재량권 부여 여부가 핵심요인이다.

④ 조직내부의 통합과 안정성을 확보하고 현상유지차원에서 계층화되고 서열화된 조직구조를 중요시하는 조직문화이다. 즉, 위계질서에 의한 명령과 통제, 업무처리 시 규칙과 법을 준수하고, 관행과 안정, 문서와 형식, 보고와 정보관리, 명확한 책임소재 등을 강조하는 관리적 문화의 특징을 나타내고 있다.

---

18 ①

비용이 집행되기 위해서는 비용을 쓰게 될 조직의 내부 결재를 거쳐 회사의 비용이 실제로 집행될 수 있는 회계팀(자금팀 등 비용 담당 조직)의 결재를 거쳐야 할 것이다. 퇴직금의 정산과 관련한 인사 문제는 인사팀에서 담당하고 있는 업무가 된다. 또한, 회사의 차량을 사용하기 위한 배차 관련 업무는 일반적으로 총무팀이나 업무지원팀, 관리팀 등의 조직에서 담당하는 업무이다. 따라서 회계팀, 인사팀, 총무팀의 순으로 업무 협조를 구해야 한다.

---

19 ④

회사 전화를 내 핸드폰으로 받는 기능은 팀장급 이상의 자리에 있는 대표 전화기로만 가능하기 때문에 신입사원에게 교육하지 않아도 되는 항목이다.

20 ②

전화를 당겨 받는 경우에는 *(별표)를 두 번 누른다.

PART ⑥ 수리능력

1	④	2	③	3	②	4	④	5	④	6	③	7	④	8	④	9	②	10	①
11	②	12	②	13	③	14	④	15	②	16	④	17	③	18	④	19	②	20	①

1 ④

전체 6명 중에서 2명의 대표를 뽑는 경우의 수는 $_6C_2 = \dfrac{6!}{4! \times 2!} = 15$

적어도 한 명이 여자가 뽑힐 확률을 구해야 하므로 전체에서 두 명 모두 남학생이 뽑힐 확률을 빼야 한다.

남학생 3명 중 2명이 대표로 뽑히는 경우의 수는 $_3C_2 = \dfrac{3!}{2! \times 1!} = 3$

$\therefore 1 - \dfrac{3}{15} = \dfrac{4}{5}$

2 ③

36%의 소금물 50g의 소금의 양 : $\dfrac{36}{100} \times 50 = 18(g)$

20%의 소금물 50g의 소금의 양 : $\dfrac{20}{100} \times 50 = 10(g)$

따라서 전체 물의 양(100+50+50)에 대한 소금의 농도 : $\dfrac{18+10}{100+50+50} \times 100 = 14(\%)$

3 ②

합격자 120명 중, 남녀 비율이 7 : 5이므로 남자는 $120 \times \dfrac{7}{12}$ 명이 되고, 여자는 $120 \times \dfrac{5}{12}$ 가 된다. 따라서 남자 합격자는 70명, 여자 합격자는 50명이 된다. 지원자의 남녀 성비가 5 : 4이므로 남자를 $5x$, 여자를 $4x$ 로 치환할 수 있다. 이 경우, 지원자에서 합격자를 빼면 불합격자가 되므로 $5x - 70$과 $4x - 50$이 1 : 1이 된다. 따라서 $5x - 70 = 4x - 50$이 되어, $x = 20$이 된다. 그러므로 총 지원자의 수는 남자 100명($=5 \times 20$)과 여자 80명($=4 \times 20$)의 합인 180명이 된다.

4 ④

편차는 변량에서 평균을 뺀 값이므로 편차의 총합은 항상 0이 된다는 사실을 이용하여 계산할 수 있다. 따라서 편차를 모두 더하면 3-1+( )+2+0-3=0이 되므로 '병'의 편차는 -1임을 알 수 있다.

분산은 편차를 제곱한 값들의 합을 변량의 개수로 나눈 값이므로 (9+1+1+4+0+9)÷6=4가 되어 분산은 4이다. 분산의 양의 제곱근이 표준편차가 되므로 표준편차는 2가 되는 것을 알 수 있다. 따라서 분산과 표준편차를 합한 값은 6이 된다.

---

5 ④

B가습기 작동 시간을 x라 하면

$$\frac{1}{16} \times 10 + \frac{1}{20} x = 1$$

$$\therefore x = \frac{15}{2}$$

따라서 7분 30초가 된다.

---

6 ③

A에서 B로 변동된 수치의 증가율은 $\frac{B-A}{A} \times 100$으로 구한다. 증가율이 가장 큰 시기를 묻고 있으므로 감소(음수 부호)를 나타내는 3월과 5월을 제외하고 증가율을 구하면 다음과 같다.

	2월	4월	6월	7월
증가율	66.7%	75%	50%	44.4%

따라서 증가율이 가장 큰 시기는 4월이 된다.

---

7 ④

완성품 납품 개수는 30+20+30+20으로 총 100개이다.

완성품 1개당 부품 A는 10개가 필요하므로 총 1,000개가 필요하고, B는 300개, C는 500개가 필요하다.

이때 각 부품의 재고 수량에서 부품 A는 500개를 가지고 있으므로 필요한 1,000개에서 가지고 있는 500개를 빼면 500개의 부품을 주문해야 한다.

부품 B는 120개를 가지고 있으므로 필요한 300개에서 가지고 있는 120개를 빼면 180개를 주문해야 하며, 부품 C는 250개를 가지고 있으므로 필요한 500개에서 가지고 있는 250개를 빼면 250개를 주문해야 한다.

8 ④

ⓒ 2016년 여성 평균 임금이 남성 평균 임금의 60%이므로 남성 평균 임금은 여성 평균 임금의 2배가 되지 않는다.

ⓔ 고졸 평균 임금 대비 중졸 평균 임금의 값과 고졸 평균 임금 대비 대졸 평균 임금의 값 간의 차이는 2014년(1.20-0.78=0.42)과 2016년(1.14-0.72=0.42)에 0.42로 같다. 그러나 비교의 기준인 고졸 평균 임금이 상승하였으므로 중졸과 대졸 간 평균 임금의 차이는 2014년보다 2016년이 크다.

---

9 ②

각 지점 전체의 인원수를 알 수 없으므로 비율이 아닌 지점 간의 인원수를 직접 비교할 수는 없다.

① 여직원 대비 남직원의 비율은 '남직원 수 ÷ 여직원 수'로 계산되므로 C지점이 가장 높고 D지점이 가장 낮다.

③ B지점, D지점 모두 남직원의 비율이 여직원의 비율보다 낮으므로 두 지점의 남자 직원 수를 더해도 두 지점의 여자 직원 수 합보다 적다.

④ 두 지점의 인원수가 같다면 비율의 평균을 구해서 확인할 수도 있고, 계산이 편리한 인원수를 대입하여 계산해 볼 수도 있다. 각각 총 인원이 100명이라면 남직원은 200명 중 88명인 것이므로 44%가 된다.

---

10 ①

부채를 알기 위해서는 자기자본을 알아야 하며, 타인자본이 제시되어 있으므로 자기자본을 알기 위해서는 총 자본을 알아야 한다. 또한 순운전자본비율이 제시되어 있으므로 유동자산, 유동부채를 이용하여 총 자본을 계산해 볼 수 있다. 따라서 이를 계산하여 정리하면 다음과 같은 표로 정리될 수 있다(소수점 첫째자리에서 반올림한다).

(단위 : 억 원, %)

	A기업	B기업	C기업	D기업
유동자산	13	15	22	20
유동부채	10	12	20	16
자기자본	20	15	24	28
총 자본	30	35	36	42
순운전자본비율	10	8.6	5.6	9.5
타인자본	10	20	12	14
부채비율	90	140	84	88
부채	18	21	20	25

따라서 부채가 많은 기업은 D기업 – B기업 – C기업 – A기업의 순이 된다.

11 ②

연도별 농가당 평균 농가인구의 수는 비례식을 통하여 계산할 수 있으나, 성인이나 학생 등의 연령대별 구분은 제시되어 있지 않아 확인할 수 없다.

① 제시된 농가의 수에 대한 산술평균으로 계산할 수 있다.

③ '농가 인구' 자료와 '농가인구 비율' 자료를 통해 총인구의 수를 계산할 수 있으므로 그에 대한 남녀 농가 인구 구성비도 확인할 수 있다.

④ 농가 수 증감률 역시 해당 연도의 정확한 수치를 통하여 계산할 수 있다.

---

12 ②

각 업체의 견적을 4도 인쇄 기준으로 아래와 같이 비교하여 정리해 볼 수 있다.

구분	기본 인쇄 기준 가격	4도 인쇄 할인 전 가격	4도 인쇄 할인 후 가격
가나인쇄	500 × 20 × 600 = 600만 원	800 × 20 × 600 = 960만 원	960 × 0.9 = 864만 원
마바인쇄	600 × 20 × 600 = 720만 원	700 × 20 × 600 = 840만 원	840 × 0.98 = 823.2만 원
자차인쇄	600 × 20 × 600 = 720만 원	720 × 20 × 600 = 864만 원	864 × 0.95 = 820.8만 원

따라서 할인 후 최종 견적가격은 '가나인쇄', '마바인쇄', '자차인쇄' 순으로 높은 것을 알 수 있다.

① 할인 전에는 '가나인쇄', '자차인쇄', '마바인쇄'의 순으로 견적가격이 높으나, 할인 후에는 '가나인쇄', '마바인쇄', '자차인쇄'의 순이 된다.

③ 3도로 인쇄할 경우 '가나인쇄'에서는 (500＋150) × 20 × 600＝780만(원)이 되어 견적 가격이 가장 높다.

④ 책자의 분량이 1장 적은 19장이라면 3사의 할인 적용 전 견적가격은 순서대로 각각 912만 원, 798만 원, 820.8만 원이 된다. 할인 적용 후 '가나인쇄'는 820.8만 원, '자차인쇄'는 779.76만 원이 되며, '마바인쇄'의 경우 할인조건을 충족시키지 못하므로 견적가격은 798만 원이 된다. 따라서 책자 분량이 1장 적은 경우에도 여전히 '자차인쇄'의 견적가격이 가장 낮다.

---

13 ③

전체 200명 중 남자의 비율이 70%이므로 140명이 되고 이중 커피 선호자의 비율이 60%이므로 선호자 수는 84명이 된다.

성별 \ 선호	선호자 수	비선호자 수	전체
남자	84명	56명	140명
여자	40명	20명	60명
전체	124명	76명	200명

① $\frac{84}{56} = \frac{3}{2} = 1.5$

② 남자 커피 선호자(84)는 여자 커피 선호자(40)보다 2배 많다.

④ $\frac{84}{140} \times 100 = 60 < \frac{40}{60} \times 100 = 66.\times\times$이므로 남자의 커피 선호율이 여자의 커피 선호율보다 낮다.

14 ④

㉠ 적도기니, 나이지리아, 앙골라 − A, B, C

㉡ 나이지리아, 알제리, 앙골라 − A, C, D

㉢ 나이지리아 − C

㉠과 ㉢에 의해 앙골라는 A이다. ㉠에 의해 적도기니는 B이다.

㉡에 의해 알제리는 D이다.

---

15 ②

① 1인 가구인 경우 852,000원, 2인 가구인 경우 662,000원, 3인 가구인 경우 529,000원으로 영·유아 수가 많을수록 1인당 양육비가 감소하고 있다.

② 1인당 양육비는 영·유가가 1인 가구인 경우에 852,000원으로 가장 많다.

③ 소비 지출액 대비 총양육비 비율은 1인 가구인 경우 39.8%로 가장 낮다.

④ 영·유아 3인 가구의 총양육비의 절반은 793,500원이므로 1인 가구의 총양육비는 3인 가구의 총양육비 의 절반을 넘는다.

---

16 ④

각 여행지별 2명의 하루 평균 가격을 도표로 정리하면 다음과 같다.

관광지	일정	2명의 하루 평균 가격
갑지	5일	$599,000 \div 5 \times 2 = 239,600$원
을지	6일	$799,000 \div 6 \times 2 = 266,333$원, 월~금은 주중 할인이 적용되어 하루 평균 $266,333 \times 0.8 = 213,066$원이 된다. 따라서 월~토 일정 동안의 전체 금액$[(213,066 \times 5) + 266,333]$에서 하루 평균 가격 을 구하면 221,943원이다.
병지	8일	$999,000 \div 8 = 124,875$원(1명), $999,000 \div 8 \times 0.8 = 99,900$원(1명) 따라서 2명은 $124,875 + 99,900 = 224,775$원
정지	10일	$1,999,000 \div 10 = 199,900$원(1명), $1,999,000 \div 10 \times 0.5 = 99,950$원(1명) 따라서 2명은 $199,900 + 99,950 = 299,850$원

따라서 가장 비싼 여행지부터의 순위는 정지 − 갑지 − 병지 − 을지이다.

---

17 ③

③ 1회의 합격자수의 수치가 표와 다르다.

18 ④

① 500kW 사용했을 경우 기본요금 : 7,000원

② 사용요금 : 113,000원

1단계 : 100kWh×60원=6,000원

2단계 : 100kWh×120원=12,000원

3단계 : 100kWh×200원=20,000원

4단계 : 100kWh×300원=30,000원

5단계 : 100kWh×450원=45,000원

③ 전기요금계 : 7,000+113,000=120,000원

④ 부가가치세 : 120,000×0.1=12,000원

⑤ 전력산업기반기금 : 120,000×0.037=4,440원

⑥ 청구요금 합계=120,000+12,000+4,440=136,440원

---

19 ②

150W 가로등의 하루 14시간 사용 전력량 : 150×14=2,100W(개당 하루 소비전력)

전체 가로등[{(1.2km÷60)+1}×2=42개] : 2,100×42=88,200W

소비전력에 따른 가격 : 가로등 전기 요금표에 따르면 가로등(갑) 기준 W당 35원이므로

88,200×35=3,087,000원

---

20 ①

① 301~400kW 사용했을 경우 기본요금 : 3,000원

② 사용요금 : 43,615원

1단계 : 100kWh×55원=5,500원

2단계 : 100kWh×100원=10,000원

3단계 : 100kWh×150원=15,000원

4단계 : 61kWh×215원=13,115원

③ 전기요금계 : 3,000+43,615=46,615원

④ 부가가치세 : 46,615×0.1=4,662원(4사5입)

⑤ 전력산업기반기금 : 46,615×0.037=1,720원

⑥ 청구요금 합계=46,615+4,662+1,720=52,997원(원 단위 절사 52,990원)

상식
용어사전
시리즈

합격GO!

1 금융상식 2주 만에 완성하기

금융은행권, 단기간 공략으로 끝장낸다! 필기 걱정은 이제 NO! <금융상식 2주 만에 완성하기> 한 권으로 시간은 아끼고 학습효율은 높이자!

2 중요한 용어만 한눈에 보는 시사용어사전 1130

매일 접하는 각종 기사와 정보 속에서 현대인이 놓치기 쉬운, 그러나 꼭 알아야 할 최신 시사상식을 쏙쏙 뽑아 이해하기 쉽도록 정리했다!

3 중요한 용어만 한눈에 보는 경제용어사전 961

주요 경제용어는 거의 다 실었다! 경제가 쉬워지는 책, 경제용어사전!

4 중요한 용어만 한눈에 보는 부동산용어사전 1273

부동산에 대한 이해를 높이고 부동산의 개발과 활용, 투자 및 부동산 용어 학습에도 적극적으로 이용할 수 있는 부동산용어사전!

자격증
기출문제
총집합!

자격증 별로 정리된
기출문제로 깔끔하게 합격하자!

기출문제로 자격증 시험 준비하자!

건강운동관리사, 스포츠지도사, 손해사정사, 손해평가사,
농산물품질관리사, 수산물품질관리사, 관광통역안내사, 국내여행안내사, 보세사, 사회조사분석사